世界名人名传 | 主编 柳鸣九

[奥] 茨威格 著
潘璐 任国强 郭颖杰 译

与心魔搏斗

Biography

HLDERLIN /
KLEIST /
NIETZSCHE /

河南文艺出版社
·郑州·

图书在版编目（CIP）数据

与心魔搏斗 : 荷尔德林、克莱斯特、尼采 / （奥）茨威格著；潘璐，任国强，郭颖杰译. —郑州 : 河南文艺出版社，2020.1

（世界名人名传 / 柳鸣九主编）

ISBN 978-7-5559-0711-4

Ⅰ.①与…　Ⅱ.①茨…②潘…③任…④郭…　Ⅲ.①荷尔德林（Hoelderlin，Friderich 1770-1843）-传记②克莱斯特（Kleist，Heinrich von 1777-1811）-传记③尼采（Nietzsche，Friedrich Wilhelm 1844-1900）-传记 Ⅳ.①K835.165.6②B516.47

中国版本图书馆 CIP 数据核字（2019）第 111493 号

与心魔搏斗

Yu Xinmo Bodou

出版发行	河南文艺出版社
本社地址	郑州市郑东新区祥盛街 27 号 C 座 5 楼
邮政编码	450018
承印单位	河南瑞之光印刷股份有限公司
经销单位	新华书店
纸张规格	890 毫米×1240 毫米　1/32
印　　张	9.125
字　　数	179 000
版　　次	2020 年 1 月第 1 版
印　　次	2020 年 1 月第 1 次印刷
定　　价	45.00 元

目　录

作者的话

一个凡人解放自己的努力越艰难，

他对我们的人性的震撼就越强烈。

——康拉德·斐迪南德·迈耶尔①

在这部作品里又像在以前的三部曲《三大师》中一样描绘了三个文学大师的形象，他们因其内在的共同性而相聚在一起；但这种内在的共同性打个比方来说顶多是一种偶然相遇，我并不是在寻找思想的模式，而是在描绘思想的各种形式。如果说我在我的书中一再将好多这样的形象有意识地聚拢在一起的话，那只能是一种画家的方法，他们总喜欢给自己的作品寻找合适的空间，在这个空间里光和逆光相互作用，通过对称使原先隐藏着的、现在很明确的物体

---

① 康拉德·斐迪南德·迈耶尔，瑞士德语作家。

与心魔搏斗

的相似性展现出来。对比对我来说永远是一种具有启发性的、具有创造力的因素，我喜欢这种方法是因为运用它时可以避免牵强附会。它丰富的正是公式削弱的部分，它通过出其不意的反射照亮物体，就像给从画架上取下的肖像装上画框一样使空间显出深度。这种空间艺术的秘密早已为最早的语言肖像家普鲁塔克①所熟知,在他的《希腊罗马名人传》里他总是把一个希腊人物和一个罗马人物对照着描写,以使得他们个性背后的精神投影,作为一种典型更好地凸显出来。我绝不是想以此给天才的世界植入一个僵化的模式。就像心理学家出于激情、造型艺术家出于造型的愿望,我是出于我的描绘艺术的驱使,走近那些使我感到最深切的眷恋的形象。这样就从内心为任何完善的企图设置了界限。而我决不后悔这样的限制,因为必要的残缺只会吓住那些相信创造性中也存在体系的人,他们傲慢地误以为,无限广袤的精神世界可以用圆规圈出来;而在这个庞大的计划中吸引我的却恰恰是这样一种两重性:它触及了无穷,并且没有给自己限定界限。我就这样缓慢地,然而又是充满热情地用我那本身还很好奇的双手把这座出人意料地开始的建筑继续建造下去,让它直插进那一小片天空——悬在我们生命上面的摇摇欲坠的时间。

---

① 普鲁塔克(约46—125),罗马帝国时代的希腊传记作家,以《希腊罗马名人传》(又名《比较列传》)一书闻名后世。他的作品在文艺复兴时期大受欢迎,蒙田对他推崇备至。

荷尔德林①、克莱斯特②和尼采这三个英雄式的人物单从表面的人生际遇来看就有一个明显的相似之处：他们处在同一个星象之下。他们三个都是被一个无比强大的、在某种程度上几乎是超自然的力量从他们本来温暖的存在中驱赶到一个毁灭性的激情的热带气旋之中，并终因可怕的精神障碍、致命的知觉迷乱、疯狂或自杀而早夭。不合时宜，不为同代人所理解，他们像流星一样带着短暂而又耀眼的光芒射入他们使命的星空，他们自己对他们的道路、对他们的意义一无所知，因为他们只是从无穷驶入无穷：在人生的大起大落之中他们与现实世界仅仅是擦肩而过。一些超人的因素在他们身上发挥着作用，这是一种高于自身力量的力，在这种力面前他们感觉到自己的无能为力。他们不再听从自己的意愿（在他们的自我为数不多的清醒时刻里他们也曾惊恐地意识到这一点），而是听命于别人，是被一个更高的力——魔力所占据③（在这个词的双重意义上）的人。

魔：这个字从古希腊罗马人原始的神话宗教观念中来到我们的

---

① 弗里德里希·荷尔德林（1770—1843），德国浪漫派诗人，死后被遗忘近百年，直到 20 世纪中叶才被重新发现，并在欧洲建立了声誉，被认为是世界文学领域最伟大的诗人之一。因情场失意，身心交瘁，后来精神逐渐分裂，以致生活不能自理。代表作有小说《许佩里翁，或希腊的隐士》、诗剧《恩培多克勒之死》、诗歌《人类颂歌》等。

② 海因里希·冯·克莱斯特（1777—1811），德国诗人、戏剧家、小说家，1811 年11 月 21 日自杀。代表作有小说《O 侯爵夫人》《智利地震》，戏剧《彭忒西利亚》《赫尔曼战役》等，其《破瓮记》与莱辛的《明娜·封·巴尔赫姆》、霍普特曼的《獭皮》并称为德国三大喜剧。

③ 该处德文原文为 Besessene，有两个含意。一为着魔的，一为被占领的。

时代，已经被许多的意义和解释弄得面目全非，使得我们有必要给它标注一个专有的注释。我把那种每个人原初的、本性的、与生俱来的躁动称为魔性，这种躁动使人脱离自我，超越自我，走向无穷，走向本质，就好像自然把她原始混沌中一个不安定又不可摆脱的部分留在每一个灵魂之中，而这部分又迫切地渴望回到超人的、超感觉的环境之中。魔性在我们身上就像发酵素，这种不断膨胀、令人痛苦、使人紧张的酵素把原本宁静的存在迫向毫无节制、意乱神迷、自暴自弃、自我毁灭的境地；在绝大部分的普通人身上，灵魂的这一宝贵而又危险的部分很快就被吸干耗尽了；只有在极个别的时刻，在青春期的危机中，在爱情或生殖的欲望使内心世界沸腾的瞬间，这种脱离肉体、纵横驰骋、自暴自弃的感觉才令人担忧地控制了庸庸碌碌的存在。但其他时候，矜持的人们往往让这种浮士德式的冲动窒息在自己心里，他们用道德来麻醉它，用工作使其迟钝，用秩序将其园囿；市民永远是混乱的天敌，不仅在世界中，而且在他们自己身上。在层次高一些的人身上，特别是在有创造性的人身上，躁动不安却作为一种对日常工作的不满足而发挥着创造性的作用，它赋予他那个"更高尚的、折磨自己的心灵"（陀思妥耶夫斯基），那种充满疑问的、超越了自己、向往着宇宙的思想。一切使我们超越自己的木性，超越个人利益，驱使我们求索、冒险，使我们陷入危险的疑问之中的想法都应归功于我们自身中魔性的部分。但这个魔鬼只有当我们降伏它，当它为我们的兴奋和升华服务时，才是一种友好的促进的力量。一旦这种有益的兴奋成为过度的紧张，一旦灵魂在这种煽动性的冲动,在魔性的火山爆发式的冲击中败下阵来,危险就会降临。因为魔性只有通过无情地毁灭瞬间的、尘世的东西,通过毁灭它寄居的肉身,才能回到它的故乡、它的本质,回到永恒:它先是一步步扩展,接着就要迸裂。它占据了那些不懂得及时驯服它的人的心灵,使那些具有魔性天性的人变得狂躁不安,强行地夺去他们意志的方向盘,使得他们这些失去意志、被任意驱使的人在风暴中跌跌撞撞地朝着他们命运的暗礁漂去。生命中的不安定总是魔性的先兆,不安的血液,不安的神经,不安的思想(这就是为什么人们也把那些传播不安、厄运和混乱的妇女称为妖魔的原因)。生命中的危险和危机总是和魔性相伴而生,那是悲剧的气氛,是命运的气息。

每个智慧的、有创造性的人都曾不可避免地与他的魔性展开过较量,这种较量总是一场英雄的较量、一场爱的较量。它是人性中最灿烂的一笔。一些人在它猛烈的冲锋中败下阵来,就像女人被男人的强力所征服,她感到那愉悦的穿刺和那富有生命力的物质的涌入。另有一些人则驯服了它,使它炽烈、躁动的本性服从他们冷静、果断、坚定的男性意志,这种势如水火而又情意绵绵的扭斗往往持续一生的时间。在艺术家身上和他的作品里,这场伟大的争斗仿佛生动可见:智慧的人和他永恒的诱拐者初夜时那灼热的鼻息和撩人的轻颤一直传达到他的作品的神经末梢。只有在有创造力的人身上,魔性才会挣脱感觉的阴影,寻求语言和光线。我们在被它征服的人身上,在被魔鬼击溃的诗人的身上能够最清楚地看到魔性激情

5

的特性,在这里我选择了德语世界最有意义的三个形象——荷尔德林、克莱斯特和尼采。因为当魔性专断地占据了一个诗人的身心,就会在烈焰升腾般的兴奋之中产生一种特殊的艺术种类:迷幻艺术,那是痴迷狂热的创作,是精神战栗沸腾的飞跃,是战斗和爆炸,是高潮和迷醉,是希腊人的 $\mu\alpha\nu\tau\alpha$①,是通常只有预言者和女巫才具有的神圣的放纵。无矩无形,夸张无度,永远希望超越自己直到极限,直到无穷,渴望回归自己的原始天性——魔性,这些往往是这种迷幻艺术第一个不容争辩的先兆。荷尔德林、克莱斯特和尼采属于普罗米修斯一族,他们猛烈地冲破生活的界限,反叛地打破一切形式并在心醉神迷之中毁灭了自己:在他们的眼中闪烁的显然是魔鬼那异样的、狂热的目光,它借他们的口说话。是的,由于他们的嘴唇早已沉默,他们的思想之光早已熄灭,它甚至借助他们残破的肉体说话。能最真切地观察他们身心之中这位可怕来客的地方莫过于他们的灵魂,它早已被过度的兴奋折磨得支离破碎,人们可以像透过一个裂缝一样俯视最深处那魔鬼盘踞的幽谷。正是在他们的精神衰落的过程中,那平时隐藏着的蠢蠢欲动的魔性的力量才在这三人的身上突然昭示出来。

为了揭示这三个被魔鬼征服的诗人的本性,为了揭示魔性本身的秘密,我忠实于我比较的方法,给这三个悲剧英雄树立了一个看不见的对手。但是,被魔性所蛊惑的诗人的真正对手并非没有魔

---

① 希腊文,意为疯狂。

性:没有哪种伟大的艺术没有魔性,没有那世界原初的曲调里低回的乐音。没有人能比这位一切魔性的天敌更能证明这一点,他生前甚至一直强烈地反对克莱斯特和荷尔德林,这个人就是歌德;关于魔性他曾对艾克曼说:"每个最高级的创造,每一句意义深刻的格言……都不在任何人力的控制之下,而是高居于所有尘世的力量之上。"没有哪种伟大的艺术没有灵感,而所有灵感又都来自未知的彼岸,来自自省之上的一种知识。我认为,那些亢奋的,被自己的激越制伏的诗人,那些狂妄无度的人,他们真正的对手应该是其有度的主人,应该是一个用现实的愿望束缚魔性的力量,并有目的地使用它的诗人。因为魔性虽然是最伟大的力量和所有创造之母,但它全无方向:它只瞄准它所来自的无穷和混沌。如果一个艺术家用人性的力量控制了这种原始的力量,如果他能按照自己的意愿给它设立现实中的限制和方向,如果他能像歌德那样"调遣"诗艺,把"无度无形"的东西转变成有形的思想,如果他能做魔鬼的主人而不是奴仆,那么一种高级的、肯定不低于魔性艺术的艺术就会产生。

歌德,我们说出这个名字作为对立面的典型,他的存在将象征性地贯穿全书。不仅作为研究大自然的学者、作为地理学家的歌德是"一切爆发现象的反对者",在艺术领域他也同样将"进化"置于"突然喷发"之上,用一种在他身上少见的,但是顽强的坚定性,与一切暴虐乖戾、狂放不羁,简言之,一切魔性的东西做着斗争。正是这种顽强的抵制显示出,即使对他来说,与魔鬼的较量也曾是他的艺术生死攸关的问题。因为只有在生命中遭遇过魔鬼的人,只有战栗地看到过它的梅杜萨①眼睛的人,只有完全了解它的危险的人,才会把它当作可怕的敌人来对付。在青年时代歌德肯定曾与这个危险的人物面对面地较量过,进行过生与死的抉择——维特证明了这一点,在他身上歌德预见性地让自己摆脱了克莱斯特和塔索②、荷尔德林和尼采的命运!自从这次可怕的遭遇以后,歌德毕生都对他强大对手的致命的力量保持着长久的敬畏和毫不掩饰的恐惧。他凭借神奇的眼睛识破他的死敌的每一种形象和变化:贝多芬的音乐、克莱斯特的《彭忒西利亚》、莎士比亚的悲剧(最后他不敢再翻开这些书:"这会把我毁了。")。他的思想越多地专注于创作和自我保护,他就越是小心谨慎地、战战兢兢地躲开他的对手。他知道,如果献身于魔鬼,下场将是如何,因此他护卫着自己,因此他徒劳地告诫别人。歌德耗费了巨大的力量来保存自己,而那些着魔的人付出同样多的力量来耗尽自己。对歌德来说,这场争斗也是为了一个最高的自由:他为他的尺度、为他的完善同无度进行斗争,而那些着魔的人则为无穷而战。

我只是出于这种想法,而不是想让他们对抗,才将歌德的形象置于这三个诗人、魔鬼仆人的对立面(现实生活中虽然存在)。我认为需要一个伟大的对立的声音,这样那些我敬重的,在克莱斯特、荷尔德林、尼采身上体现的如痴如醉、兴奋狂热、强悍激烈才不会被

---

① 希腊神话中的蛇发女妖,被其目光触及者即化为石头。
② 托尔夸托·塔索(1544—1595),意大利诗人,作品有《里纳尔多》《阿敏塔》《被解放的耶路撒冷》等。

看作一种仅见的、价值微乎其微的艺术。而他们的对抗赛对我来说应该是最高级别的精神世界的对立问题。因此如果我把他们某些关系的这种内在的对立稍加改变使之一目了然的话,应该不是多余的。因为这种鲜明的对比几乎像数学公式一样通用,从他们精神生活的大致轮廓到最小时期。只有用歌德和这些着魔的对手相比,只有对思想的最高价值形式进行一次对比,光线才能照亮问题的深层。

在荷尔德林、克莱斯特、尼采身上,最引人注目的是他们与现实世界的脱离。谁落入魔鬼的手心,它就会将谁拽离开现实。这三个人没有一个有妻室子嗣(他们的同胞兄弟贝多芬和米开朗琪罗也莫不是如此),没有一个有房子财产,没有一个有安稳的工作和固定的职位。他们是游牧民族、尘世的流浪汉、局外人、怪人、遭蔑视者,过着无名小卒的生活。他们在尘世上一无所有:不管是克莱斯特,还是荷尔德林,还是尼采,都不曾拥有过自己的一张床,他们坐在租来的椅子上,趴在租来的桌子上写作,从一个陌生的房间换到另一个陌生的房间。他们从没在任何地方扎过根,即使这些和善妒的魔鬼联姻的人,爱神也不曾长久地眷顾他们。他们的朋友经不住考验,他们的职位东挪西迁,他们的著作没有收益:他们总是两手空空,又徒劳无获。他们的存在就像流星,像那不安分地旋转、坠落的星体,而歌德的星则划出了一条清晰、圆满的轨迹。歌德根深蒂固,并且他的根还越扎越深,越扎越广。他有妻子、孩子、孙子,女人像花一样遍开在他人生各处,少数但固定的几个朋友一直伴随着他的人生

9

旅程。他住在宽敞堂皇、装满了收藏和珍宝的房子里,荣誉在长达半个多世纪的时间里一直和他的名字联系在一起,一直温暖地护佑着他。他有职位和身份,官至枢密顾问,被尊称为阁下,世界上所有的勋章都在他宽阔的胸前闪闪发光。着魔的诗人精神的飞升力不断增加,而他身上尘世的重力却不断增长,因此他的本性随着时间越发地沉稳(而那些着魔的人变得越发的易变,越发的不安定,就像被追逐的野兽在原野狂奔)。他在哪儿停留,哪儿就成为他自我的中心,同时也是民族的精神中心;他运筹帷幄,从容不迫地掌握了世界,与他相亲的绝不仅限于人类,这种亲密关系还涉及植物、动物和石头,并创造性地与他的属性联为一体。

因此这位魔鬼的主人在他生命的终点仍是生活中的强者(而那些着魔的人则像狄俄尼索斯①被自己的猎狗群撕碎一样灰飞烟灭了)。歌德的一生是一个绝无仅有的、有策略的战胜世界的过程,而那些人则在英勇的但毫无计划的战斗中被从世界中排挤出来,逃向无穷。为了与超凡的净土统一为一体,他们必须奋力将自己超拔于尘世之上——而歌德并不需要离开大地一步,就能触及无穷,他慢慢地、耐心地将它拉向自己。他的方法是一种彻头彻尾的资本主义的方法。他每年都把适量的经验作为精神的收获存储起来,年终他像精打细算的商人一样把这部分经验整理记录到他的《日记》和《年鉴》中,他的生活不断带来利息,就像田地带来收获。那些着魔

---

① 希腊神话中的酒神。

的人却像赌徒一样经营，带着豪爽的无所谓的态度跟世界赌博，把他们全部的身家性命押在一张牌上，赢也无穷，输也无穷——那种缓慢的、储蓄式的获利是为魔鬼所不齿的。经验，对歌德来说意味着存在的根本，对他们来说却一文不值，从痛苦中他们除了学到更强烈的感觉以外一无所获，这些空想家，对世界一无所知的人最终迷失了自己。而歌德是个好学不辍的人，生活的书对他来说是一本永远敞开的，应该认认真真、逐句逐行、用勤奋和毅力来完成的作业。他永远觉得自己像小学生一样无知，很久以后他才敢说出这句充满神秘的话：

　　　　生活我已经学过，神啊，限定我的时间吧。

　　另一些人却觉得生活既不能学会，也不值得学习，对更高的存在的预感对他们来说比所有统觉和感觉的经验都更为重要。不是天赋所赐之物，对他们来说都是不存在的。他们只从它金光闪闪的宝藏中拿取自己的部分，只从内心，只让火热的感觉使自己兴奋、紧张。火是他们的属性，烈焰是他们的行为，而那种使他们升华的如火热情吞噬了他们整个的生命。克莱斯特、荷尔德林和尼采在他们的生命终结时比在生命的起点上更加孤单，更加不食人间烟火，更加寂寞，而对歌德来说，和他生命中的每个时刻相比，最后的那一刻是最富有的。对这三个人来说，只有他们心中的魔鬼变得强大了，只有无穷更有力地控制了他们的身心：由于美他们才生活匮乏，由于不幸他们才美。

　　由于这种完全对立的生活态度，即使在天赋上最为接近的人也会和现实产生不同的价值关系。每个魔性的人都鄙视现实，认为它是有缺陷的，他们一直是——荷尔德林、克莱斯特、尼采，每人都以不同的方式——现有秩序的反抗者、叛乱者和叛逆者。他们宁为玉碎不为瓦全；他们顽强不屈，即使面对死亡和毁灭也在所不辞。因此他们成了（光彩照人的）悲剧性的人物，他们的人生也成了一场悲剧。歌德正相反——他大大地超越了自我！——他明哲保身，他觉得自己并不是为悲剧家而生的，"因为他的天性是和善的"。他不像他们那样谋求永恒的战争，他要的是——作为保存和协调的力量——平衡与和谐。他带着一种只能称之为虔诚的感情让自己屈居于生活之下，对这种更高的、最高的力，他尊敬它的每种形式和每个阶段（"不管怎样，生活，总是好的"）。而那些被折磨、被追逐、被驱赶、被魔鬼拖拽着在世界上四处游荡的人，对他们来说再没有比赋予现实如此高的价值，或认为现实有价值更奇怪的事情了。他们只知道无穷，以及到达无穷的唯一道路——艺术。因此他们将艺术置于生命之上，将诗艺置于现实之上，他们像米开朗琪罗敲打成千上万的石块一样，怒气冲冲，火冒三丈，带着越来越狂热的激情，通过他们人生黑暗的坑道，把自己的身体撞向他们在梦境深处触摸过的闪闪发光的岩石。而歌德（像列奥那多·达·芬奇）觉得艺术只是生活的一部分，是生活中千万种美妙形式的一种，对他来说艺术和科学、哲学一样重要，但它也只是部分，是他生活中小小的、有影响的一部分。因此,那些着魔的人的形式变得越来越专一,而歌德的形式却越来越广泛。他们越来越多地把自己的本质转换成一个纯粹的单一性,一种极端的绝对性,而歌德却使他的本性变成了一个越来越广泛的普遍性。

出于这种对生的热爱,反抗魔性的歌德的一切行为的目的就是安全,就是智慧的自我保全。出于对现实的生的蔑视,那些魔性的人的一切行为都发展成游戏、危险,发展成强行的自我扩张,并终结于自我毁灭。在歌德的身上所有的力都是向心性的,从外围向中心聚拢,而那些人力量的涌动则是离心性的,总想冲出生命内部的界限,这样就不可避免地把它撕破。这种涌出、外溢到无形处、到宇宙中的愿望集中表现在他们对音乐的爱好上。在音乐中他们可以完全无拘无束,放浪形骸地宣泄到他们的属性之中:正是在走向灭亡的时候,荷尔德林、尼采,甚至坚强的克莱斯特都陷入了音乐的魔力之中。理智完全地化解成了迷醉,语言变成了韵律:着魔的思想坍塌时,音乐就像场大火伴随着燃烧(即使在莱瑙①)。而歌德却对音乐执一种"小心的态度"。他害怕它媚人的力量会把他的意志拖入无本质的空洞之中,在坚强的时候他坚决地将它拒之门外(即使是贝多芬);只有在软弱的时候,在疾病或爱情来临的时刻,他才向它敞开大门。真正适合他的是绘画,是雕塑,是所有能提供固定形态的,所有给含混无形的东西设定界限的,所有阻碍质料流逝、散失、

---

① 尼古拉斯·莱瑙(1802—1850),奥地利著名诗人,因爱情和事业上的挫折导致精神失常。

消融的艺术。魔性的诗人喜爱分解、无拘无束,喜爱回归感觉的混乱,而歌德那清醒的自我保护的冲动却寻求一切能促进个体稳定性的东西——秩序、标准、形式和法律。

我们可以用数百种比喻来形容这种魔鬼的主人和奴仆之间发人深省的对比,而我只选择最一目了然的、几何学的比喻。歌德的生活公式是一个圆:闭合的线条,对生活圆满的包容,永远向自己回归,从不可动摇的中心与无限保持着同等的距离,从里到外全方位地生长。因此在他的生活中没有真正的如日中天的顶点,没有创作的顶峰——在任何时间,朝任何方向,他的本性都均匀饱满地朝着无穷生长。而着魔的人的表现却是抛物线形的:迅猛地朝着唯一的方向上升,朝着更高、朝着无穷,骤然地升起,又骤然地坠落。不管在文学创作上还是在生活中,他们的崩溃总离顶点不远,是的,它们总是神秘地交织在一起。荷尔德林、克莱斯特、尼采这些着魔的人的毁灭也是他们命运不可或缺的组成部分。毁灭完成了他们灵魂的肖像,就像没有抛物线的下降弧不能构成完整的几何图形一样;而歌德的死则是完整的圆上一个不引人注意的点,它并没有给生命的画像增添什么重要的内容。事实上歌德的死也不像那些人一样是神秘的、英雄传奇式的死,而是床笫之死,儿孙绕床的一家之长之死(民间传说编造出更多的光! 徒劳地想要给它增添一些预言的、象征的色彩)。一个这样的人生有的只是一个终点,因为它自身已经圆满了;而那些着魔者的人生有的却是一次灭亡,一次惨烈的遭遇。死神补偿了他们在世时的贫困,给他们的死亡以神秘的力量:

谁的生活是一场悲剧,谁就会有英雄之死。

满怀激情地奉献直至消融在属性之中,满怀激情地维护自己的形象,这两种与魔鬼斗争的方式都需要无比的英雄气概,都赋予他们精神上辉煌的胜利。歌德式的生活的圆满与魔性诗人富有创造力的毁灭——他们完成了两种不同的死,但每个类型都在不同的创造意义上完成了智慧的个体相同的、唯一的任务:对生存提出无止境的要求。我在这里把他们的形象放在一起对比,只是想用象征使他们的美的两面性显示出来,而不是要厚此薄彼,或者支持那种流行的、庸俗透顶的临床的观点,好像歌德显示了健康,而另一些人代表了疾病,歌德是正常的,那些人是病态的。"病态"这个词,只适用于那些没有创造力的人,适用于低级的世界,因为创造了永不磨灭的东西的疾病已不再是疾病,而是一种超健康的形式,是最高健康的形式。尽管魔性站在生命的最边缘,甚至向外伸向不可逾越、不曾逾越之地,但它仍是人性固有的内容,完全是天性范围之内的东西。大自然给种子的生长规定了数千年不变的时间,给孩子限定了在母腹中的期限,但即使她这个一切法则之母也有过突发事件和感情冲动,也经历过魔性发作的时刻,——在暴风骤雨中,在热带风暴中,在洪水泛滥中,——她的力量危险地聚集,并发挥到自我毁灭的极致。即使她有时也暂停——当然很罕见,罕见得就像那些魔性的人身上显现人性一样!——她从容的步履,但只有这时,只有从她的无度之中我们才能发现她的完满的度。只有罕见的东西才能扩展我们的思想,只有在面对新的强力战栗之时我们的感觉才会变

　　　　　　　　　与心魔搏斗

得敏锐。不同寻常总是所有伟大事物的标准。而且——即使在最令人迷惑、最危险的人身上——创造的价值都将高出所有的价值，创造性思维将高出我们的思维。

萨尔茨堡　1925 年

潘璐　译

荷尔德林

因为俗人很难认清纯洁的人。

——《恩培多克勒①之死》

神圣的一群

如果好心的神祇有时

不派遣那些年轻人来，

滋润人类枯萎的生命，

黑夜和寒冷就将来临，

---

① 恩培多克勒(前 495 —约前 435)，古希腊哲学家，诗人。提出四根说、流射说和爱憎说。据称是古希腊第一个研究修辞学的人，又是著名的医生。著有《论自然》《论净化》等。

大地上灵魂也将在

困苦中煎熬。

——《恩培多克勒之死》

新的 19 世纪并不爱它的年轻一代。狂热的一族产生了,他们带着如火的热情果敢地从四面八方同时拱出欧洲大地耙松的土块,迎接新的自由的朝霞。革命的号角唤醒了这些青年,一个精神的明媚的春天,一种新的信仰点燃了他们的灵魂。自从 23 岁的卡米耶·德布兰拍案而起,冲破巴士底狱;自从男孩一样瘦削的来自阿拉斯的律师罗伯斯庇尔使国王和皇帝们不寒而栗;自从科西嘉的矮个少尉波拿巴按照自己的意愿用军刀划分了欧洲的疆界,用冒险家的手攫取了全世界最显赫的王冠,不可能的事情好像突然近在眼前,世界的权力和瑰宝成了冒险者的囊中之物。现在他们的时代,青年人的时代来临了。就像春雨后第一抹嫩绿,他们这些风华正茂的年轻人雄心壮志的种子突然抽芽生长起来。在各个国家他们同时站立起来,放眼星空,冲过新的世纪的门槛,好像进入了自己的王国。他们觉得 18 世纪是属于老人和智者的,伏尔泰和卢梭,莱布尼茨和康德,海顿和维兰德,属于那些四平八稳、富有耐心的人,属于伟人和学者。现在却是青春和鲁莽,激情和焦躁盛行。那汹涌的巨浪冲天而起,自文艺复兴之后欧洲还没有经历过如此纯粹的精神的蓬勃发展,没有见过如此美丽的一代。

但新的世纪并不爱它的鲁莽的年轻一代,它担心他的充盈,多疑地惧怕他的洋溢。它用铁质的大镰刀毫不留情地割掉自己春天的秧苗。拿破仑战争磨碎了成千上万最勇敢的勇士，在十五年之中，它那嗜血的民族之磨将每个国家最高贵、最果敢、最乐天的分子碾得粉碎，法国、德国、意大利的土地，甚至俄罗斯的雪野和埃及的沙漠无不浸透了他们沸腾的鲜血。但它不仅要消灭善战的年轻一代，而且要铲除青春的思想，因此这种自杀性的怒火就不仅只限于战争之中、士兵身上，毁灭还向那些刚刚像半大孩子一样迈过世纪门槛的梦想家和诗人，向为思想而战的希腊斗士一样的年轻人，向那些兴致勃勃的歌咏者，向最圣洁的人举起了屠刀。这真是史无前例的时刻，无数诗人和艺术家成了气势恢宏的百牲大祭的牺牲品。而当时的席勒还对自己将要临头的厄运一无所知，还用气势磅礴的颂歌欢迎这一时刻的到来，命运还从未如此不祥地收获这样纯真、早夭的形象。诸神的祭坛上从没有像现在这样布满了高贵的鲜血。

他们的死是各种各样的，但对每个人来说都太早了，都是在内心最深处升华的时刻就有了预兆。第一个是安德烈·谢尼埃，在这个年轻的阿波罗身上，法兰西重新找回了新的希腊传统，但他被恐怖分子的最后一辆囚车载向了断头台：还有一天，唯一的一天，热月八日到九日之夜，他也许就会被救下血淋淋的刑台，被重新送还他的带有古希腊罗马之风的纯美的歌咏之中。但厄运不愿放过他，不放过他，也不放过其他人。它总是怒气冲冲地像许德拉①一样降临

---

① 希腊神话中蛇形的九头怪物。

与心魔搏斗

在整个氏族的头上。英国几个世纪以来才又诞生了一个诗歌的天才，一位忧郁而又狂热的青年，约翰·济慈，这位宇宙神圣的宣言者，仅仅27岁厄运就从他那歌唱的胸膛中夺去了最后的呼吸。一个精神上的同胞兄弟，大自然挑选的她的最美丽秘密的信使雪莱俯身在他的墓前，激动地为他精神的兄弟唱出一个诗人写给另一个的最精彩的挽歌——悲歌《阿多尼斯》，但不过几年，一场毫无意义的风暴把他的尸体冲上第勒尼安海的沙滩。他的朋友爵士拜伦，歌德最受人喜爱的继承人，急忙赶来，就像阿喀琉斯为他的帕特罗克洛斯一样为死者在南方的海岸边点燃了柴垛，在烈焰中雪莱的躯壳升上了意大利的天空——，但他本人，拜伦爵士，却在不几年之后在梅索朗吉死于高烧。仅在十年之间，法国、英国最宝贵的诗歌之花被摧残殆尽。即使对德国的年轻一代这只残忍的手也毫不留情：诺瓦利斯曾无比虔诚地洞悉自然最后的秘密，就像暗室里的一支蜡烛，滴尽了烛泪，过早地熄灭了；克莱斯特在极度的绝望中打碎了自己的脑壳；赖蒙德不久以同样恐怖的死法追随他而去；格奥尔格·毕希纳24岁就被伤寒夺去了生命；威廉·豪夫，想象力最为丰富的小说家，没有盛开的天才之花，25岁就被埋葬了；舒伯特，这位所有歌者的如歌的灵魂在最后的旋律中过早地消融了。用大棒和病毒，用自杀和他杀，不惜手段地铲除年轻的一代：高贵而忧伤的莱奥帕尔蒂在久病不愈中渐渐枯萎；贝里尼，歌剧《诺尔玛》的作者，刚刚神奇地开始他的事业就死去了；戈里鲍耶托夫，觉醒中的俄国思想最敏锐的英才，在第弗里斯被一个波斯人刺死，他的尸车碰巧在高加索遇上了亚历山大·普希金——俄国新的天才,思想的朝霞。但他也没能有很长时间来为这个早夭的人悲叹,仅仅几年,在决斗中一颗子弹致命地射中了他。没有一个人活到 40 岁,甚至很少有人活到 30 岁。就这样欧洲有史以来最喧闹的诗歌的春天在一夜之间就被摧残了,那群神圣的、曾用所有的语言齐声同唱自然和美好世界颂歌的年轻人任风吹雨打、四散飘零了。智慧、年迈的歌德坐在魏玛,像一只灰背隼孤独地栖息在被施了魔法的森林里,不知时代的更迭,半被遗忘,半成了传奇:只有从这两片衰老的嘴唇里还偶尔吟出美妙的歌声。同时作为新一代的祖先和继承者,他惊讶地经历了他们的盛衰,在铁罐子中他保存着熊熊的生命之火。

只有一个,这神圣的人群中唯一的一个,所有人中最纯真的那一位——荷尔德林,还长久地停留在不再有神的世界上,但命运在他身上却做了最为罕见的事情。他的双唇还是那么鲜艳,他渐老的躯体还在德意志的土地上徘徊,他湛蓝的眼睛还能向窗外眺望内卡河可爱的景色,他的虔诚的目光还能投向"父亲宇宙",投向永恒的天空;但他的思想却不再清醒,而是昏昏沉沉地陷入一场无尽的梦中,就像小肚鸡肠的诸神并没有把偷听的先知忒瑞西阿斯杀死,而只是使他的思想混沌一样。他的话语和他的灵魂都蒙上了一层轻纱;在思想混乱的情况下,这位"被天堂的美景征服"的人又在浑浑噩噩之中活了几十年,世界和他自己都不复存在,只有韵律,那低沉、悦耳的波浪带着模模糊糊、支离破碎的声响从他颤抖的嘴唇中吐出。他身边可爱的春花谢了又开,他却无视它们的存在。他身边

5

人们生生死死,他却对此一无所知。席勒、歌德、康德、拿破仑,这些他青年时代的神,早就先他而去,呼啸的铁路密布了他梦寐以求的日耳曼尼亚,城市膨胀,国家崛起——但任何事情都再也不能进入他沉思的心灵。渐渐地他的头发花白了,过去的可爱的形象只剩下一个胆怯的、幽灵似的影子,他在蒂宾根的街道上蹒跚而行,孩子们拿他起哄,那些对他哀伤的面具后已经死去的思想一无所知的大学生嘲笑着他,很久以来再没有哪个活人想起他。有一次,在新世纪的中叶,贝蒂娜(她曾经像迎神一样欢迎过他)听说他还在本分的木匠家里过着他的"蛰居生活",吓得像看到了死尸还魂。他在这个时代里显得如此陌生,他的名字听起来如此遥远,他的辉煌被忘得一干二净,当他有一天轻轻地躺下死去,这静静地倒下在德语世界不会发出比一片秋叶摇摇坠地更大的声音。工匠们把衣衫褴褛的他抬向墓地,数千张他书写的纸张被滥用或马马虎虎地保存,而后在图书馆里尘封几十年。整整一代人对这神圣的人群中最后、最纯真的英雄一无所知。

就像希腊的雕像埋在泥土之中,荷尔德林精神的肖像在遗忘的瓦砾中埋藏了好几年,数十年。就像人们不辞辛苦地将残破的雕像从黑暗的地下挖出,新的一代惊讶地发现这个大理石的少年雕像不可磨灭的纯美。德意志希腊传统的最后一个少年斗士的俊美匀称的形象再次树立了起来,兴奋之情又像过去一样在他歌唱的嘴唇上闪烁。所有他宣告的春天仿佛在他一人的形象之中变为永恒:这个充满睿智的人额头闪闪发亮,走出黑暗,就像走出神秘的家乡,走回我们的时代。

童年

> 诸神常把爱子从幽静的处所暂时遣往
> 陌生人处，
> 使他们能铭记于心，使凡人的心在这
> 高贵的形象前感到喜悦。

荷尔德林故居坐落在劳芬，那是内卡河边一个有古老修道院的小村子，离席勒的家乡只有几个小时的路程。这施瓦本的乡间是德国最平坦的地区，是德国的意大利：阿尔卑斯山不再咄咄逼人地进逼眼前，但也并不让人觉得相距遥远，河流漾着银波流过葡萄园，人民的乐天开朗削弱了阿雷曼人性格中的乖戾，并将之消融在歌声之中。土地肥沃但没有过于丰饶的物产，自然温和但并不慷慨施舍：手工业和农业并蒂开花。那里自然使人们富足，是田园诗的家园，即使被逐入最深邃的黑暗之中的那位诗人在想起那遥远的景色时也带着平和的思绪：

> 祖国的天使呵，在你们面前
> 孤胆英雄也会两眼昏花，寸步难行，

与心魔搏斗

于是他得求助于友人，恳求至爱亲朋

与他分担这幸福带给人的重负，

善良的天使，感谢他！

　　每当这位忧郁的诗人歌唱施瓦本，歌唱永恒的天空下他自己的天空，他涌动的情感就会变得那么柔和，只带着淡淡的忧伤，每当他触及这些回忆，他的激情的滔天巨浪也会变得节奏舒缓！逃离了故土，被他的希腊所背弃，被希望折磨得身心疲惫的他总是一再地用温柔的回忆建造童年世界的景象：

福地！你那里没有哪座小山不长满了葡萄藤，

秋天，果实像雨点一样落入随风起伏的草丛。

霞光映照的山峰欢欣地濯足于清流，

嫩枝的花冠和青苔为它们沐浴骄阳的额头遮荫。

城堡和茅屋散布在清凉的山坡，

就像孩子爬上慈祥祖父的肩头。

　　一生之中他都向往着这片故土，就像向往着他心中的天堂：童年是荷尔德林最真实、最清醒、最幸福的时光。

　　温柔的自然护佑着他，温柔的女人把他养大：没有父亲（这充满了不祥的预兆）教给他守纪的坚强，不像歌德那样从小就有迂腐、严厉的思想在这个成长中的人身上强加上责任感。他的奶奶和更温和的母亲只教他学会了虔诚，这个富于幻想的人很早就逃入每个年轻人的第一个无穷之境——音乐之中。但是田园牧歌式的生活早早就结束了。14岁时这个敏感的孩子就进了登肯多尔夫的修道院当了寄宿生，后来又转到毛尔布龙修道院，18岁时进蒂宾根神学院，直到1792年底才离开——在几乎整整十年的时间里，自由的天性被封闭在高墙之内，起居于修道院昏暗的小房间，混迹于沉闷无聊的人群之中。这种反差实在太强烈了，不仅使人痛苦，它的作用简直是毁灭性的：再没有了在河岸田野的无忧无虑的玩耍，再没有了女性充满母爱的温柔呵护，他被人强塞进修道士黑色的道袍里，修道院的规矩将他铆死在机械地按钟点安排好的事情上。对荷尔德林来说，在修道院学习的这几年就像克莱斯特在军校的那几年一样，感情被压抑成敏感，内心最强烈的冲动在蓄积、在激发，对现实世界也产生了反抗情绪。他内心中的某处那时被永久地伤害、折断了。"我想告诉你，"在十年以后的一封信中他写道，"在我少年的时候，在我那时的心灵之中有一个萌芽，至今它对我来说还是无比可爱，——它柔软得像是蜡做成的……但正是我的心的这一部分在我在修道院的时候被最粗暴地伤害了。"当修道院沉重的大门在他身后关上，当他还没有走进自由天地的阳光之中，他生活信仰中最高贵、最秘密的冲动早已病恹恹的，几近枯萎了。在他少年人的光洁额头上已经——当然还只是薄薄的轻纱似的一缕——出现了对世界感到迷茫的淡淡的忧郁，这忧郁随着年龄的增长越来越浓重，越来越厚密地将灵魂包裹起来，并最终萌翳了每一丝快乐的目光。

9

与心魔搏斗与心魔搏斗

早在懵懂的孩童时期,在决定性的性格形成的时期,荷尔德林的内心深处就已经出现了那道不可治愈的裂痕,在世界和他自己的世界之间出现了一个无情的休止符,这道伤痕再也没能结痂愈合:那种被驱逐到外乡的孩子的感觉一生都伴随着他,那种对早已失去的美好故乡的渴望一生都伴随着他。这个永远长不大的人一直感觉自己从天上——他的青年时期、初涉人世之时、混沌的蒙昧状态——被甩到了坚硬的大地上,甩到了一个令他反感的地方;自从与现实第一次激烈地碰撞,他受伤的心灵中敌视世界的感情就开始溃疡了。对于生活,荷尔德林一直是一个不可教诲的人,他从表面的快乐和冷静清醒,从幸福和失望之中偶尔得到的一切都不能影响那种对现实的斩钉截铁的拒绝态度。"唉,世界在我青年时代的早期就把我的思想吓回去了。"一次他在给诺伊费尔的信中写道,事实上他再也没有和世界建立起联系,他成了一个心理学上所说的典型的"内向性格的人",这种性格的人把自己封闭起来,不信任地拒绝一切外来的刺激,只从内心深处向外,从最初栽培的胚胎中发展自己的精神形象。从此他半数的诗都重复变换着同样的主题——虔诚的、无忧无虑的童年和心怀敌意、失去幻想、势利务实的生活之间,世俗的存在和精神的存在之间的不可调和的矛盾。仅仅 20 岁的他就哀伤地给一首诗冠以《从前与现在》的名称,这种他永恒的经历之声在颂歌《致自然》里,在段落之间相互呼应,气势恢宏:

　　那时我还在你的纱幕边嬉闹,

还像一个花蕾挂在你的枝上，

还感觉你每一声心跳的音调，

它围绕着我温柔搏动的心房。

那时我还带着信仰和渴望。

富足如你，瞻仰你的容颜，

你的领地可以任我抛洒眼泪，

我仍能找到一方爱情的天地。

那时我的心还朝向太阳，

好像太阳能听到它的颤响，

把星星当作自己的兄弟，

春天则是上帝的旋律，

在摇动树林的煦风中

你的精灵，你快乐的精灵

浮游于心底的微波，

那时金子般的日子围绕着我。

与这首童年的颂歌相应和的却是那年轻的伤心人敌视生活的忧郁的小调：

死了，那曾教养哺育我的胸怀，

死了，那青春的世界，

那胸怀中曾藏有天空，

如今却贫瘠死寂如收割后的田地；

唉！春天向我的忧愁

仍和从前一样，唱着一首同情安慰的歌，

但我生命的早晨已经去了，

我心灵的春天已经凋谢。

最心爱的爱人只能永远憔悴，

我们所爱不过是一个幻影，

因为青春金色的梦已经死去，

那友善的自然已为我安息；

在快活的日子你从不曾想到，

家乡离你千里之遥，

可怜的心啊，你永远也不会将它探问，

如果不是那思乡的梦仍不能使你欢欣。

　　在这几段诗中(在他全部的作品中这些诗句的变化无数次地重复出现)，荷尔德林的浪漫主义的生活观已经完全确立了：永远回眸凝视那团"魔幻的云雾。在雾中，童年好心的精灵护佑着我，使我不至于过早地看到周围世界的猥琐和野蛮"。尚未成年的他就开始充满敌意地抵御经历的涌入；回归和向上是他灵魂唯一的方向，他的意愿从不曾指向生活，而总是超越生活之外。就像水银和火、水相克一样,他的本质拒绝一切关联和融合。因此命中注定他将被不可战胜的孤独所围绕。

　　自从荷尔德林离开学校,他的发展实际上已经结束了。后来他在深度上又有所提高,但在物质感性材料的丰富和接受上却没有发展。他什么都不想学,不想从对他来说毫无意义的日常生活领域中接受任何东西;他无与伦比的纯粹的本能禁止他与生活的混合质料同流合污。因此他同时——在最高的意义上——也是一个触犯了世界法则的罪犯,他的命运按照希腊精神来说就该是赎去亵渎神灵、藐视别人的罪孽。因为生活的法则就是随波逐流,它不能容忍任何脱离它永恒循环的行为:谁拒绝潜入这温暖的洪流,谁就会渴死在沙滩上;谁不参与,谁就注定永远是局外人,谁的生活就会悲惨孤独。荷尔德林的追求——只效忠于艺术,而不为存在;只侍奉神,而不是人——包含了——我再重复一遍,在最高的、超验的意义上——就像他的恩培多克勒的追求一样,包含了一种不现实的、自负的伪愿望。因为只有神才配在澄明中统治,而对那些蔑视它的人,生活总是施以迫不得已的报复,让他们只有最微小的能力,让他们缺乏生存的面包;对那些无论如何也不愿效忠于它的人,它总是把他们击退到最卑微的奴役的地位。正因为荷尔德林不愿参与,他的一切就都被夺去了;因为他的思想不愿受到羁绊,他的生活就落到任人摆布的田地。荷尔德林的美也正是荷尔德林的悲剧性的过错:出于对更高、更上层世界的信仰,他反抗下层的红尘世界,而这个世界他无法逃脱,除非乘着他诗歌的翅膀。当这个不可教诲的人

　　　　　与心魔搏斗

认识到他命运的意义——英雄式的毁灭——他才掌握了自己的命运。属于他的只有日升日落之间短短的一段距离,但这道青春的风景是绚丽的:傲岸的精神的山岩,周围呼啸着无穷的泛着泡沫的巨浪,幸福的船帆在风暴里迷失,火红的乱云飞渡高天。

蒂宾根肖像

人类的语言我一窍不通,

在神的臂弯里我长大成人。

在唯一保存下来的荷尔德林早年的肖像中,他的形象就像厚重的云层缝隙里透出的短暂的阳光一样耀眼:一个身材修长的少年,金色的头发向后梳着,柔软的波浪衬托着明净的、闪着青春光泽的额头。嘴唇棱角分明,双颊柔软得像女性一样(人们可以想象出突如其来的激动心情会让它泛起微微的红晕);曲线优美的黑色眉毛下面,双目清澈明亮。在这张柔和的面容上无从查找一道流露强硬或高傲的神秘线条,更多的是一种女孩子似的胆怯,一股深沉而温柔的感情波浪。"规规矩矩、彬彬有礼。"席勒在和他第一次见面后也如此夸奖他。从这个瘦削的金发少年身着新教神学硕士庄重礼服的样子,人们就可以想象出他是怎样穿着黑色无袖的袍子,带着细褶的领饰,沉思着穿过修道院的走廊。他看起来像一个音乐家,和年轻的莫扎特早年的一张画像有些相似,与他同居一室的同学也最喜欢这样描述他。"他拉小提琴——他端正的五官,他面部那种温和的表情,他漂亮的身材,他精致整洁的穿戴,还有他的整个气质中明显流露出来的高于常人的东西,我至今记忆犹新。"人们不能想象这柔软的嘴唇会说出一句粗鲁的话,这热切的眼光中会掺杂一丝不洁的贪念,这高贵饱满的额头里会产生低俗的想法。当然在这些表情持重的活动里也不会流露真正的喜悦,他总是深藏不露,害羞地躲在自己的壳里,他的伙伴也这样形容他:他从不参与低俗的社交活动,只是在修道院的斋堂里,与朋友们忘情地朗诵莪相、克洛卜施托克和席勒的诗句时,或在音乐之中,他才排遣一下胸中的激情。他并不傲气凌人,但他在自己周围限定了一段看不见的距离:当他高挑的身影昂首阔步地走出房间,仿佛迎向一个更高的、看不见的人物,他来到同学们中间,他们觉得仿佛看到"阿波罗穿过大厅"。那个写下这句话的年幼的牧师之子,后来的牧师,虽然毫无艺术修养,但荷尔德林的天性还是令他想起古希腊,想起那亲切的、希腊精神的故乡。

但他的面容只在那一个瞬间如此明亮,仿佛被精神世界清晨的阳光照耀着,透过他命运的浓云,像神中之神一样显现出来。成人阶段并没有为我们留下任何画像,好像命运只想给我们展示花蕾一样的荷尔德林,只想让我们认识这个永恒的少年容光焕发的面庞,而绝不是那个成年男人(他从没有真正地成为过一个男人),而

与心魔搏斗

后——半个世纪以后——才又给我们看那个又变成孩子了的垂垂老者形容枯槁的面孔。那种席勒赞誉的特别的彬彬有礼很快就僵化成了一种强制性的肌肉痉挛,那种腼腆胆怯变成了对人的厌恶和恐惧:穿着浆平的家庭教师外套,坐在桌子的最下首,挨着穿着主人提供的制服的侍者,他必须学会下人低三下四的手势;他羞怯、惶恐、备受折磨,在自己思想的威力面前束手无策,很快他就失去了那种自由自在、充满节奏感、如漫步云中的步态,在内心之中,平衡、心灵的稳定也被打破了。荷尔德林很早就变得多疑、易受伤害,"一句话,一句无意之中说出的话就足以让他感到屈辱";他处境的尴尬使他缺乏自信,把他伤痕累累、虚弱无力的虚荣心赶回了重门紧锁的心胸。面对他不得不服侍的精神上的下等人,他不断地学习在他们的粗俗面前隐藏自己的内心,渐渐地,这种俯首帖耳的面具就在他的血肉之中生了根。而就像激情能促使人说出隐藏心底的话一样,只有疯狂才会使内心的扭曲昭然若揭:作为家庭教师他把自己的世界隐藏在谦卑的举止后面,而这种卑躬屈膝变成了一种病态的、疯狂的自虐,对每一个陌生人都屈膝行礼,深深鞠躬(总是害怕被认出来),无数遍地问候,把"圣明的陛下!贤德的阁下!仁慈的大人!"等头衔劈头盖脸地堆在他的头上。他的脸也疲倦、松弛地耷拉下来,渐渐地,那曾经热切地仰视的目光昏暗了:有时候那已经降服了他的灵魂的魔性像闪电一样在他的眼皮上刺目而危险地闪烁。最后,那高挑的身材也在遗忘的岁月里疲惫不堪了,它弯曲了——可怕的象征——沉重的头颅向前低垂着,五十年后,距那幅少年画像半个世纪以后的一幅铅笔素描第一次形象地展示了"被天堂的美景征服的人",我们震惊地看到,从前的荷尔德林已经成了一个骨瘦如柴、牙齿脱落的垂垂老者,拄着拐杖蹒跚前行,一手庄严地高举,向着虚空,向着没有感觉的世界吟咏着诗句。那天生端正的五官嘲笑着内心的混乱,额头在精神的崩溃中依然饱满:在乱草一样的灰发下面,光亮的额头像雕像一样,在那些震惊的目光的注视中保持着一种永恒的纯洁。稀少的参观者战栗地看着斯卡达内利①那鬼气森森的面具,徒劳地想在它上面认出那个命运的宣告者的形象,他曾无比敬畏地揭示美以及神的威严。但他"已远去,已不在场"。只有荷尔德林的影子四十年间还在黑暗之中徘徊在大地上:诗人本人保持着他永恒的少年形象,被诸神带走了。他的美没有年龄,完好无损,在另一个时空中——在他的歌声永不破损的镜子里永放光芒。

诗人的使命

信神的只有那些本身是神的人。

在学校里荷尔德林简直是身陷囹圄:现在他满怀着躁动以及些

---

① 荷尔德林曾自称为斯卡达内利。

微的不安和隐隐的预感走向对他来说永远陌生的世界。在蒂宾根神学院他已经学到了所有可以讲授的外在的科学,完全掌握了古代的语言,希伯来语、希腊语、拉丁语;他和同室而居的黑格尔、谢林一起孜孜不倦地钻研哲学,而且有文件为证,他在神学方面也并不放松自己,他"钻研神学成绩斐然。所宣读的神学报告语音准确,用词得当"①。他已经能够很好地进行新教布道,一个戴着硬领圈和四角帽的代理牧师的职位对这个学生来说可以说是稳稳在握了。母亲的愿望得到了满足,通向一个世俗职业或神职的道路,通向布道坛或讲台的道路敞开了。

但荷尔德林的心从第一刻起就从没有热衷过一个世俗或教会的职位,他只知道他的天职,他进行更高级的宣教的使命。早在学校宿舍里,他——"优美诗文的坚定的崇扬者",按照成绩单上古怪、笼统的说法——就写下了一些诗歌,开始是模仿悲歌,而后狂热地追随克洛卜施托克的足迹,后来又模仿席勒那澎湃的韵律唱出《人类颂歌》。一部长篇小说《许佩里翁》动笔了,从第一刻起,这个狂热的幻想家就坚定地将他的人生之舵指向了无穷,指向那不可企及的、会使它粉身碎骨的海岸。任何事情都不能动摇他带着毁灭自我的忠诚追随那看不见的召唤。

一开始荷尔德林就拒绝和职业妥协,拒绝接触任何庸俗的、实用的谋生手段,他拒绝"流于卑俗",拒绝在庸庸碌碌的世俗行业和

---

① 原文为拉丁文。

高尚的内心职业之间架起一座哪怕是很窄的桥梁：

> 职业对我来说，
> 应赞誉更高的存在，因此
> 神才将语言和感激赋予我的心中。

　　他骄傲地宣告，他要保持意志的纯洁和本质的形式的完美。他不想要那"具有毁灭性的"现实，而是永远找寻着那纯洁的世界，与雪莱一起找寻着——

> 某个世界
> 在那里音乐、月光和感情
> 合为一体。①

在那里没有必要进行妥协或与低俗的人同流合污，在那里有思想的人可以在纯净的属性中保持纯洁。这种对理想的存在不屈不挠、坚信不疑的信仰比任何一首单独的诗都更能明显地表露荷尔德林伟大的英雄气概：他从一开始就知道，他放弃了对安逸，对家庭，对一切市民性的要求，他知道，"肤浅的心灵感到幸福"是很容易的，"他知道，他永远必定是一个与快乐不相干的人"。但他并不想过一种

---

① 原文为英文。

循规蹈矩、安安稳稳的生活,而是想要一个诗人的命运,他目光直视上苍,苦难的躯壳中灵魂坚强不屈,饥寒交迫、衣衫褴褛地走向一座看不见的祭坛,在那里他将同时成为祭司和牺牲。

　　这种全心全意地献身于完美生活的愿望是荷尔德林这个温和谦恭的少年最真实、最有效的力量。他知道,诗艺和永恒是不能用一部分,用心灵和思想任意的一块儿就能达到的:谁想宣谕神性,谁就必须献身于它,必须拿自己作它的牺牲。荷尔德林对诗艺的理解是神圣的:率真的、负有使命的人必须呈献出尘世中其他人都拥有的一切,以感激神的恩惠,允许他接近神,作为自然的侍从,他必须居于自然之中,承受那神圣的不安定性和能使人净化的危险。从第一刻起,荷尔德林的思想就已经领会了绝对性的必然性:在离开神学院以前他就下定决心,不当牧师,决不长期地与尘世结缘,只做一个"神火的守护者"。他不知晓道路,但他了解目标。他清楚自己不善于生活的危险和自己精神力量的神奇强大,他给自己最使人快慰的安慰:

> 所有的生灵不都与你交好,
> 命运女神不是自动听命于你的麾下?
> 因此,赤手空拳地
> 闯荡生活吧,什么也不必害怕!
> 不论发生什么,都是上天赐予。

他就这样坚定地走入自己的命运之中。

从这种保持自身纯洁的坚定性之中生长出了荷尔德林自己培育的厄运和灾难。但悲剧和内心的苦难也因此过早地降临在他的头上，他这场英雄的战斗首先针对的并不是他憎恨的一切，不是针对野蛮的世界，而是——对感情丰富的人来说真是最可怕的心灵的折磨——恰恰针对他最爱的和最爱他的人们。他愿为诗艺的生活而战，而这种英勇的意愿的真正反对者恰恰是温柔地爱着他，并被他温柔地爱恋着的母亲和祖母，他最亲近的人。他不愿伤害她们的感情，但早晚都不得不让她们痛苦地感到失望，历来如此。对一个人的英雄气概来说，再没有比那些温柔的好心人更危险的对手了，他们心怀良善，好心好意地想要使一切紧张都和缓下来，想把那"神圣的火焰"小心翼翼地吹小，使它变成家庭火炉中的火苗。现在我们就能看到这令人感动的情景，——临事勇敢，举止温和①——这个谦恭的人怀着坚定不移的决心，以温和的方式十年之中一直用借口敷衍着她们，安慰着她们，心怀感激地向她们表示歉意，他没有满足她们最大的愿望——做一个牧师。在这场看不见的战争中，秘而不宣和婉转表达都需要付出非常的勇气，因为对他来说最能使他振作、使他坚强的东西，他的诗人的使命，要羞涩地、小心翼翼地隐藏起来。关于他的诗他总是说"诗艺的尝试"，他向母亲预言他的成就时也没有什么自豪之情，最极端的表达不过是"他希望，有一天会

_____

① 原文为拉丁文。

不辜负她的期望"。他从没有炫耀过自己的尝试和成就,相反,他总是暗示,他才刚刚起步。"我深深地知道,我为之付出全部精力的东西是高贵的,是会对人类起到疗救作用的,一旦它被正确地表达、塑造出来。"但母亲和祖母从远处感觉到了这些谦虚的话语后面的事实,他无家无业,一无所有,无依无靠地在世界上追寻着毫无意义的幻象。两个寡妇日复一日地坐在尼尔廷根她们的小房间里,年复一年地从吃穿用度中省下为数可怜的一点钱财,来供养这个聪明伶俐的男孩上大学。她们满怀喜悦地阅读他从学校写来的恭敬的家书,为他得到的进步和表扬而欢欣,为他出版的第一批诗作而分享他的自豪。她们希望,他完成学业,很快当上助理牧师,娶一个妻子,一个温柔的金发姑娘,她会自豪地去聆听他礼拜日在施瓦本的一个小城里的布道坛上宣讲上帝的旨意。但荷尔德林知道,他必须打碎这个梦,不过他并没有把它狠狠地打碎在亲人的手中,——他温和但坚决地挡回了所有关于这种可能性的劝告。他知道,尽管她们爱他,但仍可能怀疑他是个游手好闲之徒。他尝试着给她们解释自己的职业,给她们写信说,他"虽不愁衣食但并没有无所事事,也没有靠着别人的养活而无所用心"。他总是用最郑重的形式强调他的行为的严肃性和正当性,以打消她们的怀疑。"请您相信我,"他对母亲恭敬地写道,"我对我和你们的关系并不是满不在乎,我曾试着将我的人生计划和你们的愿望相统一,这常常使我十分烦恼。"他试图说服她,"用我现在的行为和当牧师一样能为人们服务",但他心里明白,他永远也不可能说服她。"并非固执,"他从内心最深处悲叹道,"决定了我的天性和我现在的境况。而是我的天性和命运,它们是人无法不服从的唯一的力量。"尽管如此,两位年迈孤独的女性并没有抛弃他:她们叹着气给他寄去她们的积蓄,给他洗衬衣,编织袜子;多少悄悄的眼泪和忧虑都织进了每件外套里。但年复一年,她们的孩子还在四处游荡,为临时的工作而奔波,在她们的眼中简直是在混日子,她们又轻声地——在她们身上也有那个孩子的那种温和而锲而不舍的行为方式——用她们从前的愿望来敦促他了。她们并不想让他放弃他对诗歌的爱好,她们十分羞涩地暗示,他应该可以把它跟做教区牧师统一起来;她们有预见地给他讲近亲默里克的断念和恬淡的性格,以及他把生活分为世界和诗艺两部分的做法。但这一点正好触动了荷尔德林原初的力量,触及了他关于牧师的工作不能分散心神的思想,他像一个魔术师一样抖开了他最隐秘的想法。"有一些人,"他在给母亲的信中针对她的提醒这样写道,"他们也许曾比我强,他们尝试着一边做大商人或大学者,一边做诗人。但最后他总是为了一个而牺牲另一个,绝对没有好结果……因为如果他牺牲了他的工作,他就不诚实地对待了别人;如果他牺牲了他的艺术,那他就亵渎了上帝赐予他的天生的使命。这是犯罪,比伤害自己的身体的犯罪还要严重。"但这种对使命神秘而伟大的肯定感并没有得到哪怕最小的成功的回报,荷尔德林 25 岁了,30岁了,可还是个穷困潦倒的教师,别人家饭桌边上吃白食的,还像一个小孩一样感谢她们寄来的"短上衣"、手绢和袜子,聆听着失望的人那低声的、一年比一年更加痛苦的指责。听着这些指责他无比烦

　　　　　　　与心魔搏斗

恼,向母亲绝望地悲叹道:"我希望,您能让我安静一下。"但他又不得不一再敲响那扇在敌意的世界中唯一向他敞开的门,并一再向她们保证:"你们对我要有耐心。"最后他憔悴不堪地跌倒在这座门槛上。他为了理想生活的斗争让他付出了生命。

荷尔德林这种英雄气概真是不可言喻的伟大,因为它没有自豪,没有必胜的信心:他只是感觉到使命,那看不见的呼唤,他相信天职,而不是成就。这个极易受伤的人从不觉得自己是披着龙甲、所有厄运的矛尖都将在其身上折断的西格弗里德①,他从不觉得自己是一个常胜的、有成就的人。不要因此将荷尔德林那种将诗艺当作生命最高意义的无名的信仰与一种自以为是的诗人的良好感觉混为一谈:他对自己的使命笃信至深,提起自己的天赋他总是那么谦卑。尼采把"少点也行,有点就行,没有也行"②当作自己的座右铭,那种趾高气扬、近乎病态的自信,对荷尔德林来说最是不可思议的——不经意的一句话就能使他丧失勇气,席勒的一次拒绝会使他几个月寝食不安。他像一个小孩、一个小学生一样对康茨、诺伊费尔这样最蹩脚的诗人毕恭毕敬——但在这种特别的谦虚、极度的温和性格之后,从事诗艺的愿望、甘愿牺牲的精神像钢铁一般坚定。"噢亲爱的,"他在给朋友的一封信中写道,"什么时候人们才能在我们身上发现,那最高的力的表现恰恰是最谦虚的,神性一旦出现总要带着某些谦恭和伤感。"他的英雄气概不是一个战士身上的那

---

① 德国 13 世纪的英雄史诗《尼伯龙根之歌》中的主人翁,浴龙血后刀枪不入。
② 原文为拉丁文。

种,不是暴力的英勇,而是一个殉道者的英勇,是勇于为看不见的东西忍受苦难,勇于为他的信仰和主张弃绝自己的生命的心甘情愿。

"噢命运,随你所愿吧"——以这句话,这个不屈不挠的人虔诚地拜倒在他自己造成的厄运脚下。我不知道人世间还有更高形式的英雄气概,它绝无仅有,不曾被鲜血和对权力无耻的贪婪所玷污:精神最高贵的勇气总是毫无野蛮和残忍的英雄行为,不是毫无意义的反抗,而是对超凡的、神圣的必然心甘情愿的献身。

诗艺的神话

这并非人类所教,

一颗神圣的心推动着我,

怀着无限爱意迎向无穷。

没有哪一个德国诗人像荷尔德林这样信仰过诗艺以及它神圣的来源。听起来有些奇怪,这个温和的、来自施瓦本的新教牧师候选人对于那些看不见的、对于诸神有一种完全古希腊式的观点,他信仰"父亲以太"和命运的统治,比他的同辈诺瓦利斯和布伦塔诺对上帝的信仰还要虔诚:诗艺对他就如福音对于他们,是最后的真理的发现,是醉人的秘密,是圣饼和葡萄酒,是把肉体凡胎奉献于永

与心魔搏斗

恒、使之与永恒相结合的东西。即使对于歌德,诗艺也不过是生命的一部分,而对于荷尔德林来说却是生之意义所在;对歌德来说它不过是一种个人的必需,而对荷尔德林来说是一种超个人的、宗教的必需。他敬畏地认为,诗艺是神的呼吸,是独一无二的和谐,人生原始永恒的矛盾将在其中在福至心灵的时刻里化解、缓和。就像以太弥合了天地之间的空间,诗将填平精神高与低之间、神和人之间的深堑。诗——我重复一下——对荷尔德林来说并不像对其他人那样是生活的一种悦耳动听的配料,是人类精神躯壳上的装饰品;而是具有最高级的目的和意义的东西,是包容一切、塑造一切的原则。为此付出自己的一生是唯一有价值的、光荣的献身行为。只有观念的伟大才能解释荷尔德林英雄气概的伟大。

荷尔德林在他的诗中无数遍地描绘过这个诗人的神话,我们必须重述一下他的神话才能理解他火热的责任心。对他这个"诸神"虔诚的信仰者来说,世界像古希腊、柏拉图理解的那样是完全分成两半的。高高在上的是"天神安逸地在光里散步",不可亲近但怀有恻隐之心。下面芸芸众生在单调乏味的日常琐碎中劳作、休息:

> 像徘徊在黑夜、像居住在冥府,
> 如果我们人类没有神性。他们
> 被束缚在各自的工作上,在嘈杂的工场里
> 只能听见自己的声音,这些野人用强健的
> 臂膀辛勤劳作,一刻不停,但到头来总是

像复仇女神,没有结果,只剩下胳膊酸痛。

　　就像歌德在那首东方诗里所描绘的,在朝霞"怜惜那些受苦的人"之前,在两个领域的联络者出现之前,世界分成黑夜和光明,如果在它们之间不存在暂时的、友好的纽带,如果上面的不能反映下面的世界,下面的世界又反过来反映上面的,那么这个宇宙就会是一种双重的孤独,神的孤独和人的孤独。即使是上面的"在光明之中安逸地散步"的神也会不快活,他们感觉不到自己,只要他们不被感觉:

　　　就像英雄需要花冠,那些
　　　受人烟火者
　　　总是需要有感觉的人类的心
　　　为自己增光。

　　这样下面的就往上挤,上面的往下拥,精神接近了生活,生活上升进入精神的领域。所有长生不死的事物如果不被凡人认识,如果不被尘世喜爱,就会没有意义。被一道目光如饥似渴地凝视,玫瑰才是真正的玫瑰,当晚霞在人眼的视网膜上反射出光辉,它才是一道美丽的风景。就像人类为了不消逝需要神性一样,神为了真正的存在也需要人类。因此他就创造出他的力量的见证人,创造出为他

与心魔搏斗

唱赞歌的嘴,创造出诗人,以使他真正地成为神。

荷尔德林的观点的原型恐怕——像他所有的诗学的观点一样——是借用,是从"思想巨人"席勒那儿抄袭来的。但席勒那冷冰冰的认识得到了很大的扩展:

> 伟大的世界的主人没有朋友,
>
> 感觉到缺憾——因此他创造了英才,
>
> 作为他神性的神性的反映。

变成了荷尔德林对诗人的顿悟美妙动听的幻象:

> 欲说不能,孤独地
>
> 在黑暗之中百无聊赖,他
>
> 有足够的标志,还有闪电和
>
> 洪水在管辖之中,
>
> 他还拥有思想,那圣父,
>
> 他在人群之中却不能真实地找到自己,
>
> 如果信徒们不在赞歌中表达自己的心声。

不是像席勒所说神是由于痛苦,由于百无聊赖才创造了诗人——席勒一直有艺术是某种高雅"游戏"的思想——而是出于一种必需:没有诗人就没有神性,神性通过诗人才得以成为神性。诗艺——在这里人们会触摸到荷尔德林思想最深的核心——是世界的必需,他并不是宇宙内部的一项发明,而是创造宇宙。诸神不是出于游戏冲动而派遣诗人,而是出于必需:他们需要他,这位唇枪舌剑的使者。

> 然而众神也厌倦了
>
> 自己的长生,倘若
>
> 天神也需要什么,那
>
> 就是英雄和凡人
>
> 和别的血肉之躯。因为
>
> 天堂里的人对自己都麻木不仁,
>
> 于是必须,如果可以
>
> 这样说的话,借神的名义的
>
> 另一位代替他们感觉,
>
> 他们需要他。

他们需要他,那些神祇;同样,人也需要诗人,他们是

> 圣器,
>
> 生命之酒,英雄的精神
>
> 藏在里头。

在诗人身上,高高在上的和下面的东西融会在一起,他们将双

声变为必然的和声,变为具有共同性的东西,因为

> 共同精神的思想在
> 诗人的灵魂中静静地安息。

生于凡尘、浸透神性的诗人形象就这样走到寂寞与寂寞之间,他们被精心挑选出来,身负诅咒,又肩负使命——用神一样的目光关注神,使神呈现凡人的影像,让凡人感觉到他们。他从人类中来,听从诸神的要求:他的存在是一个使命,他是哒哒作响的阶梯,神灵沿着它"一阶阶地下降"。在诗人身上,迟钝的人类象征性地感受到神性;在他的言辞中他们就像在圣杯和圣体的神秘仪式上一样享受着永恒的躯体和鲜血。因此诗人的额上都缠着看不见的祭司的饰带,都发誓对纯洁信守不渝。

这个诗人的神话就是荷尔德林的世界中精神的中心点;在他的所有创作之中,他从没有丢弃过对诗艺这一神圣使命不可动摇的信仰,以及由此而来的道德观的绝对的神圣和庄严。谁是"众神的声音",谁要做"英雄的宣告者",或者(像他有一次说的)"人民的喉舌",谁就需要高雅的谈吐、高贵的态度、神的宣告者的纯洁,他从看不见的神庙台阶之上面对看不见的一群人讲话,面对一群梦幻的民众,面对一个从凡人之中成长起来的梦幻的民族讲话,因为"什么可保永恒,都是诗人造成"。自从众神沉默,诗人就以他们的名义和思想说话,在尘世的日常劳作中做永生者的塑像者。——因此他的诗

听起来就像祭司的长袍高雅庄重而且雪白、朴素。因此他在诗中仿佛讲着一种更高级的语言。这种对使命，或者说对被赋予使命的高度的意识，荷尔德林在多年的经历之中都没有忘怀；在他的神话之中只有一点在他的意识里变得越来越晦暗，越来越不祥，越来越忧伤，他不再像风华正茂之时那样把他的使命只看作一种幸福的被选择，而是把它看成英雄的命运。在少年的眼中原本一切皆是温柔的天赐，成熟的他却发现他其实是被恐怖而又美丽地悬挂在深渊之上——

因为他们，那些借给我们天火的

众神，也送给我们神圣的苦难。

他认识到，受任祭司之职意味着与幸福无缘。被挑选的人就像无尽森林中的一棵树一样被标上红色的记号等待利斧的砍伐：真正的诗艺需要生命的代价。只有准备亲身实践自己宣讲的悲壮的英雄行为的人，只有那走出安逸的市民家庭，走入风雨之中聆听众神声音的人才成为英雄。许佩里翁就曾说过："听命于天赐的才能吧，他将为你扯断所有生命的羁绊"——但直到恩培多克勒，精神错乱的荷尔德林才看清众神施加在那些"像众神之神一样看着"他们的人身上的恶毒的诅咒：

但他们的判决是，

> 他将摧毁自己的家园，
>
> 像对待敌人一样责骂自己的心爱，
>
> 将父亲和孩子埋葬在废墟之中，
>
> 倘若有人，那狂想者，想成为神，
>
> 不想容忍与神的差异。

  诗人由于觊觎超凡的神力，使自己陷入不断的危险之中：他仿佛是避雷针，用一个高耸的细尖把无穷震颤的爆发接收到自己体内，因为他，这个中间人，必须"以歌声为掩护"将"天火交与"凡人手中。他，这个永远的孤独者，站出来向危险的诸神勇敢地挑战，他胸中的热情聚集喷涌，强烈得几乎可以置人于死地。因为他既不能把这已经唤醒的火焰，这烈焰腾腾的预言沉默地封存起来，

> 他将憔悴
>
> 将耗尽了自己，
>
> 因为天火从不
>
> 容忍束缚——

也不能完全说出那些不可言说的东西：对神性的隐瞒将是诗人的罪过，但完全的坦白，用语言毫不保留地出卖也是一样。他必须永远在人群中寻找神和英雄，同时忍耐人类的粗俗，又不能因此而对人性绝望；他必须赞誉众神，宣告他们为主宰，是神将他这个宣告者孤

独地留在凡尘的痛苦之中。但不论言说还是沉默,两者对他来说都是神圣的苦难:该被献祭的都被画上了标记。

荷尔德林对他悲剧性的命运完全了解,就像在克莱斯特和尼采身上一样,悲壮的衰落的感觉很早就使他的生活升华,并在十年前就投下了清晰的影子。但这个柔弱的牧师之孙荷尔德林和另一个牧师之孙尼采一样,具有古希腊罗马式的勇气,具有普罗米修斯式的意志,要与无穷进行较量。他从不曾尝试像歌德那样把他天性中魔性的、充盈的部分加以抑制,加以铲除或加以驯服:歌德一直都在逃避他的命运,以拯救生命这无尽的、亲密的宝藏;而荷尔德林却带着钢铁的灵魂,毫无准备地仅以他的纯洁为武器迎向风暴。无畏而又虔诚地(他天性中这美妙的双重音像每首诗一样响彻了他的整个一生),他高声唱起颂歌,劝告所有兄弟和诗艺的殉难者坚持神圣的信仰,督促他们为最高的责任英勇奋斗,为他们的使命而英勇奋斗:

> 我们不应否认自己的高贵,
>
> 不应否认内心的冲动,去教化
>
> 没有教养的,按照我们心中神的形象。

这高昂的代价不能偷偷地通过狭隘的思想,通过节省日常的幸福就可以免予偿付。诗艺是对命运的挑战。虔诚和勇敢缺一不可。谁要跟天空交谈,就不能害怕它的闪电,以及那不可避免的劫数:

与心魔搏斗

你们诗人们！但我们理当，

在神的风雨之中裸着我们的头站立，

用自己的手抓住父亲的闪电，

给民众，以歌声为掩护，

递去天堂的馈赠。

因为只有我们，像孩子有纯洁的心，

只有我们的手才是无辜的，

父亲的闪电，纯洁的闪电，不会烧焦它们，

深深地感动，同情神的苦难，

永恒的心却坚强不变。

法厄同①或激情

噢激情，在你那里

我们找到了幸福的葬身之地，

平静而又喜悦地，我们

消逝在你波涛的深处，

直到我们听到祈祷的呼声

带着新的自豪醒来，

---

① 法厄同，太阳神之子，曾驾驶太阳车，因驾驭不了马匹，太阳车脱离轨道，致使河流干涸，森林起火，为拯救大地，宙斯用雷电将其击落。

就像星星，重新返回

生命短暂的黑夜之中。

　　对在荷尔德林的神话中为诗人设想的英雄的使命而言，这位年轻的狂想者实际上——为什么刻意否认这一点呢？——只具有很少的诗人的天赋。这个 24 岁的人在思想和诗歌的艺术风格上都没有明显地显示出独到之处：他最早的诗歌的形式，甚至单独的情景、象征，甚至用词都是从在蒂宾根神学院学习期间阅读的大师们的作品那里借来的，并与它们有着几乎不能允许的相似性，克洛卜施托克的颂歌，席勒铿锵有力的赞歌，莪相的德语诗韵。他的诗歌的主题很贫乏，只有青春的热情，带着这股热情，他把这些主题不断提高、变幻、重复，以此掩盖了他精神视野的狭窄。他的想象力也沉迷在一个模糊无状的世界里：众神，帕纳萨斯①故乡在诗中构成了永恒的梦境，甚至在语言上，"天堂的、神的"等修饰语带着可疑的单调性反复出现。更不发达的是他的思维能力，完全依附于席勒和德国的哲学家们。直到后来才从错乱的精神深处生出神秘的咒语，就像先知的预言一样，并非出自自己的思想，而仿佛是世界精神曼妙的话语。甚至在简洁的勾勒中都缺乏造型最重要的要素：敏锐的目光、幽默、识别人的能力。简言之，一切出自尘寰的东西。而荷尔德林出于顽固的本能拒绝和生活的任何混同，这种天生的对生活视而

———————————

① 希腊山名，古为太阳神和文艺女神们的灵地。

与心魔搏斗

不见的性格就升级成了一种纯粹的梦境状态,成了一种理想主义的世界观。盐和面包,变幻和色彩在他的诗中全然不见,他的诗保持着绝对的超凡脱俗和透明,轻飘飘的,没有重量,即使最混乱的那几年也只带给他的诗一些飘飘忽忽、模糊不清、预兆不祥的,像云雾一样神秘的混若无物的特性。他的创作力也十分的微小,经常被一个感觉的迟钝、一股莫名的惆怅、一阵神经的错乱所抑制。与之相对比的是歌德与生俱来的丰沛的灵感,在他的诗句中掺进了生命中所有的力量和汁液,它们孕育着生命,就像一片肥沃的土地,经过强健的手臂勤勤恳恳地耕耘,敞开胸怀的田野吮吸着阳光、雨露和一切天地中的物质。而荷尔德林在诗艺方面所占有的财富却微乎其微,也许在德意志的思想史上从没有以如此少的诗人的禀赋成就过如此伟大业绩的诗人。他的"材料"——就像人们说起诗人时的说法——是不充分的。写出的诗要动用他全部的材料。他比哪个都不如,但他灵魂中的力量却向上面的世界生长。他的天赋比重很小,却有着无穷的升力,荷尔德林的天才归根到底并不是艺术的天才而更像是纯洁的奇迹。他的天赋是激情,是看不见的翅膀。

因此荷尔德林本来的天赋不论在广度还是数量上都不能用语文学的标准来衡量,荷尔德林首先是一个强度问题。他的诗歌中的人物(和其他孔武有力的人物相比)都显得弱不禁风,在歌德、席勒的身边,在睿智的、多才多艺的人身边,在襟怀宽广、坚强有力的人身边,他是多么幼稚、单纯,显得那么脆弱,就像柔弱、单纯的圣徒方济各①站在教堂其他巨大的人像柱旁边,站在托马斯·阿奎那②、圣贝纳尔③、罗耀拉④这些中世纪大教堂的伟大的建筑师身边。荷尔德林像方济各一样,所有的不过是天使般明净的温柔,对神性迷狂的手足之情,不过也有无与伦比的方济各式的、平和的激情的力量。像方济各一样,这位艺术家成为艺术家无需艺术,只需有对来自更高世界的福音的信仰,只需有英雄般义无反顾的姿态,就像年轻的方济各在阿西斯的广场上表现的那样。不是某一部分的力量、某一种诗人的天赋注定荷尔德林成为诗人,而是他把整个灵魂凝聚在一起,使其进入一种更高状态的能力,是脱离尘世、融入永恒的无与伦比的强力。荷尔德林作诗不是用血液,用精液,用神经,用感官,用个人的、私人的经历,而是用与生俱来的躁动的激情,用对不可企及的高处的原始的渴望。对他来说不存在单独的诗歌的源泉,因为他认为整个宇宙都是诗意的。整个的世界在他看来像一首鸿篇巨制的英雄诗歌,他所认识和描绘的世界,风景、河流、人物和感情,都马上被不自觉地英雄化了。以太对他来说就是"父亲",就像太阳对方济各来说是"兄弟"一样;泉水和岩石在他面前,就像在希腊人面前一样敞开胸怀,好像呼吸着的嘴唇和凝固的音乐。即使最理智的

---

① 阿西斯的方济各(1181—1226),创立方济各会,亦称小兄弟会,后被尊为圣徒。

② 托马斯·阿奎那(约1225—1274),意大利人,中世纪基督教神学家,经院哲学的集大成者。他的神学和哲学体系被称为托马斯主义。

③ 圣贝纳尔(1091—1153),亦称明谷的贝纳尔,生于法国第戎。中世纪最重要的圣徒之一。

④ 依纳爵·罗耀拉(1491—1556),西班牙人,天主教耶稣会创始人。

　　　　　　　　　与心魔搏斗

东西,经他抑扬顿挫的语言的触摸,也神秘地获得了柏拉图世界的特征,立刻变得透明,在一种强烈闪光的语言里旋律般地轻颤,而这种语言和现实中的语言只有词汇是相同的:他的词语有一种崭新的光泽,就像草地上的晨露一样,还不曾被人类的目光触摸。德语文学中不论在他之前还是在他之后都不曾有哪首诗如此轻盈缥缈,如此傲视尘寰。而诗中的所有生灵也都如人们梦中所见,神秘地摆脱了它们的重力,仿佛是它们的凡胎的灵魂。荷尔德林从没有学过看世界(这既是他的伟大之处,也是他的局限之处)。他只是一味地在诗中虚构它。

心潮澎湃的这种伟大的能力是荷尔德林最根本的,也是唯一的力量;他从不曾深入下层的、混杂不清的世界,从不曾进入日常的世俗生活,而是轻盈地向一个更高的世界(那是他的故乡)飞升。他没有现实,但他有自己的领地,有他诗韵悠扬的彼岸。他总是目标向上:

> 噢,我之上的旋律,你们永恒的旋律,
>
> 朝向你们,朝向你们。

他总是像一支箭一样离开拉满的弓弦,飞向天空,飞向目光不可企及之处。这样的一个天性必须一直保持兴奋,必须一直处于一种危险、理想主义的紧张状态,这一点在最早的讲述中就已经得到证实。席勒立刻就察觉到这种爆发的强烈,对此他的责备多于赞赏,他为它缺乏持续性和彻底性而表示遗憾。但对荷尔德林来说，在那种"无名的兴奋之中，世俗的生活死亡了，时间亦不复存在，摆脱了羁绊的思想成了神"，这种兴奋正是摆脱了自我的癫狂状态，是原初属性的状态："永远的潮涨潮落。"他只有聚集全部的精神力量才能做一个诗人，一旦没有了灵感，在生命中现实的时刻里，荷尔德林是最贫穷、最猥琐、最阴郁的；在激情之中，他却是所有人中最幸福、最自在的。

荷尔德林的这种激情实际上是空洞无物的：它的内容几乎就是状态本身。当他歌唱激情之时，他就激动起来。它对他来说既是主体又是客体，没有形状，因为它是最高的圆满；没有轮廓，因为它来自无穷又归于无穷：即便对于雪莱，荷尔德林最亲近的诗的灵魂，激情也显得与尘世息息相关。它与社会理想，与对人类自由的信仰，与对世界进步的信仰合为一体。荷尔德林的激情却像昙花一现，仿佛烟尘消失在天际，它享受着自己，从而描述了自己，它通过描述来享受。荷尔德林就这样不停地描绘着他自己的这样一种状态，他的诗是一首永不停歇的对创造力的赞歌，一腔对贫乏单调的惊心动魄的控诉，因为——"一旦激情死亡，众神亦将死去"。对他来说诗歌和激情是密不可分的，激情只有通过诗歌才能解救自己，因此诗歌不仅将拯救个人，还将拯救整个人类。"噢，空中飘下的雨，噢，激情！你将给我们众生重新带回春天"，他的许佩里翁曾热切地吟咏过，他的恩培多克勒揭示的正是神（即创造性的）和尘俗（即无价值的）感情之间的天壤之别。他的灵感的全部特性在那部悲剧诗剧中表现得淋漓尽致。所有创造性的原初状态都是内心体验和若有所思的梦境带来的那种朦朦胧胧的、无忧无喜的感觉：

> 圆满者在
> 他自己的世界漫步；带着神的从容
> 他轻轻地穿过花丛，就连清风
> 也害怕，惊扰了这幸福的人。

他对周围的世界毫无知觉，从他的身上发源出神秘的冲动的力量：

> 对他来说世界沉默无声，从自身，
> 带着越来越大的喜悦，生长出激情，
> 直到创造的迷醉的暗夜里，
> 进出思想，像一颗火星。

荷尔德林身上诗人的冲动并非出于经历、思想或意志才得到激发——"从自身生长出"激情。它不在某个特定的物体的摩擦面上点燃自己，而是"出乎意料地""如有神助地"熊熊燃烧起来，那不可思议的时刻，那时

> 难以忘怀，

那出乎意料的天才,那创作者,

神奇地降临我们身上,使得

我们的感官迟钝,而四肢

就像遭了雷击颤抖不已。

灵感是上天的火种,被闪电点燃。现在荷尔德林描绘了熊熊燃烧那独特的、美妙的状态,描绘了在迷狂的烈焰之中所有尘世的记忆的消亡:

在这里他自觉像一个

神祇,在自己的属性中,他的兴趣

是仙乐般的歌声。

个体支离破碎的状态被扬弃了,"人类的天堂"实现了感觉的统一("与一切都融为一体,这是神的生活,这是人类的天堂。"他的许佩里翁如是说)。法厄同,他的命运的象征人物,驾着烈焰腾腾的车到了群星的高度,太空的音乐在他的周围回响:在这创造性的令人迷醉的时刻里荷尔德林达到了他人生的制高点。

但在这极乐的感觉中早已事先掺进了坠落的预感,掺进了永恒的末日来临的感觉。他知道,这种在火中的停留,这种窥视神的秘密的目光,这种在不死的神的桌边的欢宴,作为凡人只被允许短暂地享用。他早已洞悉了一切,宣告了自己的命运:

与心魔搏斗

人只能偶尔地承受神的圆满，

其余的生活只是对此的梦想。

不可避免的是——法厄同的下场！——乘太阳车隆隆飞驰之后就要跌向深渊。

因为看起来，

好像我们不耐烦的祈祷

众神并不喜爱。

现在天赋，那乐天、幸福的天赋，向荷尔德林展示了它的另一副面孔——魔鬼的阴沉晦暗的面孔。荷尔德林总是遍体鳞伤地从诗艺中跌回现实生活，他像法厄同一样，不是仅仅跌到地上，跌回他的家乡，而是跌得更深，跌进无尽的忧郁的海洋之中。歌德、席勒，他们从诗艺中走出都像是旅行归来，从异国归来，有时很劳累，但思想集中，心情舒畅，而荷尔德林离开诗人的状态就像从天空坠落，体无完肤、一蹶不振，像一个被神秘地驱逐者，留在物质世界之中。他从热情中清醒过来总像是经历了一种灵魂的死亡，这个被抛下的人立刻感到现实生活的乏味和粗俗，"一旦激情死亡，众神亦将死去。一且心灵死亡,潘神①亦将死去"。清醒的生活是不值得过的,痴迷的狂热以外一切都乏味而苍白。因此这里——和荷尔德林的肉体的独一无二的兴奋力量相对应——正是荷尔德林的那种独特的多愁善感的根源,这种多愁善感并不是忧郁或者一种精神的病态的抑郁。它也像迷醉一样产生于自身并以自身为营养;它也极少有经验的汇入(不要过高估计了狄奥提马时代!)。他的忧郁不过是他对迷醉的反作用状态,而且肯定是不具有创造性的:如果他感觉自己身处彼岸,他就意气风发,接近无穷,而在非创造性的状态中他就会意识到他和生活之间巨大的陌生感。因此我想这样描绘他的忧郁:一种无名的陌生感,一个迷途的天使对他的天堂的悲思,一种像孩童哭诉似的,对看不见的故乡的乡愁。荷尔德林从不曾试图像莱奥帕尔迪②,像叔本华,像拜伦那样把这种忧郁感扩展成对世界的悲观主义情绪("我敌视敌视人类的思想"),他的虔诚从不敢把神圣宇宙的某一部分作为毫无意义来加以否定,他只是对现实的、实际的生活感到陌生。除了歌唱,他再没有对人类讲话的另一种真实的语言,用普通的话语和对话他不能讲清自己的本质;思想从上方像天使飞翔而来,灌注进他的脑海。没有迷醉他,只能像一个"被打瞎的人",在失去神的世界上乱闯。"一旦心灵死亡,潘神亦将死去",

---

① 形似山羊、生性快乐的森林和牧场之神,后发展成狄俄尼索斯的从神之一。在神秘主义者的教义里他的形象是宇宙的普遍性和完整性的抽象标志,他的芦笛声与天球的音乐等量齐观。

② 莱奥帕尔迪(1798 — 1837),意大利诗人,所著抒情诗和讽刺诗很有特色,散文集《对话》集中表现了他的悲观主义哲学。

　　　　　　　　　　　　　　　　与心魔搏斗

没有"茂盛的思想"的火焰,生活不过是一堆灰色的炉渣。但他的悲哀在与世界相抗衡时显得多么无力,他的忧郁没有乐声:朝霞的诗人,在夕阳中变得喑哑无声。最为了解他的,在他精神错乱的日子里经常见到他的维布林格在一部小说中称他是法厄同。法厄同——希腊人塑造了这个美丽少年的形象,他驾着歌声的烈焰熊熊的车,向众神飞升。他们允许他靠近,他隆隆地飞过天空,就像一道光芒,而后他们无情地将他坠入黑暗之中,众神惩罚胆敢如此靠近他们的人:他们撕碎他们的身体,灼瞎他们的双眼,把这些鲁莽的人扔进命运的深渊。但他们同时又爱着这些胆大妄为的、熊熊燃烧着向他们奔来的人,出于神圣的敬畏,他们把这些人的名字作为纯洁的形象放置在他们永恒的群星之中。

闯世界

> 经常,凡人的心像高贵的
> 种子,睡在死寂的壳里,
> 直到它们的季节到来。

就像踏入一个敌意的世界,荷尔德林从学校走进了生活。还在行驶的邮车上他就写了——多么具有象征意义——那首颂歌《命运》,献给"英雄们的母亲,铁一样的必然性"。在出发的时刻,这个奇怪的充满了预感的人就已经为毁灭做好了准备。

实际上一切都已为他安排停当。不是什么卑微的人而是席勒本人介绍他到夏洛特·冯·卡尔卜家当家庭教师，因为已经取得代理牧师资格的他坚决地拒绝遵照母亲的意愿成为一名牧师；这个24岁的幻想狂在当时德国的三十个邦中几乎再也找不到一个像夏洛特家这样的家庭，在那里诗人的热情受到尊重，暴躁的敏感和心灵的惶恐受到理解，夏洛特本人也是一个"难以琢磨的女人"，作为让·保尔早年的恋人她肯定对一个多愁善感的天性充满了理解。少校友好地迎接他，小男孩对他怀着发自内心的亲近之情，早上的时间完全都留给他进行诗歌创作，散步和共同的骑马兜风使他和亲爱的、久别的大自然重新得以亲近。去魏玛和耶拿旅行时，这位早有准备的女士把他带进最高贵的圈子之中，他得以结识席勒和歌德。一个毫无偏见的感觉可以毫不犹豫地承认，荷尔德林不可能受到更好的庇护了。他的头一批信件充满了热情，甚至是不同寻常的兴高采烈：他以玩笑的口气给母亲写道，自从他没有了烦恼和忧郁，他开始长胖了，他赞扬了朋友们的殷殷好意，是他们将刚刚开始的许佩里翁的第一批片段送到席勒的手上，并从而得以公之于众。在那么一个瞬间里荷尔德林好像定居在世界里了。

但不久，魔性的躁动在他的身上开始了，那"可怕的不安的精灵""像潮水一样"将他驱赶到"山尖"上。从来往的书信看，一个低微阴沉的声音开始讲话了，他抱怨着"依赖性"，原因突然显露了出来：他想离开。荷尔德林不可能生活在一个职位、一种职业、一个圈子里,除了诗人的存在,其他的一切生活方式对他来说都是不可能的。在这第一次的危机中他也许还没有意识到是内心的魔障出于嫉妒才使他的每一个与世界的联系都不长久,他还用外在的原因来解释他的冲动内在的易激动性,这次是怨男孩的冥顽不化,他的劣行恶习使他难以管教。以此人们可以感觉到荷尔德林对生活的无能为力:一个9岁的男孩在意志上都比他强硬。就这样他离了职。夏洛特·冯·卡尔卜,带着完全的理解看着他离去,写信告诉了他的母亲(为了安慰她)更深的实情:"他的精神不愿意低就这种琐碎小事……或者不如说这使他的心情受到了太大的刺激。"

荷尔德林从心底里摧毁了所有提供给他的生活方式,因此从心理学上讲再也没有比时下流行的传记作家们想当然的结论更错误的了,他们认为荷尔德林到处受到歧视和侮辱。事实上人们时时处处都在试图爱护他。但他的皮儿太薄了,他的敏感太过分了,"他的心情受到了太大的刺激"。就像司汤达有一次说起他的映像亨利·布鲁拉德一样:"只擦伤别人皮肤的东西,伤我却入骨见血。"①这句话适合于他以及所有敏感的人。他从来都把现实看作敌意,把世界看作粗野,把依赖看作奴性。只有诗人的状态才能使他幸福,在这个范围以外荷尔德林的呼吸不能自由通畅,他挣扎着,尘世的空气使他不停地哽噎,像一个将要窒息的人。"为什么我安静听话得像个孩子,当我不被打扰地带着甜蜜的悠闲做着所有营生中最无邪的

---

① 原文为法文。

那种?"他自己惊讶道,吃惊于这种不可弥合的冲突,每次和这一冲突相遇都使他受到侵害。他还不知道,他的生活能力的缺乏是不可治愈的,他还在相信,"自由""诗艺"可以将他与世界联系在一起。因此他才敢于过一种无牵无挂的生活:荷尔德林开始了创作,满怀希望地尝试着自由。他心甘情愿地为精神生活付出代价,忍受贫困,冬天他为了节省木柴整天待在床上,每天只吃一餐,从不让自己享受更多,他放弃了葡萄酒和啤酒,以及最廉价的享受。在耶拿,除了费希特的讲堂他几乎哪儿也没去过,有时席勒恩赐他待在自己身边一个小时,其他时间他都孤独地住在寒酸的仅够放一张床的房间里(几乎连斗室都算不上)。但他的灵魂却跟随许佩里翁周游了希腊,而且他可以说自己是幸福的,只要躁动和无休止的爆发不再从内心深处不断地折磨他。

危险的相遇

啊,但愿我从没上过你们的学校。

——许佩里翁

荷尔德林决定追求自由的第一步是对生活的英雄性的思考和寻找"伟大"的愿望。但在他还没有胆敢在自己的胸膛中发现这些之前,他想要先见识一个"伟大的事物"——诗人和那神圣的领域。

　　　　　与心魔搏斗

并不是偶然促使他去了魏玛。在那里有歌德、席勒和费希特,他们身旁像闪烁的卫星围绕着太阳的是维兰德、赫尔德、让·保尔、施莱格尔兄弟,德国思想界的整个星空。呼吸这种更为高雅的空气,正是他的憎恶一切非诗艺的东西的思想所向往的。在这里,他希望能甘美地吮吸古典艺术的空气,在这个精神的集市上,在这个诗人角力的角斗场里试一试自己的力量。

但是他想先对自己进行这样的角力,因为年轻的荷尔德林觉得自己在精神上、思想上和教育上和歌德的放眼世界的长远眼光,和席勒的"巨人"般的高度抽象的思想都不能相提并论。因此他认为——这一直在起作用的德意志式的误会!——他必须系统地"改造"自己,必须到大学课堂上"报名"听哲学课程。完全和克莱斯特一样,他压迫了自己完全自发的、本能的天性,而勉强地尝试用形而上学的方法阐释自己的世界,试图给自己诗人的计划配上教条的说明。恐怕还没有人带着必要的坦率指出过,当时不仅对荷尔德林,而且对整个德国诗坛的创造力来说,和康德相遇,对形而上学的研究都是灾难性的。

尽管传统的文学理论把当时德国诗人急忙地将康德的思想吸纳到他们的诗歌领域中这一现象继续当作辉煌的顶点来庆祝,但一个自由的看法终会鼓起勇气去证实,教条主义殚思竭虑的入侵带来了灾难性的损失。康德——我在此表明的是一种纯粹个人的看法——用他的思想结构性的优势战胜了古典主义时期纯洁的创造力,并使其受到极大的限制,他使人们的注意力转向他的美学批判,把所有艺术家的感受力、对生活的热爱和自由奔放的想象力拦腰斩断。他使每一个献身于他的诗人诗才枯竭——这样的一个只有脑子、只讲思想的人，这样一个巨人般的冰块，怎么能使真正的浮娜①和佛罗拉②受孕呢？这个古板的、最没有生命力的人，这个把自己非人成了思考机器的人，这个从没有摸过女人的人，从没有踏出过他的外省小城的人，这个五十年，不，七十年间都让他的日常生活齿轮的每一个小齿按部就班地自动旋转的人——他怎么能够，我不禁问，这样的一个非自然人，一个非本能的自身都成了僵化的系统的思想者（他的天赋就表现在狂热的结构性里），他怎么能鼓舞诗人，那富于感性的、因神圣的偶然的出现而兴致勃发、不断地被激情驱使到未知之处的人？康德的影响把古典主义者从他们最初始的激情中拉出来，神不知鬼不觉地将他们放入一种新的人道主义之中，放入一种文人文学之中。席勒，最生动的德意志形象的塑造者，在思想的游戏中耗心费力，把诗划分成不同的范畴，划分成素朴的和感伤的，还有歌德同施莱格尔兄弟关于古典和浪漫的争论，这难道不是德国文学最严重的失血？诗人们对此一无所知，他们借助哲学家过分的明晰来使自己清醒，借助那冰冷的，从康德这个系统的、像晶体一样排列有序的头脑里发出的理智之光。当荷尔德林来到魏玛的时候，席勒已经失去了他早期的、有魔力的灵感的迷惑力，歌德（他的健康的天性用天生的友好本能来对付所有死板的形而上学）

---

① 罗马的森林和田野女神。
② 意大利的司花、青春和青春之乐的女神。

正把他的主要兴趣都投入到科学上。他们的思想都曾在那些理性主义的领域徘徊过,他们的往来书信今天可以做出证明,这些精彩的、包罗万象的书面证明与两个哲学家或美学家的书信极其相似,而不像诗人的自白。在荷尔德林接近这对密不可分的兄弟的时候,诗艺已经在康德的吸引力下从中心移开,被推到了他们人性的外边缘上。一个古典人道主义的时期开始了,只是和意大利的情况形成灾难性的对比,在那里,时代最有力的思想家像但丁、彼特拉克、薄伽丘都是从冰冷的、博学的世界逃进诗歌的领域,而这里歌德和席勒却从他们神圣的、创造世界的工作中倒退到更为冰冷的美学和科学之中长达(不可挽回的)数年之久。

　　这在所有把他们当成大师来景仰的年轻人那里产生了灾难性的幻想,他们必须"有学识",必须"通晓哲学"。诺瓦利斯,这个绝对抽象的思想者,以及克莱斯特,这个纵情享乐的登徒子,两个人和康德具体的思想冰块和所有依照他的理论的推理格格不入,却出于一种不自信的感觉——而不是出于本能——投身到对他们来说完全陌生的领域中去。荷尔德林也认为,有义务去使用时下美学和哲学的行话,所有耶拿时期的书信都充满了空洞的名词解释,充满了令人感动的、孩子气的、愿意进行哲学思考的努力,但这些与他更深层的知识,与他无尽的预感都是那么的水火不容。因为荷尔德林是那种无逻辑性、缺乏思考力的人,他的思想有时像闪电壮观地从某处天才的天空霹雳而下,但它们毫无繁殖力,它们诡异地混乱,反对每一种联系和交织。他所说的"创造的精神":

生机勃勃的事物,我才认识,

思考的东西,我理解不了。

这预言性地表明了他的局限:他只能表达对过程的预感,而不能描述存在的模式和概念。荷尔德林的思想是流星——是天空中的石块,而不是某个尘世的采石场上的石块,棱角被磨光了,被堆成一堵僵硬的围墙(每一个体系都是一堵围墙)。它们散乱地躺着,就像它们坠落时一样,他不需要切削它们,打磨它们。有一次歌德说起拜伦,他的话用在荷尔德林身上却更加贴切:"当他作诗时,他才伟大。当他思考时,他是一个孩子。"但这个孩子在魏玛坐到了费希特、康德的课堂里,绝望地生吞活剥着那些教条,连席勒都不得不提醒他:"您应该躲开这些哲学的材料,它们是最吃力不讨好的工作……您应该和感性世界保持更近的距离,这样您就会减少一些在清醒中丧失激情的危险。"但很久以后,荷尔德林才在逻辑的迷宫里认识到清醒的危险性,他的本质最敏感的气压计,下降的创造力显示给他,他这个飞人已经闯入了一种压抑他的感觉的气流。这时,他才奋力地将系统的哲学推开:"哲学研究通常总是用安宁来回报它所要求付出的顽强的勤奋,而我很长时间都不明白,为什么我越是心甘情愿地献身于它,越是心烦气躁,激动不已。现在我给自己找到了解释,我过分地远离了自己本来的爱好。"

但第二个更危险的失望来自诗人们。从远处看他们好像奔放

　　与心魔搏斗

的感情的使者,像把心捧给上帝的牧师。他希望从他们那里得到更高的激情,从歌德,尤其是从席勒那里,他在蒂宾根神学院时就整夜地阅读席勒的作品,他的《唐·卡洛斯》更是"他青春时的魔云"。他们应该给他这个缺乏自信的人使生活变得美好的东西,让他向无穷飞升,获得更高的喜悦。但第二代、第三代与大师之间不可避免的误会恰恰从这儿开始。他们忘记了,作品是永远年轻的,时间流过完美的作品就像水流过大理石,不会变得混浊,但诗人自己却变老了。席勒成了内廷参事,歌德做了枢密顾问,赫尔德成了教会监理会成员,费希特当了教授。他们都被魔法困在了自己的作品之中,在生活中抛了锚,对健忘的生物——人——来说,也许再没有比自己的青春时代更陌生的了。时间注定了这种误解:荷尔德林想从他们那里获得激情,他们却教给他谨慎;他渴望在他们身边更炽烈地燃烧,他们却把他减弱为柔和的光线;他想从他们那里获得自由、精神生活,而他们却费心地为他谋取一个世俗的职业;他想得到鼓励去进行那场残酷的命运之战,他们却说服他(绝对好心好意地)享受唾手可得的安宁;他向往炽烈,而他们想让他冷静。尽管有精神上的志同道合和个人的好感,但他们血管中沸腾的血液和变冷的血液还是看错了彼此。和歌德的第一次相遇就很有象征意义。荷尔德林拜访席勒,在那儿遇到了一个中年的先生,冷冰冰地向他提了一个问题,他马马虎虎地回答了问题——晚上才吃惊地得知,他第一次见到了歌德。他没有认出歌德——当时没有,在思想上也从来没有,而歌德也从没认识过他——除了在与席勒的书信往来中,歌德在将近四十年的时间里从没有一行字提到过他。而荷尔德林也只是单方面地被席勒所吸引，就像克莱斯特被歌德所吸引一样。两个人都带着他们的爱戴向往两兄弟中的一个，又带着天生的青年人的不公正性鄙视另一个。歌德对荷尔德林的错误看法也不少，他曾写道：在他的诗里表达了"一种软弱的、消融在知足里面的追求"。他误解了荷尔德林这个最不知足的人最深厚的激情，夸赞他具有"某种可爱、热忱、节制"，并建议他——德意志颂歌的作者——"尤其要写一些小诗"。魔性的恶劣的天气在歌德身上丝毫不起作用，因此他和荷尔德林的关系中也缺乏那种常见的激烈的拒绝：一直是一种温和的、无所谓的好心好意，一种冷冰冰的浮光掠影，这深深地伤害了荷尔德林，致使他在陷入昏乱很久以后，每当一个来访者说出歌德的名字，他都愤怒地转过脸去（他在疯狂之中仍能大致区分过去的好恶）。他和当时所有的德国诗人经历了同样的失望，待人接物更为冷静，更习惯将自己隐藏起来的格里尔帕策①最终清楚地表达了这种失望："歌德致力于科学，在一种伟大的宁静中只要求适度和无为，而我胸中想象的火花喷涌四溅。"即使是最睿智的人也没有聪明到老来还能明白，青春不过是感情充沛的代名词。

　　荷尔德林和歌德之间是一种完全互不关联的关系。如果荷尔德林听从了歌德的建议，顺从地调节自己的温度，去作一些田园诗

---

　　① 格里尔帕策（1791—1872），奥地利著名剧作家，曾受到歌德很大的影响。

和牧歌,那将十分危险。他跟歌德的对抗实际上是最高意义上的自救。但悲剧性的、波及他本质深处的是他和席勒的关系,因为在这个关系中爱恋着的要反对最挚爱的人,塑像要反对他的塑造者,学生要反对老师。对席勒的尊敬是他的世界关系的基础,因此他的整个世界都会因动摇了根基而坍塌,而这一动摇正是席勒怀疑的、不冷不热的、畏首畏尾的态度在荷尔德林敏感的心理中引起的;但席勒和荷尔德林之间的这种不理解是一种最高道德秩序的不理解,那爱恋的拒绝、痛苦的决裂只有尼采和瓦格纳的关系与之相似。在这里学生为了观念而战胜了老师,更愿意保持对理想的最高的忠诚,而不是忠诚地、盲目地追随。事实上荷尔德林对席勒,比席勒对自己还要忠诚。

因为席勒在那几年中还是自己的、有创造力的感觉的主人,他的讲话中无与伦比的激情还能呼啸着直达德意志民族的心灵深处。但感觉的乃至思想的冷却,以及青春的逝去,在这位身体虚弱、病魔缠身的诗人身上比在年长的歌德身上更早地发生了,不是说席勒的热情蒸发掉了或者萎缩了——他只是把它理论化了,“反暴君席勒”那澎湃的、具有反抗精神的想象力创造性地结晶成了一种“理想主义的方法论”。火一样的灵魂变成了火一样的语言,虔诚变成了一种有意识的乐观主义,它只需举手之劳就能变成市民阶级的、俯拾皆是的德意志式的自由主义。席勒只用思想来经历,而不再用(荷尔德林所要求的)不可分割的整个身心、整个热情高扬的存在。对这个诚实坦率的人来说,荷尔德林第一次走到他面前的那一时刻一定是个奇特的时刻。因为这个荷尔德林是他最独特的创造物：他不仅要感激席勒给予了他诗歌的形式和思想上的指导，而且他的整个思想多年来完全都是从席勒的理论，和他人性进步的信念中汲取营养。他完全是他诗人的产物，是他精神的产品，就像其他狂热的青年一样，如马奎斯·波萨和马克斯·皮科罗米尼。在荷尔德林身上，他看到了自己的升华，看到了变成了人的自己的言论。席勒要求青年人的一切——激情、纯洁、感情充沛，在荷尔德林身上都成了生活，这个年轻的狂热者把席勒假定的理想主义标准作为生活方式来生活。荷尔德林按照席勒只是说说而已的理想主义来生活，他信仰众神和希腊，而对席勒来说这早已成了伟大的、装饰性的比喻。他完成了诗人的使命，而席勒不过是狂热地假想过。在荷尔德林身上，他自己的理论，他的预言突然活生生地展现在眼前。因此，当席勒第一次看到这个少年，他的诗歌之子和他假定的理想，成了一个活人活生生地站在面前，他不禁暗自吃惊，他立刻认出了他，"我在这些诗中找到了许多属于自己的形象的东西，而且这不是第一次，作者让我想起自己"，他给歌德写道，带着一些感动，他向这个外表谦恭、内心炙热的人俯下身去，就像回望自己已经熄灭的青春之火。但正是这火山似的性格，这种热情（他作为诗人不停地鼓吹过这种热情）在这个成熟的人看来，对正常的生活状态十分危险。作为一个诗人，席勒肯定充沛丰富的感情，把整个性命押在一张赌注上的冒险精神，但作为一个人他不能赞成荷尔德林身上的这些性格，因此他必须——悲剧性的矛盾——把他自己的形象，理想主义的狂想

　　　与心魔搏斗

家,作为无生活能力的人来加以拒绝。他见多识广的目光立刻就察觉到,那种他要求德国青年的理想主义只有在理想的世界中,在戏剧中才能存在,但在这儿,在魏玛和耶拿,这种诗艺的绝对性,这种内心意愿的诡异的不和谐性只会毁了一个年轻人。"他有一种强烈的主观性——他的状态很危险,因为这样的天性很难对付"。他说起"狂想家"荷尔德林就像说起一种混乱难解的现象,几乎就像歌德说起"病态的"克莱斯特一样;他们凭直觉立刻就认出了两人身上那蠢蠢欲动的魔性,那过热的、郁积的内心感情爆发的危险。席勒在诗艺方面鼓励这些年轻的异教徒提高自己,让他们幸福地跌进他们的毫无节制,跌进他们感情的深渊之中,而在现实生活中,这个慈爱友好的人却设法使荷尔德林变得温和。他为他个人的、世俗的生活而操劳,为他谋取职位,为他的作品找出版社——席勒带着最深切的关怀,像父亲一样支持他。为了放松、减弱他充沛情感危险的张力,为了让他变得理智,尽管席勒对此十分赞赏,但还是压制着他向上升腾的欲望,他却不知道,最微弱的压力都能让这个敏感的人粉身碎骨。这样,双方的态度都渐渐地迷惑了:席勒以其命运制造者深邃的目光感觉到荷尔德林头上高悬的自我毁灭的利斧,而荷尔德林感到,这个"唯一使他失去自由的人",席勒"这个他依赖的人",外表上好像支持他,但并不理解他最深的本质。他希望得到鼓舞和支持——"从一个勇敢的人心里说出的友好的话就像一道从大山深处涌出的神奇的泉水,它晶莹的水滴将大地秘密的力量赋予我们。"许佩里翁说。但他们俩,席勒和歌德,却只是一滴一滴地、含蓄地表示他们的赞同。他们并没有慷慨地付出过他们的激情,点燃他的心。因此,对荷尔德林来说,在席勒身边即使有很多快乐,也渐渐变成了一种折磨。"我总忍不住要见您,而见到您后,却只觉得我对您来说微不足道。"他给他写道。内心与他痛苦地诀别。终于,他坦率地说出了他感情的不和谐音:"因此我可以向您承认,我有时在跟您的天才秘密地战斗,为了从它手中挽救我的自由。"——他最隐秘的心情,他认识到,不能再向他倾诉了,他挑剔他的诗,他要使他激动的心情平静,他想让他变得卑微、温和,而不是"主观而激动"。出于谦恭的骄傲,他向席勒隐瞒了他更重要的那些诗作,只给他看那些戏要之作和一些短诗。因为荷尔德林不会为自己而战,只会委曲求全,隐藏自己,这是他一贯的态度。在他的青春之神的面前他永远跪拜在地:对那些曾是他"青春的魔云"的人,曾赋予他歌唱的声音的人,他的尊敬和感激永不消失。席勒偶尔眷顾他一下,说几句好听的、鼓励的话,歌德友好地、无所谓地走过。他们听凭他跪在那里,直到他折断了脊梁。

盼望已久的和伟人们的见面变成了灾难和危险,在魏玛的这空闲的一年,他本想完成一些作品,却几乎白白地浪费了。哲学——这座"不幸诗人的医院"——并没有给他以帮助,诗人们也没能使他振奋:许佩里翁还是一座未完成的雕像,剧本没有写完,尽管竭力地俭省,他的荷包还是告罄了。为做一个诗人而进行的第一场战斗好像失败了,因为荷尔德林不得不又成了他母亲的累赘,每一口面包都得和着暗暗的责备一起咽下。但事实上他在魏玛胜利地经受

　与心魔搏斗

住了他最大的危险,他坚持了"激情的不可分割性",没像那些好心人所希望的那样节制自己,保持适度。他的天赋根深蒂固,魔性赋予了他一种本能的固执性格,别人想尽办法,他也不为所动。对于席勒和歌德试图将他驯服成循规蹈矩的田园牧歌诗人的不懈的努力,他的回答只是更猛烈的爆发。对欧福里翁①之歌中歌德对诗艺的告诫,

> 要适度! 要适度!
>
> 不要鲁莽,
>
> 别让不幸和事故
>
> 将你遇上……
>
> 节制!
>
> 为了父母,
>
> 生命力过于旺盛的人儿,
>
> 节制你躁动的欲望!
>
> 平心静气地,质朴地
>
> 装点你的计划。

对要他心平气和地作诗,做安逸的田园诗人的建议,他激动地回答道:

---

① 《浮士德》中海伦和浮士德的儿子,他继承了父亲的好斗性格和奔放热情。歌德笔下的欧福里翁具有拜伦的特征。

> 你们还要使什么变得温和,如果我的
>
> 灵魂在铁一样的时间链条中燃尽,
>
> 你们还要从我这儿拿去什么,只有战斗可以将我拯救,
>
> 你们这些懦夫,难道需要我滚烫的心?

这颗"滚烫的心",这激情,生活在荷尔德林的灵魂之中就像火中的蝾螈,被从古典主义者凉爽的诱惑中毫发无伤地取了回来——被命运迷惑的他,"只有战斗可以拯救"的他,第二次将自己投入生活之中,并且

> 在这样的炉膛里,所有
>
> 纯净的东西也将得到锤炼。

要使他粉身碎骨的,首先让他变得坚硬,使他变得坚硬的,终将使他粉身碎骨。

狄奥提马①

命运总是挑选最弱者。

斯泰尔夫人在她的日记中写道:"法兰克福是个美丽的城市,饮食精美,人人都说法语,都姓贡塔尔德。"在一个贡塔尔德家族的家庭里,这个落难的诗人作为神学硕士被聘为 8 岁男孩的家庭教师:像在瓦尔特斯豪森一样,他狂热的、易于激动的头脑觉得所有的人都是"很好的,就他们生活的环境来说很难得的人",他感觉良好,他心中原本的冲动力大多已被消磨掉了。"反正我像一盆老花一样,"他悲凄地给诺伊弗尔写道,"已经掉到街上摔碎了一次,芽也没了,根也伤了,只是被费心地栽到新鲜的土壤里,即使精心的照料也难以使它免于干枯。"他自己很清楚这种"可毁灭性"——他最深的本质只能在理想的、诗艺的空气中,只能在一个假想的希腊国呼吸。不是这个或那个现实,不是这家或那家。既不是瓦尔特斯豪森也不是法兰克福或豪普特维尔,对他来说特别残酷:只要它们是现实领域,就足以成为他的伤心之地。"世界对我来说太残酷了。"②

---

① 狄奥提马原为柏拉图《谈话录》中虚构的人物,苏格拉底的学术启蒙人。这里作为诗人的情人苏赛特·贡塔尔德的诗名,其形象在《许佩里翁》以及荷尔德林许多诗歌中都出现过。

② 原文为英文。

他的兄弟济慈曾说道。这些脆弱的灵魂除了诗人的生活方式不能忍受其他任何生活方式。

诗人的感情不可抗拒地去接近这个圈子里唯一的一个人物,这个人虽然与他近在咫尺,但他仍然觉得她如梦如幻,是那个"另一个世界"的使者,她就是男孩的母亲苏珊娜·贡塔尔德①,他的狄奥提马。她的一座半身塑像为我们保留了她的形象,在这张德意志人的脸上确实有着希腊人的简洁的线条,闪烁着大理石一样的光辉,荷尔德林从第一刻起就是这样看她的。"一个希腊人,不是吗?"当黑格尔在她家里看到时,他兴奋地对黑格尔小声说道。对他来说,她来自他自己的、非尘世的世界,像他一样在无情的人类中间感到陌生,并怀着痛苦的思乡之情,

> 你沉默着,默默忍受,因为他们不理解你,
>
> 你这高贵的生命! 你垂着头,沉默着,
>
> 即使在明媚的日子里,因为,唉,你
>
> 徒劳地在阳光里寻找着你的同类⋯⋯
>
> 那些温柔伟大的灵魂,从不曾显现。

一个使者,一个姐妹,一个来自他的世界和迷路的人,荷尔德林,这神圣的狂想者就是这样看待他的雇主的妻子的:这种亲情之

---

① 多处资料记载荷尔德林的情人名为苏赛特(Susette),这里写为苏珊娜(Susanne),疑为作者笔误。

中并没有掺杂丝毫淫邪的占有念头。和歌德写给夏洛特·冯·施泰因①的诗句形成奇妙的应和：

啊，前世你曾是

我的姐妹或我的妻子。

他把狄奥提马当作一个久已预感到的、神奇的前生的一个姐妹来问候：

狄奥提马！高贵的生命，

我的姐妹，神圣地与我相亲！

在我把手伸向你之前，

我早已与你相识。

在这支离破碎、腐化堕落的世界上，他的迷狂炽热的感情第一次见到了亲人，"一切的一切"，——"可爱、高贵、宁静、生命、精神、气质、形象在这个生灵身上奇妙地统一在一起"，在荷尔德林写的信中，幸福这个词第一次带着无尽的精神力量吟唱起来。"我一直像最初的时刻一样幸福。这是和一个生命结成的永恒的、快乐的、神圣的友谊，这个生命正迷失在这个可怜的、贫乏的、混乱的世纪里。

---

① 夏洛特·冯·施泰因(1742 — 1827)，德国女作家，歌德的情人，歌德曾为她写过一千六百多封情书。

我的美感现在不怕任何干扰。它永远指向那个圣母似的头颅。我的理智在她那里提高,我的不和谐的性情在她知足的安宁中一天天地变得温和、开朗。"

荷尔德林在这个女人身边感受到了一种强大的力量:安宁。一个荷尔德林,一个迷狂的人不需要从一个女人那里学习激情——对这个永远热情似火的人来说幸福就是放松,可以安静下来他才觉得无比舒服。狄奥提马对他的恩赐就是节制。她做到了席勒、荷尔德林的母亲都没有做到的事情,也是任何人都不可能做到的事情,那就是通过旋律来驯服"躁动不安的神秘的精灵"。"当她总是试图通过建议和友好的提醒把我变成一个整洁、快乐的人时,当她指点我注意枯涩的发卷、破旧的外套和啃坏的指甲时",我们简直能想象出她慈爱的手掌,她那种许佩里翁时代的带着母性关怀的温柔。她像对待一个缺乏耐心的孩子一样温柔地呵护着这个本应呵护她的孩子的人,周围的宁静,内心的宁静,是荷尔德林最大的幸福。"你知道,我过去是什么样子,"他给亲密的朋友写道,"你知道,我曾怎样过着没有信仰的生活,我是多么的心胸狭隘,而这又使我多么不幸;我能像现在这样吗,快活得像一只山鹰,如果没有这个,这一个女人出现在我的面前?"自从他的孤独无助被化解在和谐之中,世界在他眼中也显得更纯洁,更神圣了。

我的心不是变得神圣了吗,充满了更美丽的生命,
自从我开始恋爱?

在生命的一瞬间里忧郁的愁云从荷尔德林的额头上消失了：

> 在片刻之间命运
> 是平稳的。

唯一的一次，在这唯一的一次里，他的生命在短暂的时间里获得了他的诗的形式：轻盈地飘扬。

但他心中的魔鬼一直醒着"那可怕的躁动"。

> 那温柔的，
> 他的和平的花，开得并不长久。

荷尔德林那一类人是不能在一个地方安闲度日的。即使爱情"使他温和，也只是为了让他变得更加狂野"，就像狄奥提马论起他的镜像兄弟许佩里翁一样，而他自己，所有人中最有预见性的，却对此一无所知，但他被预感的精灵神奇地触动，也许知道了正从他心中生长出来的不幸。他知道，他们不能停留，"像相爱的天鹅一样心满意足"——在他的"赔罪"中他明明白白地承认了他阴郁的、秘密的闷闷不乐：

> 神圣的生命！我时常打扰

> 你那金子般的神仙的宁静，
>
> 那更隐秘的、更深切的生活的
>
> 痛苦，有些你是从我这里学来的。

那"对深渊的神奇的向往"，那种去寻找自己的深渊的神秘的吸引，不知不觉地开始了，渐渐地，他陷入了一种轻微的、不自觉的不满之中。在他屈辱的目光中，日常的世界越来越快地变得阴暗，在一封信中他怒气冲冲的话像郁积的云层中的一道闪电："我被爱和恨撕裂了。"他的敏感愤怒地感觉到，这个家庭俗气的富裕作用在他周围的人身上"就像新葡萄酒在农民身上的作用一样"，他带有敌意的感觉幻想出许多侮辱，直到最终发生危险的爆发（此后总是如此）。那天发生的事情是这样的：丈夫很不乐意地容忍着爱好文艺的妻子同荷尔德林的交往，他是否只是嫉妒，或许还变得粗鲁，我们不得而知。清楚的只是，荷尔德林的灵魂从那一刻起被严重地伤害了，可以说遍体鳞伤。诗句像喷涌的鲜血一样从他紧咬的牙关里冲出来：

> 如果我带着耻辱而死，如果我的灵魂
>
> 不对那无耻的人进行报复，如果我在下面，
>
> 被天才之敌战胜，躺进懦弱的坟墓，
>
> 那就忘了我吧，噢，就连你，善良的心，
>
> 也别再挽救我的名字的堕落。

但他并没有为自己而战,他没有像男人一样振作起来。他像一个被逮住的小偷一样被赶出了那座房子,后来只在偷偷约定的日子里从洪堡过来接近那仍忠诚于他的爱人。在这一决定性的时刻,荷尔德林的态度像孩子一样软弱,简直像妇人一样优柔寡断——他写给那被夺走的人儿火热的书信,他在诗中把她描写成许佩里翁妩媚的新娘,在写满字的稿纸上用激情所有的夸张来装扮她,但他放弃了任何把活生生的、近在咫尺的爱人夺回来的努力。他不像谢林和施莱格尔那样不顾闲话和危险把心爱的女人从可恨的婚姻中拽进自己的生活。这个毫无自卫能力的人决不违拗命运,他总是谦恭地向更强的势力低头,他总是一开始就宣布自己被更强的生命打败了——"世界对我来说太残酷了。"如果在这种谦恭的后面不是伟大的骄傲和安静的强力,人们就要把这种不抵抗看成胆怯或懦弱了。因为这个所有人中最容易打倒的人感觉到,在他的内心深处有一个坚不可摧的东西,有一块不可触及的、世界的所有粗鲁的行径都不能玷污的领地。"自由,谁理解这个词——这是一个含义深刻的词。我心乱如麻,受到闻所未闻的伤害,没有希望,没有目标,毫无尊严,但我胸中有一股力量,一股不可制服的力量,每当我的内心有所触动,它就带着甜蜜的战栗流遍我的四肢。"在这句话里,在这种价值里藏着荷尔德林的秘密:在他肉体的软弱无力、弱不禁风、神经衰弱之后主宰着一个带着最高自信的灵魂,一个不可侵犯的神。因此一切尘世的东西在这个无力的人面前都没有了威力。因此所有的经历就像晨曦或黄昏的云一样流过,而他的灵魂仍像镜子一样光可鉴人。

荷尔德林所遇到的一切都不能深入他的内心，即使苏珊娜·贡塔尔德也只是像希腊的圣母一样梦幻般地来到他的感觉之中，然后又梦幻般地消失，使他痛苦地追忆。占有和失去都不能触及他最内在的生命，尽管他极度的敏感，但他的天赋却能保持完好无损。一个能舍弃一切的人，一切对他来说都是获得，对他的灵魂来说，苦难也升华成创造性的力量，"一个人越是尝尽无尽的苦难，越会变得无比坚强"。正是因为他的"整个的灵魂都受到了侮辱"，这个被蔑视的人才施展了他最高的力量，"诗人的勇气"：

> 所有的生灵不都与你交好，
> 命运女神不是自动听命于你的麾下？
> 因此，赤手空拳地
> 闯荡生活吧，什么也不必害怕！
> 不论发生什么，都是上天赐予。

来自人那里的痛苦和不公正，丝毫不能触犯荷尔德林这个人。但众神送给他的命运，他的守护神却爽快地收入他歌唱的心中。

黑暗中夜莺的歌唱

> 内心的狂澜不会如此美丽地汹涌，

　　　　　　　　　与心魔搏斗

将会变成思想，

如果不是那古老、沉默的岩壁，

命运，挡在它的面前。

　　大概在这种悲伤忧郁的时刻，独自沉浸在孤独的歌声里时，荷尔德林写下了这几行被内心最深处的原始力量推出来的话："我从不曾透彻了解这亘古不变的命运之语，当心灵承受住了悲伤的子夜，就会有一种新的幸福在心中升起，世界的生命之歌即使在深深的苦难之中，也会像黑暗中夜莺的歌唱那样神圣地向我们响起。"现在，孩子似的幻想的愁绪硬化成了深切的悲哀，哀伤的忧郁发展成了狂热的力量。他生命中的星辰陨落了，席勒和狄奥提马——"夜莺的歌声"凄清寂寥地在黑暗之中响起，只要还有一个德语的词汇，这歌声就不会停息，现在，荷尔德林才算得到了"彻底的锤炼和净化"。这个孤独的人在迷狂和坠落之间的陡峭悬崖上创作的是天赐的完美作品：所有掩盖着他的本质的炙热核心的外壳和表皮都迸裂了，他的生命的原始旋律自由地流进生命之歌那无与伦比的韵律之中。他的生命美妙的三和弦诞生了：荷尔德林的诗歌，小说许佩里翁，悲剧恩培多克勒，三者都是他的飞升和坠落的变奏。当他的尘世命运可悲地坍塌时，荷尔德林找到了最高的精神和谐。

　　"谁把他的苦难踩在脚下，谁就站得更高"，他的许佩里翁说。荷尔德林迈出了这决定性的一步，他继续站在他自己的生活之上，站在他个人的痛苦之上，他不再在感伤的探索中经历自己的命运，而是悲壮地知晓了实情。就像他的恩培多克勒站在埃特纳火山口旁边:下面是人的声音,上面是永恒的旋律,前面是烈焰腾腾的深渊,他豪迈地孑然而立。理想像云一样飘散了,只有狄奥提马的形象像梦一样模模糊糊地浮现眼前。这时,壮观的幻象、先知的体验、嘹亮的颂歌、悠扬的宣告出现了。只有一个担心还在轻轻地触动他:过早地坠落,在他唱完那伟大的赞神歌、他的灵魂的凯旋曲之前。因此他再次扑向那看不见的神坛,乞求一个壮烈的毁灭,乞求在歌唱中死亡。

只赐予我一个夏天,你们,强大的神!
再加一个秋天,我的歌便会成熟,
这样,我的心才乐于死去,它从
甜蜜的演奏中得到了满足。
灵魂失去了生活中属于它的
神圣权利,在阴曹地府也不安息;
然而,只要我那神圣的事业,我那
心爱的事业——诗获得了成功。

那时欢迎你呵,冥国的静寂!
我满意,即使我的琴弦
不能伴我入土,我生活过,
像神一样,我已别无他求。

但沉默的命运女神只是暂时地放松了一下把他勒得过紧的命运之线,老大①手中的剪刀已经在闪光。但这一短暂的时刻被无穷填满——许佩里翁和恩培多克勒,以及诗歌被挽救了,给我们留下了天才的最高的三和弦。然后他跌入黑暗之中。诸神没有让他完成任何东西,但他们却让他完善了自己。

许佩里翁

知道吗,你在因何悲伤? 它早已逝去经年。

人们说不清楚,它什么时候在这儿,又是什么时候离开的,

但它存在过,它现在仍存在着,它在你的心里。

它是一个更美好的时代,是你寻找的,

一个更美好的世界。

——狄奥提马致许佩里翁

许佩里翁是荷尔德林对彼岸世界的少年之梦:"我仍在想象,还没有找到",他在第一稿的片段里这样写道——毫无经验,对世界毫不了解,甚至对艺术形式还不通晓,这个幻想者就开始虚构起他尚

---

① 命运女神有三个,克罗托纺生命之线;拉克西斯使命运之线通过各种命运的波折;阿特洛波斯剪断生命之线,使生命终结。其中阿特洛波斯最为年长。

未经历过的生活;像其他浪漫主义者的所有小说一样,如海因泽的阿尔丁海罗,蒂克的斯坦恩巴尔德,诺瓦利斯的奥弗特丁根,他的许佩里翁完全是先验的,先于一切经验,描写的只是想象中的避难所而不是真实的生活现实,因为在世纪之交,在狂热地写满了的稿纸上,德国年轻的理想主义者们逃避着敌意的现实,而在莱茵河的那边,法国的理想主义者们却对同一个大师让·雅克·卢梭做出了更好的阐释。没完没了地对更美好世界的梦想已经让他们倦怠:罗伯斯庇尔撕毁了他的诗作,马拉撕毁了他多愁善感的长篇小说,德穆兰放弃了他的诗歌探索,拿破仑放弃了他模仿维特的中篇小说,他们开始着手按照自己的理想改造世界,而德国人还沉湎在幻想和音乐之中。他们所写的小说一半是梦想书,一半是自己敏感的日记。他们耗尽了自己的梦想直到感情枯竭,他们自我膨胀到精神快感最欢悦的陶醉状态:让·保尔的凯旋是这种多愁善感到不可忍受的地步的小说的高峰和终结,这种小说与其说是文学作品,不如说是音乐,是在高度兴奋的感觉琴弦上的遐思,是一种狂热的、将灵魂升至世界旋律的幻想。

在所有这些感人的、纯洁的、神圣的孩子气的非小说中——请原谅这个荒谬的词——荷尔德林的许佩里翁是最纯洁的、最感人的,也是最孩子气的。它有着幼稚的狂想家的无助和天赋鼓鼓扇动的翅膀,它不真实得简直像部讽刺滑稽的嬉戏之作,但它大胆的步伐又使它显得无比庄重。人们要深吸一口气才能数完这本感人的书中在成熟的意义上的失败之处和很多根本没有顾及的地方。让我们鼓起勇气,毫不留情地指出荷尔德林的必然失败是由他的天赋最深层的状况所决定的(这与对荷尔德林热情的盲目崇拜相反,崇拜歌德的人甚至试图从他的败笔中找出其伟大之处)。这本书首先不是一本生活之书。荷尔德林那时是人类的朋友,而且一直都是,但他对用心理表现人物却一窍不通。

> 朋友,我不了解自己,
>
> 我永远不了解人类。

　　他自知之明地写道:现在这个从未接近过人的人开始在《许佩里翁》中着手塑造形象了,他描绘了一个自己不了解的场面(战争),一片他从未到过的土地(希腊),一个他从未关注过的时代(当前)。这使得他这个最纯洁的、在他的幻想世界里最富有的人为了描绘世界不得不从别人的书里东挪西借。名字是从其他的小说里照搬过来的,希腊的风光是从肯德勒的游记中照抄的,场景和人物是向同时代的作品像小学生一样模仿来的,寓言十分耳熟,书信形式似曾相识,哲学内容几乎就是文章和谈话文学性的复述。许佩里翁的身上——为什么不坦率地说出来呢?——根本没有荷尔德林的财产,除了最有特色的感觉的无限活力和对话的急切节奏向着无穷美丽地燃烧。从更高的意义上来讲,这部小说只能算是音乐。
　　人们可以把《许佩里翁》所表达的个人的思想塞进一个核桃壳里,那些抒情、高雅、铿锵有力的词句只化成一个思想,这个思想——就像通常在荷尔德林身上那样——主要是一种感觉，对外部世界和内心世界的互不相容的经验，生活的不可调和的二元性。把内和外联合在一起形成同一和纯洁的最高形式，在尘世建立"美的神权统治"——这应该成为个人的也是整个世界的任务。"神圣的自然，在我们心中，在我们之外都是一样。把我身外的东西和我们心中的神性统一起来，也一定不难。"——少年狂想者许佩里翁向这高尚的统一信仰祈祷。在他身上呼吸的不是谢林冷冰冰的话语的意志，而是——请原谅这偶然的文字游戏——雪莱与自然彻底融合的迫切的愿望，或者诺瓦利斯炸开世界和我之间的隔膜，陶醉地没入自然温暖的躯体之中的渴望。诗人这种对生活的单一性、灵魂的纯洁性的愿望在荷尔德林的作品里唯一新鲜独特的是关于人类的幸福岁月的神话，因为这种状态在古希腊时并不为人所知，所以有"人类第二个世纪"的宗教信仰。众神曾经赠予的、被无知的人们荒废掉的这种神圣的状态经过数百年的精神徭役还会重建。"人已经走出了童年的和谐，精神的和谐将是一个新的世界历史的起点。"因为——荷尔德林灵机一动得出结论——如果梦不与某个事实相对应，人就不会有梦。"理想就是过去自然的样子。"桃源胜境过去肯定存在过，因为我们向往它。因为我们向往它，我们的意志就为我们再次创造它。我们必须重建一个崭新的历史上的希腊，一个精神的希腊：它高贵的德意志血统的祖先荷尔德林在诗中描绘了这个崭新的家园。

荷尔德林年轻的使者在所有领域中寻找着这个"更美好的世

界"。许佩里翁（他是荷尔德林闪光的影子）的第一个理想是包容一切的自然；但它也不能化解永不停息的找寻者那天生的忧郁。因此他继续在友情中寻找融合，但友情仍不能满足他不知足的心。而后爱情好像向他提供了这种幸福的联合，但狄奥提马消失了，这个刚刚开始的梦陨落了。那么英雄主义，为自由而战应该是他的理想了，但这个理想也在现实上撞得粉碎，在现实中战争降级为劫掠、粗鲁和杀戮。这个热切的朝圣者跟随他的众神直到故乡，但希腊已不是古代的希腊，不虔诚的一代人玷污了神话的巢窠。许佩里翁这个狂想家不论在哪儿都再也找不到完整和协调，他预见到了自己可怕的命运，他过早或过晚地来到了这个世界，他预见了"这个世纪的无药可救"。世界是理智的、破碎的。

> 但精神的太阳，更美好的世界，隐没了，
> 在寒冷的夜里只有飓风在争执不休。

盛怒之下，荷尔德林又把许佩里翁赶回了德国，在那儿他从一个人口中听到了对割裂、分工，对脱离生活神圣整体的诅咒，这时许佩里翁的声音说出了那最可怕的告诫。这个预见者仿佛看到了西方世界正在升起的巨大危险，美国风、机械化、失去灵魂的新的世纪，因此他热切地希望出现"美的神权统治"。

　　他们

被束缚在各自的工作上,在嘈杂的工场里

只能听见自己的声音,……但到头来总是

像复仇女神,没有结果,只剩下胳膊酸痛。

荷尔德林与现实的毫不相干变成了对时代、对故乡的宣战,当他看到在德国他的新希腊、他的"日耳曼尼亚"还没有出现,他,整个民族中最虔诚的人,就开始了可怕的诅咒,这诅咒比任何一个德国人带着遍体鳞伤的爱对他的民族发出的任何语言都更激烈无情。他作为一个寻找者来到了世界,又作为一个失望者逃回了他的彼岸,逃回了意识形态之中,"对人这种东西我再也没有梦了"。但许佩里翁逃向何方呢? 这本小说中没有答案。歌德在《威廉·迈斯特》中、在《浮士德》中回答过:逃进工作;诺瓦利斯:逃进童话,逃进梦境,逃进虔诚的魔法。许佩里翁这个只提问,从不解答的人,得不到答案——他"在想象,还没有找到"。

　　一种预感的音乐——这就是许佩里翁,仅此而已,不是一张真实的脸,不是一部完整的作品。人们不用在文字上推敲也能清晰地感觉到,在这部作品中年代和感觉的不同层次混乱不堪地穿插在一起,这个少年在激动人心的计划的迷惑下愉快地开始的工作,是一个极度消沉、失望的人在忧郁之中不愉快地完成的。疲乏倦怠笼罩着小说的第二部分:荷尔德林式的迷醉的闪光只隐约可辨,人们很吃力地才能在已经出现的忧郁中辨认出"一个曾经有过的念头的废墟"。许佩里翁是他的青春未完成的雕像——但所有未做的和做错

　　　　　　　　　　　与心魔搏斗

的都不留痕迹地消失在语言美妙的韵律之中,不管在忧郁时还是在激情中,这种语言都能控制感觉,使其保持纯洁和神圣。德语散文中再也没有更纯洁的作品了,再也没有比这悦耳的、一气呵成的声波更轻盈飘逸的了,没有哪篇德语文学作品有如此贯穿全文的韵律,有如此绕梁不绝的飞扬的旋律。这种铿锵激越的散文充满、浸透、托举了一切,它鼓起那些不真实的人物的衣衫,使它们看上去像在飘动,像获得了生命;它给贫乏的思想注入了强大的语言活力,使它们像天经地义一样振聋发聩,那些从未见过的风景因萦绕着这种音乐也变得生机勃勃,像一个彩色的梦。荷尔德林的天赋总是从不可思议的地方而来:它总是带着翅膀,总是从一个高处的世界飞进在惊讶中被征服的心中。他总是胜利——这个艺术上和生活中最柔弱的人,通过纯洁和音乐。

恩培多克勒之死

长久的迟疑之后,纯洁的形象出现,
明亮得像宁静的星星。

恩培多克勒是许佩里翁感情的升华,它不再是幻想的悲歌,而是知晓了命运的悲剧。在许佩里翁的生命之歌中绝响的抒情曲,在这部作品里变成了扣人心弦的狂想曲的轰鸣。梦想家,无助的寻找者成了英雄，成了上知天命、无所畏惧的英雄。自从荷尔德林"整个的灵魂都受到了侮辱"，他越发心甘情愿地像古希腊人一样虔诚地献身命运，他跨上了一个台阶，一个很高的台阶。因此像音乐一样笼罩在两部作品上的神秘的忧伤完全是不同的色彩，在许佩里翁中是早晨灰蒙蒙的天光，在恩培多克勒中却是晦暗的、孕育着厄运、卷挟着暴风雨的云层。命运感现在英勇地抬升成了毁灭感：如果说许佩里翁这个梦想家是为了高贵的生活，为了纯洁和生存的完整性，那对恩培多克勒来说，他所有的梦都已经幻灭，只剩下一个庄严的认识，不求伟大的生，只求伟大的死。

因此恩培多克勒的形象大大地高于孱弱的、迷惘的狂想家许佩里翁。在这部作品中诗歌发出更加高昂的韵律，因为在这里揭示的不是人偶然的痛苦，而是天才神圣的苦难。少年许佩里翁的痛苦属于他自己和尘世，是一种普遍现象，是每个青年都免不了的；天才的痛苦却是更宝贵的财富，他自己早已熟悉，这种痛苦是"神圣的"——"他们的痛苦属于众神"。

在美中死去，带着出自整个灵魂的完整的感觉自由地死去，荷尔德林要把这种死先演示给自己看（因为在那些自我毁灭的日子里他险些做出这样的决定！）。在他的手稿中最初的一个计划显示，他打算写一部戏剧《苏格拉底之死》。他要事先给自己描绘一个智者、一个自由人的死，但不久，恩培多克勒流传下来的模糊形象把聪明的怀疑论者苏格拉底挤到了一边，关于恩培多克勒的命运只有这句话流传下来给我们以启示，"他自诩比短命的、劣迹斑斑的人类高贵"。这种自以为与众不同，自以为更高明、更纯洁的感觉使他成为荷尔德林精神上的祖先，他把对支离破碎、永远残缺不全的世界的失望感从几千年前掷向荷尔德林。至于少年许佩里翁，他只能带给他缪斯的幻想、他迷惘的渴望和他找寻中的焦躁——而对于他，恩培多克勒，这个"一直陌生的人"，他给予他与宇宙神秘的联系、迷醉以及对毁灭深切的预感。在许佩里翁中他只能用诗意和象征来表达自己，——在恩培多克勒之中，这个被考验的人提高了自己，成了英雄，在这里他的理想实现了，他可以带着完整的感觉升腾起来，成为一个意气风发的形象。

阿格里根特的恩培多克勒，就像在荷尔德林的第一稿中明确指出的，是"所有片面的存在的死敌"，他在生活中、在人群中忍受苦难，因为他"带着一颗现实的心，不能像神那样密切地、自由地、大度地和他们一起去爱，去生活"。因此荷尔德林赋予了他自己最大的秘密，不可分割的感觉；恩培多克勒作为诗人，作为真正的天才享有与永恒的自然密切的联系和"美妙的亲情"。但不久，荷尔德林的魔力把他抬得更高，使他成为思想的魔术师：

在他面前

在神圣的日子里那极乐的时刻

神扔掉了面纱——

光和大地都爱着他，为了他，思想，

世界的思想，唤醒了自己的思想。

但正是由于这种大一统的思想,这位大师为生活破碎的形式感到痛苦,"一切现存的事物都和继承的法则紧密相连",台阶、门槛、大门和栅栏永远分隔着人们,即使最高的热情也没有能力把四分五裂的人类熔成一个火热的整体。荷尔德林将亲身体验到的虔诚的自我和理智的世界之间的矛盾极端化了,他给恩培多克勒身上堆满了他人生中最高的狂喜、灵感的迷醉,但也给他清醒时最深的颓唐。因为恩培多克勒在荷尔德林让他出场的时刻已不再是那个强有力的人了——诸神(荷尔德林的意思是指灵感)已经抛弃了他,把"他的力量从他身上拿走了",因为他在狂妄、得意忘形之中过分炫耀了自己的幸福:

　　　因为若有所思的神

　　　憎恨

　　　不合时宜的生物。

　　但对他来说,孑然一身的感觉变成了幸福的狂喜,法厄同之车将他带到如此高的天空中,以至于他误以为自己也是神,他自夸道:

　　　奴性的自然成了我的

　　　女仆。

　　　如果它还有尊严,那也是我所给予。

　　　　　　　　　　　　　　与心魔搏斗

天空和海洋,岛屿和星辰,

以及一切呈现人们眼前的

东西将会怎样,那

沉寂的竖琴又会如何,如果不是

我给予它声音,语言和灵魂?

众神和他们的精神又会如何,如果

我不宣谕他们。

　　加在他身上的恩宠消失了,他栽了下来,从力大无比变得软弱无力。那"广阔无垠、生机勃勃的世界"在这个失宠的人眼里"像一份丢掉的财产"。自然的声音空洞地飘过他的耳朵,在他的胸中再也唤不起歌声,他跌回到尘世之中。荷尔德林在这里将自己经历的从激情的天空到现实世界的跌落理想化了,那些日子里他所忍受的所有耻辱在戏剧中都变成了激动人心的场面。人们从其软弱中马上认出了这个天才,他们阴险恶毒、无情无义地向这个毫无防备的人发起了进攻,他们把恩培多克勒赶出城市和家园,就像他们使荷尔德林远离家庭和爱情一样,他们把他赶入了最深的孤独之中。

　　但在埃特纳的山顶上,在神圣的孤独之中,自然又开始说话了,倒下的形象又屹立起来,恩培多克勒——这个象征真是妙不可言——喝到山涧清澈的泉水,自然的纯洁就重新神奇地回到了他的胸中。

过去的爱

在你我之间又悄然复苏。

　　悲伤变成了认识,迫不得已成了愉快的承诺。恩培多克勒认出了通向故乡、通向最后的联系的路。他越过人类走进孤独,越过生命走进死亡。最后的自由,回归宇宙,这就是恩培多克勒目前最幸福的渴望,这个虔心笃笃的人开始去实现这个渴望:

大地的孩子

通常害怕新的和陌生的事物……

眼光局限于财产,他们担心

怎样维持生存。但最终他们

这些胆小怕事的人都不免离去,

每个人死后要在自己的属性中

停歇,像沐浴一样使自己回复

新的青春。人类被赐予了这

极大的乐事,使自己变得年轻。

死亡可以净化自己,这是他们

在适当的时间自己做出的选择,

从这种死亡之中人类势不可挡地

复活,就像阿喀琉斯在斯堤克斯河①中浸泡过。

"噢,把你们自己交给自然吧,在它把你们带走以前"——自愿赴死的念头在他的胸中激荡,这个睿智的人已经明白了适时毁灭的崇高的意义,明白了他的死的内在必然性:生活已被割裂毁掉了,死使人融化在宇宙之中,使人保持纯洁。而纯洁是艺术家最高的法则。他要妥善保管的不是容器,而是思想:

必须

及时离去,思想的代言人。

神圣的自然只有通过人类

才能显示自己的神圣,这样不断

摸索的人类才能重新认出它。

但一旦凡人的心中被它的幸福充满,宣谕了它,

噢,它就让罐子打碎,

使它不能再用作他途,

使神器变成人的工具。

让这些有神性的人死吧。

在他们还没有消失在专横、琐屑和耻辱中之前,

让这些自由的人在吉日良辰

---

① 斯堤克斯河传说是围绕冥土的一条河流,阿喀琉斯的母亲为使儿子长生不死曾揑着他的脚踝将他浸入这条冥河里,使他除脚跟外周身刀剑不入。

满怀爱意地将自己奉献给神。

只有死可以挽救诗人的圣洁,挽救那完整无缺的、没有被生活玷污的热情,只有死可以使他的存在变成神话,变得永恒。

> 因为其他的都不适合于他,在他面前
> 在神圣的日子里那极乐的时刻
> 神扔掉了面纱——
> 光和大地都爱着他,为了他,思想,
> 世界的思想,唤醒了自己的思想。

由于预先感受了死亡,他饮下了最后的、最高的激情:这个沉默寡言的人在死亡的时刻就像天鹅一样再次获得了音乐的灵感……这音乐恢宏地响起,就再也没有停息。因为在这儿,悲剧停止了,或者可以说它飘散了。荷尔德林不可能再超越这种自我瓦解的幸福——只有嘹亮的合唱队在下面回应着这个得到解脱的人即将远逝的、仿佛要消散在以太之中的声音,赞颂着阿南刻①,这永恒的必然性:

> 这必将发生,
> 正如神和

---

① 希腊语,意思是必然性,是体现命运的女神。在民间观念中她是一位死神(死是必然的)。

> 成熟着的时机所愿，
>
> 因为我们这些盲目的人
>
> 有时也需要奇迹。

在庄严的结尾，对唱赞颂着那不可捉摸的命运：

> 伟大啊那位神祇
>
> 伟大啊被献祭的人。

　　在说最后一句话时，在最后一次呼吸时，荷尔德林仍是命运的赞颂者，是神圣的必然性忠心耿耿的奴仆。

　　在荷尔德林的作品中，从没有哪个诗人、哪个高贵的塑造者像在这部悲剧中一样如此接近希腊世界，这部悲剧也以其献身情节和庄严气氛的烘托比任何一部德语悲剧都更接近古希腊光辉的顶峰。在《塔索》中歌德只把诗人的痛苦描绘成市民阶级的困顿，归因于虚荣的心地狭隘、阶级的狂妄和矜持的自作多情，他没有获得的成功在《恩培多克勒之死》中却由于悲剧因素的纯洁性神话般地得以成真：恩培多克勒作为一个天才被完全地非人化了，他的悲剧也成了诗艺的悲剧，或者干脆说是创造的悲剧。没有一个媚俗的插曲的尘埃，没有一块冗余情节的污迹玷污这部戏剧前进时唰唰作响的衣褶，没有女人用色情的填充物来阻碍情节的发展，没有用人和奴仆掺和在这个孤独的人和敬爱的神之间可怕的冲突之中。像但丁、卡尔德隆充满虔敬的作品一样,这部剧作也虔诚地为个人的命运打开了无垠的空间,使它位于广阔的时代背景之中。没有哪部德国人的悲剧像这部一样拥有如此多的天空,没有哪部像这部一样自然地从集市的木板房中,从露天的市场中,从庆典、献祭场面中生长出来:在这个片段中(还有另一个居斯卡尔德的片段中),古希腊的世界通过灵魂热切的愿望再次变成了现实。

荷尔德林的诗

纯洁的源头是一个谜。就连歌声也不能
将它揭秘。因为你初生时的样子,
将终生不变。

希腊的四大要素①——火、水、风、土——在荷尔德林的诗中只有三种:混浊、黏稠的土,起着连接和塑造作用的土,作为体积和强度象征的土不在其中。他的诗是由火构成的,跳动着向上蹿动,是蓬勃振奋、雄心勃勃的标志,它轻得像空气,不停地飘荡,又像云霞变幻和猎猎的风声,它清澈得像水般透明。所有的颜色都被它映得通红,它总在运动,永不停歇地上下飞蹿,像是富有创造力的天才永

---

① 古希腊的朴素唯物主义认为世界是由火、水、风、土四大要素组成的。

与心魔搏斗

恒的呼吸。他的诗句没有向下的根须,不受经历的束缚,它们总是反感地飞离肥沃的、丰饶的泥土,它们都有一些无根无底、永不安宁的成分,像空中的流云,一会儿被激情的朝霞染红,一会儿被忧郁的阴影笼罩,经常从它们密集的乌云中窜出耀眼的闪电和预言的雷声。但它们总在高处行走,在更高的、以太的领域里,总是脱离泥土,对负担沉重的感官来说它们不可企及,只有感觉可以感到它们。"他们的思想在歌声中飞扬",荷尔德林曾这样说起过诗人,在这飞扬、飘逸中事件完全化成了音乐,就像火化为烟。一切皆目标向上:"势力托浮着思想上升"——有形的东西被燃烧、蒸发、净化,感觉变得纯净。在荷尔德林的观念中,诗艺一直是坚硬的、泥土状的质料化解为思想,世界净化成世界精神,而绝不是稠密、攒聚和化为泥土。歌德的诗,即使最为空灵的,也有物质在其中,摸起来沉甸甸的,人们可以用所有感官环抱住它(而荷尔德林的诗却是虚无缥缈的)。不管它怎样地被净化,总留有温暖的实体的残余,时代和年龄的香气,总留有泥土和命运的咸咸的味道,总有约翰·沃尔夫冈·歌德这个个体的一部分在里面,总有他的世界的一部分。荷尔德林的诗被有意识地非个人化了——"纯洁理解个性,却与它相互矛盾",他隐晦地却是坦率地说道。由于缺乏质料,他的诗有一种独特的静止状态:它不是在自身的范围内保持静止,而是像一架飞机一样在飞行中保持平衡,这总给人一种天使般的感觉——纯洁、雪白、没有性别、飘来飞去、像梦一样遨游天外,在自己的旋律中物我两忘。歌德的诗来自尘世。荷尔德林的诗超凡脱俗,诗对他来说(就像对诺瓦利斯、济慈等所有早夭的天才们一样)意味着摆脱重力,意味着语言化为乐音,意味着回归汹涌的属性之中。

但泥土,这沉重的、坚硬的、构成宇宙的第四种物质,它——我曾经说过——在荷尔德林的诗中临风欲飞的形象里并没有它的成分,它对他来说只是下层的、平庸的、怀有敌意的,是他想挣脱的,是重力,总在提醒他是个肉骨凡胎。但泥土也为雕塑家蕴藏着神圣的艺术力量,它带来强度、轮廓、温暖和重量,给懂得如何使用它的人提供无限的丰富性。波德莱尔,也许是诗歌创作中与荷尔德林完全相反的另一个极端,他全部采用现实素材的物质性加上思想的激情来创作。他的诗完全是用压缩攒聚的手法创作的(而荷尔德林的诗则采用化解分散的方法),作为思想的塑像在无穷面前和荷尔德林的音乐相比毫不逊色,它们像水晶一样厚重而又透明,跟荷尔德林洁白的澄明和缥缈相比一样的纯洁。他俩的诗不分伯仲,就像天空和大地,汉白玉和白云。两人的诗中生活都被提高、变化为形式,或是雕塑的或是音乐的,但都是完美的:在它们之间汹涌的无数的变化形式是合与分美不胜收的中间状态。但它们是边界,是攒聚和分解的极限。在荷尔德林的诗中,具体事物的溶解——或像他模仿席勒的用词所说的"对非本质性的否定"是彻底的,实体被完完全全地消灭掉了,使得标题往往空泛无物,纯粹偶然地附着在诗句的上头。试着读一读献给莱茵河、美因河、内卡河的三首颂歌吧,感觉一下在他的诗中即使风景也被非个性化了:内卡河涌入他梦中的阿提卡的海洋,希腊的神庙在美因河的河岸上烁烁闪光。他自己的生活化解成了象征,苏珊娜·贡塔尔德被腐蚀成了狄奥提马斑斑驳驳的画像,德意志的家乡变成了神话中的日耳曼尼亚。在这种诗歌创作的燃烧过程中,没有留下一点世俗的痕迹、一点个人命运的余烬。在荷尔德林的诗中,经历不是变成诗(像在歌德的诗中一样),而是消失了,它在诗中蒸发掉了,完完全全、不留痕迹地分解了,就像云和乐声一样。荷尔德林不是把生活变成诗,而是避开生活,遁入诗中,好像遁入他生命的更高、更真实的现实。

这种缺乏重力、缺乏感觉的确定性、缺乏立体形象的特点,不仅剥夺了荷尔德林诗中客观的、物质的东西,而且它的媒介——语言本身也不再是实实在在的、沉甸甸的、有味道的、浸透了颜色和质量的物质,而是一种透明的、云雾状的、软绵绵的质料。"语言真是丰富多彩。"他曾让他的许佩里翁说道,但只是出于羡慕;因为荷尔德林的词汇根本谈不上丰富,因为他拒绝从整条大河中汲取,他只从清澈的泉水中爱惜地、慎重地捞出精心选择的语句。他诗歌中的词汇也许还不到席勒的十分之一,不到歌德辞源般的词汇量的百分之一,因为歌德总是用毫不犹豫、毫不矜持的手从民众和集市的口中攫取着,拿来他们的表达方式,并加以创新。荷尔德林词汇的源泉,因为他不可言喻的纯洁和澄净,根本就没有泥沙俱下、色彩纷呈、变化无穷的景象。

他本人对这种固执的狭隘和放弃感性的危险一清二楚。"对我来说缺乏的不是强力而是轻快,不是思想而是变化,不是主旋律而是多种多样的声音,不是光而是影,这一切都出于一个原因:我过分害怕生活中庸俗和平常的东西。"他宁愿固守贫乏,宁愿把语言限制在魔圈之中,也不愿从混浊满溢的世界中往他神圣的领域里汲取一点东西。对他来说更重要的是"朴实无华地、几乎在纯粹的黄钟大吕声中,每个人自成完整的一体,和谐地变化着前进",而不是把诗的语言世俗化,按照他的观念,人们不应把诗艺看成尘世的东西,而应把它想象成神圣的,他宁愿承担单调的危险也不愿承担不纯洁的诗的危险,语言的纯洁对他来说高于财富。因此定语"神的""天的""神圣的""永恒的""极乐的"不断地重复着(带着出色的变化);仿佛他只把被古希腊人神化的、精神上高贵的词用于他的诗中,而把其他的拒之门外,因为它们的衣服上粘着时代的呼吸,带着拥挤的人群的体温,因经常磨损和使用而变得很薄。他有意选择那些云一样的词句,含蓄婉转,像敬神的香烟一样向周围发散出某种宗教的、喜庆的、庄严的气氛。在这种缥缈的文字构成物中,一切摸得着、抓得住、有象有形、感觉得到的东西根本不存在。荷尔德林从不按照它们的重力和色彩来选择语汇——也就是说,作为赋予感性的传媒——,而是按照它们的升力、飞腾力——也就是说,作为取消含义的载体——被从底层的世界拉向高处、拉进"神般"迷醉的境界之中。所有这些短命的定语——"极乐的""天的""神圣的""永恒的"——,这些天使般、无性别的词语——像我想称呼它们的那样——就像一块空空的画布一样没有色彩,像一片帆。但正是因为它像一片帆,才鼓满了韵律的风暴、激情的喘息,它们神奇地鼓起,向上攀升。他的诗绝不想栩栩如生,但绝对要亮亮堂堂(这样它才

与心魔搏斗

不会留下任何阴影），它不想描绘世界上的什么现实给人看，而是要把感官不能觉察的，把思想的感觉在想象中携入天空。因此，所有荷尔德林的诗歌最重要的特点就是向上的飙风；它们就像他曾谈到悲剧中的颂歌时所说的，都"从最高的火焰中开始，纯洁的思想，纯洁的内心超越了它们的界限"。他的颂歌的头几行总像一个球门球一样，令人猝不及防就飞驰而过，诗的语言必须首先离开生活的散文，才能投入自己的属性。在歌德的作品中，从诗情画意的散文（尤其是青年时代的信件）到诗句、到诗歌之间，人们根本感觉不到明显的过渡和差别，他仿佛两栖动物一样生活在两个世界里，既在散文中又在诗歌中，既在肉体里又在精神里。荷尔德林与此相反，他不善辞令，他的散文在书信和文章中总是被哲学套语绊得跌跌撞撞，对自然的诗体语言他却驾轻就熟。相比之下，他的散文显得笨拙，就像波德莱尔诗中的那只"信天翁"一样，他在大地上步履艰难，在云中却能自由自在地翱翔、栖息。一旦荷尔德林被推进激情之中，诗的旋律就会像火热的呼吸从他的口中涌出，别具匠心地、交叉奇妙地构成艰涩的句法，出色的倒装相互呼应，运用得出神入化；透明得像最精致的织物，像昆虫玻璃般的翅膀，这种"飞扬的歌"展开它虎虎生风、闪亮的双翼，让人联想到以太和它无尽的蔚蓝。保持不变的高昂状态，余音袅袅的动听歌声，这些在其他诗人身上很罕见的东西，对荷尔德林来说恰恰是最自然的。在《恩培多克勒之死》中，在《许佩里翁》里，韵律从不曾停顿，没有一行在哪怕一个瞬间里掉落在地上。对这个热情似火的人来说根本不存在散文，他说着诗的语言就像说一种外语——与生活的散文相比。

这种庄严,这种绝对脱离一切散文的风格,这种在以太的物质中的自由翱翔,并不是荷尔德林开始就有的;随着魔鬼——他内心的原力挤走他的意识,他的诗的力和美跟着一起生长。荷尔德林开始的诗歌创作几乎不值一提,而且最主要的是毫无个性:内心熔岩的坚硬外壳还没有迸裂,这个新手完全是一个模仿者的样子,英雄所见略同,几乎到了一种不能允许的程度,因为这个学生不仅从克洛卜施托克那儿借来了诗句的形式和表情手势,而且确凿无疑地整行整段地把他的歌赋搬进他的诗稿簿中。但很快,席勒的影响来到了蒂宾根神学院。他使他"莫名其妙地依赖",把他拉进自己的思想世界,拉进他古典主义的氛围,拉进他韵律严谨的诗歌形式,拉进他对分诗节诗的喜好当中。中世纪的英雄诗歌马上变成了音韵和谐、行文洗练、引经据典、浩浩荡荡的席勒式的颂歌。在这里模仿不仅达到了原作的水平,而且超越了大师最拿手的体裁(至少我总是觉得荷尔德林的《致自然》显得比席勒最美的诗还要美)。但即使在这种公式化的形象身上,一个十分微弱地开始的悲歌的声音还是暴露了荷尔德林最富个性的语调:他使用这种声调只是为了强调,自己完全献身于那种向更高的、理想的境界升腾的愿望,强调自己脱下了古希腊的形式,从而选择了真正的古希腊的诗歌,那种自由自在、赤裸裸、不再甘受韵脚局限的诗——荷尔德林的诗诞生了,那"飞扬的歌",那纯洁的韵律。

他曾借用的系统化以及席勒式的结构化的最后残余也最终被

他抛弃了。他认识到真正的诗歌的汪洋恣肆,它与韵律并肩高视阔步而行,即使贝蒂娜其他的讲述都不可信,但在那段关于辛克莱尔①的小说中她却让他说出了他最真实的话。"有激情才会有思想,韵律只顺从思想,而思想只有在韵律中才会获得生命。谁被培养成为神圣的诗歌效力的人,他就必须承认至高无上者的思想是高于自己、无视法则的,他必须为它放弃法则:不是如我所愿,而是如你所愿。"荷尔德林第一次挣脱了诗歌创作中的理智,摆脱了理性主义,静候原始的力将带给他的惊喜。自从他宣布与法则脱离关系,献身韵律以后,魔性和奔放的感情呼啸着、高歌着爆发出来。从他的生命、他的语言的深处第一次涌出了他天然的音乐,韵律,这种狂野的但独特的力量,对此他说道:"一切都应是韵律,人的整个命运都是一种来自天堂的韵律,就像每件艺术品都是一个独特的韵律一样。"那种循规蹈矩的、建筑似的诗歌不见了,荷尔德林的诗只曼妙地应和着自己的曲调。在所有德语诗歌中几乎没有像荷尔德林的诗一样完全只重韵律的。席勒的诗可以逐行逐句地、大部分歌德的诗也可以大致保持原作风貌地被译成其他文字,但荷尔德林的诗却完全拒绝任何形式的传播,因为它只有在德语范围内、在感觉表达的一个彼岸才能宣泄自己。他最后的奥秘将永远是个谜,无法模仿,是语言中绝无仅有的事例。

---

① 伊萨克·冯·辛克莱尔(1775—1825),是荷尔德林在耶拿结识的好友,后任洪堡王室的枢密官,对诗人的生活、思想和创作都产生过较大的影响,给过诗人多方面的帮助。

荷尔德林的这种韵律完全不像沃尔特·惠特曼那种稳固的韵律(他要求语句都有一泻千里的气势,这与惠特曼时有相似之处)。沃尔特·惠特曼一开始就找到了他的本质的节奏,他的诗歌的语言形式。他将这样一种有节奏的呼吸贯穿到他的所有作品之中,十年,二十年,三十年,四十年。荷尔德林的作品却与之相反,语言的韵律不断地变换,加强,扩展,它变得越来越隆隆作响、震耳欲聋、硕大无朋、富有冲动力,变得越来越迷惘、越来越本质、越来越激越。他开始时像一股泉水,潺潺的,像飘扬的旋律,结束时却像咆哮的、飞沫四溅的湍溪。韵律变得自由,成为主宰,并主宰着自己,他的放纵和爆发神秘地和内心的自我毁灭,和理性的迷惘相伴而来。思想中逻辑的联系越松弛,韵律越自由,最终诗人再也不能阻拦那内心翻腾的巨浪,被它淹没了,他作为自己的尸体漂流在歌声湍急的河流上。这种朝向自由的发展,这种韵律的挣脱和自主(付出了联系和精神秩序的代价)在荷尔德林的诗中是逐渐出现的:首先他抛开了脚韵,那叮当作响的脚镣,而后自由呼吸的胸腔上过紧的诗节的衣服被挣破了;诗歌像古希腊人一样赤裸裸地任意发展着它的肢体之美,像希腊赛跑者一样奔向无穷。所有押韵的形式渐渐地使这个受神的启示的人感到太紧了,所有的深处都太浅了,所有的语言都太陈旧了,所有的韵律都过于累赘了——诗歌建筑原有的古典的规律拱起来,然后断裂了,由一幅幅画面展现的文思更为混浊、有力、激越地挺立起来,同时,韵律的呼吸也变得越来越深长,出奇大胆的倒装往往将整个诗节联成一个句子——诗成了歌,热情的呐喊,预言的体验,英雄的宣言。对荷尔德林来说世界的神秘化开始了,整个生命都将变成诗。欧洲、亚洲、日耳曼尼亚,思想那梦幻般的风景像云一样从遥远的地方发出微光,神奇的联系在令人瞠目结舌的即兴创作中使远和近、使梦境和经历成为姐妹。"世界成了梦,梦成了世界"——诺瓦利斯这关于诗人的最后解脱的话现在对荷尔德林来说实现了。他已超越了个人的时期。"情歌是令人疲惫的飞行,"他在那些日子里写道,"祖国之歌崇高、纯洁的欢呼却全然不同。"就这样,一股新的激情从漫溢的感觉中像火山一样爆发出来,荷尔德林开始转入神秘:时间和空间没入紫红色的昏暗之中,未来完全呈献给了灵感,诗不再是诗,而是"诗样的祈祷",布满了灼灼的闪电,笼罩着玄妙的氤氲。初试创作的荷尔德林那少年式的激情变成了魔性的迷醉、神圣的疯狂。在这些伟大的诗中贯穿着一些奇怪的杂乱无章的特点,它们在没有控制的情况下驶入无垠的大海,任何人都不听从,除了属性的命令,除了彼岸传来的声音,每首单独的诗都是一只"烂醉的小船"①,带着撞碎的船桨,歌唱着冲下险滩瀑布。最后,荷尔德林的韵律展得过宽,终于撕裂了,语言过于密集和饱和,变得毫无意义,仅成了"多多纳②预言者的丛林中传出的声音"——韵律强暴了思想,它变得"像酒神一样愚蠢而庄严,无法无天"。诗人和诗,两者都在最高的放纵中,在把力量倾注到无穷中以后消逝了。荷尔德林的思想消逝了,不留痕迹地消散在诗中,诗的

---

① 原文为法文。
② 多多纳,希腊主神宙斯的古神殿,位于希腊的伊庇鲁斯。

思想也在混乱的微光中熄灭了。一切尘世的,一切个人的,一切有形的都在这彻底的自我毁灭中被吞噬了;他最后的话语完全失去了实质,只像美妙的音乐一样飘回了以太家乡。

坠入无穷

> 曾是一体的,碎裂了,恩培多克勒,
> 群星庄严地落下。
> 山谷闪闪发光,被它们的闪亮所迷醉。

30岁的荷尔德林跨过了世纪的门槛;痛苦的最后几年的光阴在他身上完成了伟大的工作。诗的形式找到了,伟大的歌曲恢宏的韵律创造出来了,许佩里翁这个梦想家形象中自己的青春,以及《恩培多克勒之死》中思想的悲剧都永远逝去了。他从没有爬过这么高,也从没离毁灭这么近过。因为把他卷到现实范围之上的滔天巨浪已经腾起,就要把他摔得粉身碎骨。他自己带着预见的想象感到了临近的终结,他知道:

> 那奇妙的渴望违背
> 他的意志,将他从
> 一个悬崖甩向另一个悬崖,

与心魔搏斗

要把他这个失去控制的人

拖向深渊。

即使创作出如此伟大的作品也无济于事。在他本渴望得到爱情的
地方,他收获的只是不理解,因为,

有

蒙昧的一类,他们既不愿听命于

一个半神,而当人群中或波涛中

一个天神无形地显现,

他们也不尊重纯洁的,近在咫尺

无所不在的神的面容。

都30岁了,他还是一个别人餐桌边的食客,穿着破烂的黑色硕
士服的教书匠,仍然靠日渐衰老的母亲和年迈的祖母的资助过活,
她们仍像他少年时那样给他织袜子,给这个无助的人提供里里外外
的衣服。这时他在洪堡就像过去在耶拿时一样再次开始尝试"用每
天的勤奋",用节省下来的钱节衣缩食地做一个诗人(这是唯一适
合他的!),以"引起我的德意志祖国的注意,让人们都来问起我的
出生地和我的母亲"。但他什么也没有做到,什么对他都不利:席勒
还照旧以倨高而宽容的庇护的态度拿来一首他的诗收入年鉴之中,
对其他的诗则不理不睬。世界的沉默渐渐消磨了他的勇气。尽管

他在灵魂的深处知道，"神圣的永远神圣，即使人们对其不加注意"，但如果总是默默无语，保有世界的信赖就会变得越来越难。"我们的心无法持久地去爱人类，如果没有人来爱它。"他的孤独很久以来都是他的阳光明媚的城堡，现在成了冬天，变得僵硬如冰。"我沉默啊沉默，由此在我的身上堆起了一个重负……它至少将不可抗拒地使我的意识混乱。"他悲叹着。另一次，在给席勒的信中他说道："我冻僵了，呆视着我周围的冬天。铁一样的我的天空，石头一样的我。"但没有人把温暖带入他的孤独之中，"还相信我的人是如此之少。"他灰心丧气地抱怨道，渐渐地连他自己也失去了对自己的信任。从孩提时代起就是他最神圣之物的他的生命的原初使命，现在显得毫无意义了，他开始怀疑起诗艺。朋友们疏远了，他渴望的荣誉的声音还沉默着。

> 这时，我时常觉得
>
> 最好睡去，如此孤独无伴，
>
> 如此地期待，而此时该做些，
>
> 说些什么，我不知道，
>
> 也不知道在贫瘠的时代
>
> 诗人还有何用？

他再次领略了思想在钢铁般的现实面前的无能为力，他再次把疲惫不堪的肩头伸入轭中，再次把自己出卖给"褊狭的生活"，因为他不可能"只靠涂涂写写生活,如果人们对此不是那么热衷"。他只能在美丽的秋天里再见一次可爱的故乡,与朋友们一起赴斯图加特的"秋节",然后重又拿上破旧的神学院毕业生的礼服,赶赴瑞士的豪普特维尔做家庭教师,接受生活的徭役。

荷尔德林预言家的心早已确知太阳的西沉,知道自己的黄昏和不断走近的毁灭。他伤心地告别了青春。——"终于,青春,你凋谢了"——傍晚的凉气在他的诗中吹拂着。

> 人生何短。我的夜晚
> 已经发出冰凉的气息。静静的,像一个影子,
> 我已经到了这里;不再发出歌声,
> 战栗的心已在胸中睡去。

翅膀折断了,他,只在飞行中,在诗人的振奋中才真正生活着的他失去了平衡。现在他必须为此付出代价,"不仅本质的表层",而且"整个的灵魂,不管是在恋爱,还是在工作中,都遭受到毁灭性的现实的打击"。天才闪闪发光的光环从他的额头上消失了,他战战兢兢地缩进自己的里面,好在人前隐藏自己,因为他几乎天生耻于与他们为伍。身体里面的力量越弱,心智越不能集中,蠢蠢欲动的魔鬼越是有力地跳出他的神经。渐渐地,荷尔德林的敏感达到了病态的程度,他心灵的振奋变成了身体的爆发。区区一件小事都会使他火冒三丈,曾像豹子一样为了御敌而故作的谦卑崩溃了,这个过分

敏感、牢骚满腹的人到处都感到"侮辱，蔑视的压力"。身体也随着神经的松弛和爆发对环境的每个变化做出更为强烈的反应：本来只是一种思想的"神圣的不快"，现在成了累及整个身心的神经衰弱的不适，发展成了神经的危机和灾难。他的举止越来越慌张，情绪越来越多变，过去多么明亮的眼睛开始不安地在深陷的脸颊之上发出闪烁不定的光。大火不可阻挡地蔓延到他的整个身心，魔鬼赢得了越来越大的权力来主宰它的牺牲品，它成了"一种使人昏醉的不安包围着他的内心"——它把他从一个极端赶向另一个极端，从热到冷，从迷醉到绝望，从神采奕奕的神的感觉到最黑暗的忧郁，从一个国家到另一个国家，从一个城市到另一个城市。灼热的刺激从神经传入思想之中：最终炎症扩散到了诗艺的部分，诗人的语无伦次使他身体的不安显得越来越明显，他已经没有能力在一个念头上停留，并将它逻辑地展开。像在生活中他被从一家赶到另一家一样，在思想上他被疯狂地从一个画面驱赶到另一个画面，从一个想法驱赶到另一个想法。并且这场魔性的大火不会熄灭，它要延续到荷尔德林的内心完全烧光，只剩下他的肉体焦黑的框架为止。

在荷尔德林的病情中，没有明显的发作，没有明显的精神健康和精神病态的界限。荷尔德林的内心非常缓慢地燃尽，魔性的力量并不像一场森林大火一样突然夺去他清醒的理智，而是像无焰的炭火一样慢慢地燃烧。只有一部分，他的本质中神性的部分，以及和诗人的天性联系最紧密的那一部分，像石棉一样抗拒着火烧。他诗人的思想逃过了疯狂，旋律胜过了逻辑，韵律胜过了语言，荷尔德林也许是唯一的病例，在他身上，诗艺比理智长寿，完美的作品是在毁灭的状态中产生的——像有时（极罕见）在自然界中，一株被闪电击中，直到根须都被烧焦的树，在最高的、未被触及的枝梢上仍长时间继续花繁叶茂。荷尔德林进入病态的过程完全是阶段性的，不像尼采那样仿佛一座巨大的、高耸入精神天空的大厦突然坍塌，而更像是剥离，一块砖又一块砖，基础松动，逐渐陷入无根基、无意识之中。只在他的举止中有某些不安的现象显示出来，这种危象越来越剧烈，在越来越短的爆发中接踵而来。在他最初的职位上他还能坚持数月甚至数年，现在邀请却越来越频繁了。在瓦尔特斯豪森和法兰克福，荷尔德林还待了几年，但在豪普特维尔和波尔多，他只能停留几个星期，他没有生活能力的性格变得越来越放肆，越来越具有侵略性。生活又一次将他像残骸一样抛回母亲家中——他一切航行之后永远的港湾。在最后的绝望中，这位遇难落水的人再次将手伸向他青年时代命运的塑造者，他再次写信给席勒。但席勒不再给他回信，他任凭他落下去，像一块石头一样，这个被抛弃的人落入他命运的深渊。他这个不可教诲的人再次游荡到远方，去教小孩读书，却心如死水，像一个已经被献祭给死神的人，他提前与人们永别了。

这时一幅轻纱笼罩了他的生活：历史在这里成了神话，他的命运变成了传说。人们只知道，他在"美丽的春天周游了"法国，"在令人胆战心惊的，堆满积雪的奥弗涅的山巅，在风雨和狂野之中，在冰冷的寒夜里，身边放着上了膛的手枪，在光板床上"（如他所写）

过夜，人们知道，他到达了波尔多那个德国领事的家，并突然离开了那里。但随后云幕降了下来，遮蔽了他毁灭的过程。他是数十年后一位女士在巴黎讲起的那个陌生人吗，她看见他走进她的花园，兴致勃勃地和冰冷的大理石雕像谈话？真的是在回乡途中一次中暑夺去了他的理智，"火，强有力的物质袭击了他"吗？真的像他用最清醒的象征谈到自己时所说的"阿波罗击中了他"？强盗真的在路上抢走了他的衣服和最后的钱财？这些问题永远不会有答案，一片云罩在他的归乡之路、他的毁灭之路上。人们只知道，一天，一个人走入斯图加特的马蒂尔松家，"面色惨白，瘦骨嶙峋，目光空洞而疯狂，胡须和头发长长的，穿着像个乞丐"，当马蒂尔松恐惧地避开这个鬼一样的人时，他用喑哑的声音咕哝出了自己的名字："荷尔德林。"这具残骸也迸碎了。他残余的生命力将他送回到母亲家里，但信任的桅杆和理智的舵永远地撞碎了，从此荷尔德林的思想生活在一个再也没有晴朗过、只偶尔被神秘莫测的闪电照亮的黑夜里。在谈话中连直白的意思他也理解不了，在书信中最简单的意图都纠缠在一起像个一团糟的乱线团，他的本质对世界越来越封闭。他本质中清醒的部分一层层地剥离下来，他完全失去了自我，这个对此一无所知的人完全成了神秘话语的传声筒，按尼采的话说就是"彼岸的命令的传令官"，成了魔鬼轻声传授给他的奇妙事物的诠释者和传播者，这些事物他自己的思想在清醒时已经不能知晓了。人们小心翼翼地避开他（因为神经过激的反应经常像困兽一样从他身上爆发出来），或者他们讽刺他。只有贝蒂娜，她像贝多芬和歌德一样可

与心魔搏斗

以凭空感到天才的到来,还有辛克莱尔这个真挚得令人难以置信的朋友,在这个"被天堂的美景征服"的人近乎动物般的混沌中认出了一个神的存在。"在这个荷尔德林身上我可以肯定,"庄严的女预言家写道,"好像一种神圣的力像洪水一样淹没了他,还有语言,像汹涌湍急的激流一样吞没并溺毙了他的感觉;当潮水退去,感官就精疲力竭,一命呜呼了。"没有人更高雅、更清楚地说出过他的命运,没有人像她那么出色地使心灵听到那种与魔鬼的对话的回声(对我们来说它们已经像贝多芬的即兴之作一样无处可寻了),她给君特洛德讲述道:"听他讲话,好比呼呼的风声,因为他总是高声吟诵着歌赋,其间的停顿仿佛狂风转向一样——而后好像一种更深刻的思想袭上他的心头,这时人们关于他是个疯子的想法就会消失殆尽:倾听他关于诗和语言的观点,他是如此接近语言神圣的奥秘。然后一切对他来说重又消失在黑暗之中,他在迷惘中疲倦了,就会认为自己一事无成。"他整个的身心都消融在音乐之中:他曾几个小时地坐在钢琴旁(就像尼采在都灵的最后的日子),用指甲啪啪作响地、不知疲倦地弹奏着和弦,仿佛要抓住那些无尽的、飘在他头上、在他的头脑中狼奔豕突,使他的头阵阵作痛的旋律,或者他独自吟咏着话语和诗歌,总是用抑扬顿挫的声调。这个曾被诗深深吸引的人,这个快乐的激情主义者现在渐渐变成了一个被旋律的潮水卷来卷去的人,就像与他命运相似的兄弟莱瑙在希阿瓦塔诗①中描绘

① 指莱瑙的诗《三个印第安人》,诗中描写三个受压迫的印第安人到尼亚加拉瀑布沉舟自尽。

的印第安人一样歌唱着冲下奔流的瀑布。

人们惊恐万状，但又被"不可思议的奇迹敬畏地打动"，他的母亲先是让他住在家里，他的朋友们让他住在市民家庭中。但病人身上魔性的发作越来越猛烈：理智的死亡伴随着癫狂的发作，火焰在熄灭之前蹿得更高、更危险。因此他们不得不把他送进医院，而后又交给朋友，最终把他托付给了一个淳朴的木匠家庭。随着岁月的流转，他头脑中的野火熄灭了，痉挛缓解了，荷尔德林重又变得天真幼稚而又温和，他神经的风暴平息下来，成了沉重的暮霭。他还能记得某些小事，但他自己却被他忘掉了。他失去了思想的躯壳，像隔着一层梦幻的轻纱一样感受着春天里自然的恩惠，甜蜜地呼吸着田野浓郁的气息；孤独的心在烧毁的居所里又跳动了四十年，但穿过时光的只是他本质的一个影子。荷尔德林，这个神圣的少年，早已被云中的众神偷梁换柱，就像伊菲革涅亚在奥利斯①时一样。他和他提高了的生命生活在另一个世界中。

在混浊的时间潮水上又无意识地漂流了四十年的只是他思想的尸首，是那个扭曲变形的鬼一样的影像，它在对自己都一无所知的情况下有时称自己为"图书管理员先生"，有时称自己为"斯卡达内利"。

---

① 伊菲革涅亚是希腊神话中阿伽门农之女。阿伽门农触怒女神阿耳忒弥斯，致使舰队滞留奥利斯港。他许愿将女儿作为祭品奉献给女神，将伊菲革涅亚召来奥利斯，送上祭坛。阿耳忒弥斯却用一只赤牝鹿作牺牲替换了姑娘，把她带到奥利斯，让她在那里当自己的祭司。

紫红色的昏暗

即使在黑暗之中,生机勃勃的画面也

熠熠生辉。

　　这个精神错乱的人在昏乱和黑暗的几年中创作的那些伟大的、旋律优美的诗,他的"夜之歌"是世界文学中最闻所未闻的创作,在当时和所有时代中也许只有威廉·布莱克①的那些预言式的著作能与之相比。布莱克是另一个天之骄子,神的宠儿,他同时代的人同样称他为"一个倒霉的疯子","他性格中的不具侵犯性确保他免于监禁"。对这两个诗人而言,创作都是按照魔鬼的口述进行的神奇的塑造,对他们两人而言,美妙的太初之声早已对词语做出了明确的解释,他们天真蒙昧的思想就应服从这种解释。诗艺(对布莱克而言还有绘画)在心灵昏迷的状态中变成了女巫的咒语,仿佛德尔斐②的女祭司,山谷中变幻的云霞使她迷醉,使她产生非凡的预言能力,使她在剧烈的痉挛之中含糊不清地说出深奥的话语,在荷

---

　　① 威廉·布莱克(1757 — 1827),英国诗人,版画家。他的诗摆脱了 18 世纪古典主义教条的束缚,清新奔放,有热情,重想象,开浪漫主义诗歌的先声,有些作品则运用神秘的象征手法,写得晦涩难懂。著有诗集《天真之歌》和《经验之歌》,在美国独立战争时期写了预言诗《法国革命》和《亚美利加》等。

　　② 希腊神话中阿波罗的居所。

尔德林的身上则是变幻莫测的魔鬼从熄灭的火山口中抛出炙热的熔岩和冒火的石块。在荷尔德林这些充满魔性的诗中讲话的已不再是尘世中的交流工具，实用的语言，人的话语。预言家被置入世界末日的氛围之中：

> 预言者的山边，
>
> 山谷和溪流敞开胸怀，
>
> 让男儿可以看到
>
> 东方，在那里许多的变幻让他心动，
>
> 而从苍穹飘坠下尊贵的形象，
>
> 神的咒语像雨点纷纷落下，
>
> 在树林的最深处有乐声传来。

梦话变成了旋律的宣告，"树林最深处的乐声"，彼岸的声音，凌驾于自己意志之上的意志。在这里，诗人不再是说话者、行动者，而仅仅是原初话语无知无觉的传播者。魔鬼蛮横地剥夺了这个疲惫不堪的人的语言和意志。清醒的人，过去的荷尔德林走了，"已不在场"，魔鬼像利用一个空空的面具一样利用着他无知无觉的躯壳。

因为这些夜之歌，这些这个半疯半傻的人残缺不全、预言式的、即兴创作的片段，已经不是来源于世俗的艺术领域，来自可以测度的空间。它们是流星上的金属，充满了它们非凡的来历赋予它们的神奇力量。通常，每首诗都像一幅织物一样由无意识的和有意识的

与心魔搏斗

艺术理解力组成，一会儿是这条纬纱，一会儿是另一条纬纱被更用力地编织进去。在正常人的发展过程中（大致如歌德），这种现象是十分典型的，在成熟的年龄，技术性的纬纱，也就是尘世的部分超过灵感的部分，艺术原本是一种清醒的幻想，这时变成了睿智的高超技巧。而荷尔德林的诗却恰恰相反，灵感的、魔性的成分，天才的即兴的纬纱总是不断地得到加强，而智慧的、技巧的、深思熟虑的经线却被完全扯断了。每个诗行像港汉一样交错纵横，只顾及音调的和谐；每道堤坝，每个停顿，每种形式都被音乐的巨浪吞没。因为韵律已经变得独断专行，原初的力涌回了无穷之中，有时人们在荷尔德林的身上还能感到这个被间离了自我的人在和这种占据优势的力量对抗着，人们觉察到他怎样努力地去抓住一个创作的灵感，试图在提高的层次上继续对它进行塑造。但完成一半的作品总是被想象的巨浪卷走，他悲叹道：

> 唉，我们对自己知之甚少，
> 因为我们身上主宰着一个神祇。

这个无能为力的人越来越多地失去了对诗歌创作的控制。"本来扩展得像亚细亚一样庞大的念头，它的结尾却像小溪流一样，分裂开来，从我们的头顶一闪而过"，对于那种把他和他自己分开的强力他如此说道——好像他的脑子所有的控制力一下子松弛了，思想松动了，坠入虚空之中。那些壮观地、果敢地鼓起的激情，结尾时总是变成可悲的结结巴巴。语言的线成了一团乱麻,再也找不到头和尾。这个容易疲倦的人经常在思维的休克状态中放弃刚刚开始的想法。而后他用似乎颤抖的、实际上不灵活的手把这些无助的过渡用一个乏味的"也就是说"或"但是"黏合在一起,或者精疲力竭地用一句无可奈何的"对此其实还有很多可说"提前结束他的讲话。

但这种看起来结结巴巴的声音,这种在表面上连贯的思维中不存在的声音,却神奇地被一种更高的思想联系在一起。理智被偶然想法的藤蔓"像繁茂的野草一样长满了",已经不能再将细节铆接起来,但荷尔德林那抑扬顿挫的胡言乱语往往能揭示讲话的深意,这是他清醒时不能办到的——"神的咒语像雨点纷纷落下,在树林的最深处有乐声传来"。他的新诗,他的颂歌在严重的精神错乱中所缺乏的早晨般的明净和清晰的轮廓,都被他魔性的灵感用突如其来的思想闪电弥补了。因为从这时起荷尔德林的文思完全是暴风骤雨式的,完全是闪电式的。它持续的时间很短,出人意料地从他气势磅礴的诗赋的滚滚翻卷的灰暗云层中进出,但它照亮了无边的地平线。在这种将入无路之径的神奇的路途中,在终点将至的地方,在坠入深渊的前夕还产生了前所未有的奇迹。在扑朔迷离的道路上荷尔德林找到了他曾经刻意地用清醒的意识徒劳地寻找过的东西——希腊的秘密。这个少年曾在他童年所有的街巷中寻找过他的古希腊,徒劳地派出了许佩里翁,到现在和过去的所有海岸去寻找。他用魔法从冥府中召来了恩培多克勒,研究了先哲的著作,"研究希腊"代替了他"交友";正因为如此他才跟他的祖国、他的时

代如此陌生,因为他一直在赶赴梦中希腊的途中。对于他中了邪似的想法连他自己都感到惊讶,他常常自问:

> 是什么
> 将我缚在那古老的、美丽的海滨,
> 使我爱它胜过爱我的祖国?
> 因为我在那儿,在阿波罗
> 曾经走过的地方,仿佛被
> 天堂的美景征服。

在感觉的混乱中,在暗无天日的脑海里,希腊的秘密突然向他发出熠熠的光辉。就像维吉尔引导但丁一样,品达把这个伟大的精神错乱的人领向颂歌这一最后的迷醉。在嘹亮的歌声中,在佶屈聱牙的品达和索福克勒斯的译文中,荷尔德林的语言超过了他开始时单纯希腊式的和谐清晰的阶段:荷尔德林沿袭的这种悲剧的韵律像迈锡尼式的,神秘的古希腊式的巨石直捣进我们温吞水似的、刻意加热①的语言世界中,不是一个诗人的用词,不是一行诗句明白的意思被从语言的一个岸边救到另一个岸边,而是创造的激情那火热的核心被再次熊熊地点燃。就像从生理上来说盲人听得更清楚更明白,就像一种失去的感觉使另一种变得更敏锐、更灵敏。作为艺

---

① 品达(约前 518 —约前 438),又译品达罗斯。抒情诗人,以合颂著称,后世学者认为他是古希腊九大抒情诗人之首。

术家的荷尔德林就是这样,自从他清醒的理智明亮的光辉熄灭以后,他就对内心深处韵律的强大力量无限地敞开了怀抱。他肆无忌惮地将语言压缩在一起,把它的旋律的血液从每个毛孔中榨出来,他折断句子结构的骨头,使它们具有更好的可塑性,而后又用叮当叮当的韵律的敲打使它们音韵的连贯性更加坚韧。荷尔德林乱七八糟的残章断句就像米开朗琪罗未完成的石块,比完成的作品更加完美,因为完成意味着终结:混沌,原始的蛮力——而不再是一个诗人孤单的声音——在这些残卷中回响,成为伟大的歌唱。

荷尔德林的思想如此庄严地在紫红色的昏暗中沉入了黑夜。就像他狂热的天赋一样,他忧郁而疯狂的魔鬼也有着神圣的外表。在其他诗人的身上如果有魔性爆发,那火焰常常会被劣质的烧酒玷污(如格拉伯、京特、魏尔兰、马洛)或者和自我麻痹的闷燃的烟气混合在一起(如拜伦、莱瑙);荷尔德林的迷醉是纯洁的,因此他的去世并不是没落,而是涌向无穷的汹涌的回潮。荷尔德林的语言消失在韵律中,他的思想迷失在幻象里;他自己融化到他最本质的原初的属性之中。他的坠落是音乐,他的消逝是歌唱,就像欧福良这个《浮士德》中诗艺的象征,德意志和希腊精神命运多舛的儿子,只让他本质中可毁灭的、肉体的部分坠入了死亡黑暗之中。七弦琴①声却悦耳地扶摇直上,飞向群星。

---

① 原文为 Leier,是古希腊四到七弦的琴。这里指代诗艺、诗歌。德文中的成语 die Leierschlagen(弹七弦琴)意即作诗。

斯卡达内利

他远去了,不再在场,他曾迷失过,

因为天才们都过于善良:现在他在与神交谈。

荷尔德林的肉骨凡胎被疯癫的云雾又拖了四十年;其间他留在世间的是他可怜的、日渐衰老的影像斯卡达内利:他不灵活的手就这样在乱糟糟的纸上写满了诗句。他忘却了自己,世界也忘记了他。在质朴的木匠这个陌生人家里,斯卡达内利一直生活到新的世纪开始很久。时间不知不觉地拂过这个昏乱的头颅,在它无力的抚摸下曾经是金黄色、带着波浪的卷发也花白了。外面的世界在发生翻天覆地的变化:拿破仑攻入了德国,又被赶了出去,人们把他从俄国赶到了厄尔巴岛和圣赫勒拿岛,在那里他像被缚的普罗米修斯一样又生活了十年,而后死去,变成了传奇人物——在蒂宾根的孤独的人曾歌唱过"阿尔阔勒的英雄",但他现在对此却一无所知。席勒,他青年时代的主宰,在一天夜里被工匠们下了葬,他的骸骨腐烂了多年,后来墓穴裂开了,歌德将亲爱的朋友的头盖骨捧在手里,思绪万千,但这个"被天堂的美景征服的人"却再也不会理解死亡这个词。后来就连魏玛那个83岁的智者也去了,他在贝多芬、克莱斯特、诺瓦利斯和舒伯特之后进入了死亡之国;甚至斯卡达内利的学生,经常到他的小屋里探望他的维布林格也被装进了棺材,而荷尔德林还在过着他的"蛰居生活"。新的一代诞生了,荷尔德林下落不明的儿子许佩里翁和恩培多克勒终于在德意志的土地上得到喜爱和认可——但此事没有一点消息传进这个蒂宾根人理智的墓穴里,他对此一无所知。他已经处在所有时间的彼岸,完全沉浸在永恒、韵律和旋律之中。

有时会有陌生人、好奇者来看这个像传说一样销声匿迹的人。紧贴蒂宾根古老的城楼边上有一所小房子,上面有一个眺楼,窗户装着栅栏,但视野开阔,这就是斯卡达内利狭小阴暗的房间。质朴的木匠家的人把来客领到楼上一扇小门前,人们听见门后有说话声,但里面除了病人以外别无他人,他不停地嘟哝着高雅的词句。这些乱纷纷的语流既无形式又无意义地从他口中轻松地涌出,听起来就像吟唱赞美诗一样。有时这个神经错乱的人也会坐到钢琴旁,一连几个小时地弹个不停;但他找不到顺序,这不再是丰富的乐音的组合,而是一种僵死的和谐,一种同一个贫乏、短促的旋律狂热而执着的重复(疯长的指甲敲在走调的琴键上发出令人毛骨悚然的啪啪声)。但总有一个声音、一个节奏让这个被理智抛弃的人在其中停留:属性永恒的声音就像悦耳的风声吹过风神琴切削过的中空的音管,穿过这个已经完全碳化的脑袋。

终于,倾听者带着内心的悚惧敲响了房门,一个低沉的、吃惊的、确实吓了一跳的"进来"回答道。一个干瘦的形象,一个 E. T. A. 霍夫曼式的文书站在小屋的中央,柔弱的身材只因为年龄的缘故而稍显驼背,而头发却已经白了,薄薄地耷拉在美丽丰满的额头上,五十年的痛苦和孤独也没有完全毁灭这个曾经的少年的高贵气质;只有被时间的利刃磨砺过的线条简洁地切削出从微微隆起的太阳穴到紧绷的嘴和收紧的下颌之间的轮廓。有时神经突然的颤动划过辛酸的脸颊,而后电击一样的颤抖传遍整个身体直到瘦骨嶙峋的指尖。但曾经那么狂热的眼睛却令人吃惊地一如既往:他的瞳孔在眼皮下面像一个盲人的眼睛一样一动不动,呆滞无光,令人生畏。但在这个幽灵似的影子里智慧和生命还在某处冒火、燃烧。可怜的斯卡达内利卑躬屈膝地不停地鞠躬致意,就像面对着无比尊贵的客人,一串阿谀奉承的称呼"殿下、尊台、阁下、陛下"从他殷勤的嘴唇中汩汩流出,他带着做作的礼貌将客人领到一把他满怀敬畏地拉开的椅子上。一场真正的谈话几乎是不可能的,因为这个精神错乱的、张张惶惶的人不能抓住哪怕一个想法,然后逻辑地将它展开。他越是费力地想整理一下思想,他的语言就越是纠缠在一起变成一种低沉的、断断续续的语流,而这已经不是德意志的语言,而是巴洛克式的、充满幻想的声音造型。简单的问题他还能很费力地理解,如果人们提起席勒或其他一个从前的人的名字,在他昏暗的脑海中还会有一个明亮的影子泛起微光。一旦一个不小心的人说出荷尔德林的名字,斯卡达内利就会大发雷霆。随着谈话时间的延长,病人渐渐地变得烦躁不安,因为思考和总结造成的劳累和痛苦对他疲惫的大脑来说是难以承受的。这样,被鞠躬和奉承吓坏了的来访者就任由他送到门口。

但偶尔,在这个精神完全失常的、已经不能再外出的人身上(因为德国的思想精英、大学生先生们,嘲笑这个可怜的人,用荒唐的玩笑惹得他暴跳如雷),在这堆坍塌了的思想的灰烬中还有一个火星发着红光,直到最后的时刻,那就是诗艺。极富有象征意义的是,只有它,在思想的毁灭中幸免于难。斯卡达内利作诗,可能就像孩提时代的荷尔德林作诗一样。他一连几个小时地在纸上写满诗句或一篇充满幻想的散文——疏忽大意地滥用了它们的默里克讲道,人们把他的手稿"扔到洗衣篮里"——;如果一个来访者向他索要一张手迹作为留念,他总是毫不犹豫地坐下,用从容的手(笔迹也不受神经损坏的影响)完全按照要求写下关于四季,或希腊或思想的诗句,大致如此:

> 当日光明亮地照耀着众生,
> 模糊的现象与从山巅发出的
> 光亮融为一体,
> 知识,到达了思想的深处。

他在下面胡乱写上一个日期(一旦进入现实,理智马上就会离开他)以及"斯卡达内利奉命而作"。

　　这些理智完全熄灭时所作的诗歌,这些斯卡达内利的诗歌与那些思想混乱时期的、紫红色的昏暗时期的诗句和"夜之歌"时期澎湃的颂歌全然不同。在这些诗中进行了一种神秘的向起点的退却。

与心魔搏斗

它们中没有一首像那些在步向黄昏的门槛前所作的颂歌那样采用自由的韵律，每首都结构短促，不同于那些浩浩荡荡，大有一泻千里之势的诗作。好像一个体力不支、精神状态不稳定的人担心在自由的歌赋中跌入韵律湍急的瀑布；他像依赖一根拐杖一样依赖于脚韵。这些诗中没有一首是理智的、清醒的，没有一首完全没有意义；它们不再是形式，而只是声音，用诗来模仿某些他用逻辑已经不能再把握的不明确的意思。但无论如何，这些斯卡达内利的诗仍然是诗，而另一些精神病人的诗，就像莱瑙在温纳塔尔疗养院所作的那些诗，完全空洞无物，不过是跟在纯粹的韵脚后蹒跚（"施瓦本佬，跑，跑，跑"①）。这些诗中仍横跨着一些不明确的难以理解的对比，在一首狂呼乱叫的诗中，心灵的状态跟在那首无与伦比的四行诗中一样令人吃惊的真实：

> 世上的舒适我已享受，
>
> 青春的快乐已逝去好久，好久。
>
> 四月，五月，六月已经远去，
>
> 我已微不足道，我不愿再活下去。

与其说这是一个疯子的诗，不如说是一个儿童诗人，一个思想完全变成孩子的伟大诗人的诗。它们有着孩子的世界观中的幼稚和不

---

① 此处原文为"Die Schwaben, sie traben, traben, traben"，语意不详，只是韵脚整齐。

羁,但绝没有标新立异和愚蠢的异想天开。就像小学生的插图课本一样,画面一幅接着一幅,高亢的句子也带着打油诗的朴拙。当斯卡达内利作诗的时候,一个孩子,一个 7 岁的孩子可以比他更天真、更单纯地看待一幅风景吗?

> 噢,这柔和的画面,
>
> 绿树成荫,
>
> 就像小酒馆的招牌,
>
> 使我不忍离去。
>
> 因为宁静日子的安宁
>
> 我觉得无限美好,
>
> 如果我应该给你答案,
>
> 那你根本不必动问。

不假思索,完全只凭感觉偶然的风吹草动,纯粹的即兴之作,画面悠扬地飘来荡去,这是一个快乐的孩子的游戏,除了颜色和声音外他对现实一无所知,与各种形式少有联系。像一座指针折断的钟一样,内部的机械毫无意义地继续滴滴答答地走着,斯卡达内利-荷尔德林就这样朝着一个熄灭的世界的虚空吟诵着,作诗对他来说等同于呼吸。韵律在他身上比理智长寿,诗艺比生命长久,尽管发生了十分可悲的扭曲,但他生活中最高的愿望还是实现了,人生即诗,把全部的存在毫无保留地融化在诗艺之中。他的肉骨凡胎死在他的

与心魔搏斗

诗人之前,理智死在旋律之前,生与死交织在一起构成了他命运的画面,就像他曾预见性地希望的真正的诗人真正的结局一样:"在燃烧中,我们不能控制的火焰付出了耗尽自己的代价。"

潘璐 译

克莱斯特

枯死的橡树在狂风中挺立,生机盎然的却被轰然刮倒在地,唯因狂风得以吹袭树冠。

——《彭忒西勒亚》①

被追逐的人

我之于你可能是个谜,可你也得自我

宽慰,上帝之于我亦是一个谜。

——《施罗芬施泰因一家》②

---

① 《彭忒西勒亚》,克莱斯特作于 1808 年,这是一出关于阿玛宗国女王热恋阿喀琉斯的悲剧,情节冷酷,感情强烈。
② 克莱斯特于 1803 年写下的第一部悲剧,病理状况写得既清晰又无情。

与心魔搏斗

德意志大地上，风之所向，他，这个躁动不安之人无不随之而去，没有一处城郭不曾栖身过这个冥顽的飘零人，他几乎总是在途中，在半道。从柏林搭上一辆徐徐启动的驿车，他便向德累斯顿方向疾驰而去，进入埃尔茨山脉①，奔向拜罗伊特②。接着又前去开姆尼茨③，突然之间他又像是被驱赶到维尔茨堡④一般，接着他穿越拿破仑战争⑤的炮火驶向巴黎。在那儿他打算待上一年，然而短短几周之后他便跑到了瑞士，先是将其居所由伯尔尼换成图恩⑥，再换成巴塞尔⑦，接着又换成伯尔尼。

　　突然间他就像一块奋力抛出的石块又落进了维兰德⑧在奥斯曼施泰特⑨宁静的住所。一夜过后他又匆匆上路，马不停蹄地经由米兰和意利湖群⑩再度奔赴巴黎，到了布洛涅⑪却毫无目的地投

---

① 德国、捷克边境一带。
② 德国东南部文化名城，位于巴伐利亚州，瓦格纳的故乡。
③ 位于德国东部萨克森州，1953 年至 1990 年曾改称卡尔·马克思城。
④ 位于德国中部，著名的巴洛克式城市。
⑤ 广义指 1799 年拿破仑统治法国后发动的一系列战争，狭义指拿破仑征服奥、普两大德意志邦国的战争。
⑥ 瑞士地名，位于伯尔尼州。
⑦ 瑞士北部与德国接壤的城市。
⑧ 克里斯多夫·马丁·维兰德（Christoph Martin Wieland，1733 — 1813），德国启蒙运动的著名作家，被誉为德国的伏尔泰，与歌德、席勒、赫尔德并称魏玛古典主义四大奠基人。
⑨ 地名，位于德国魏玛城边。
⑩ 指意大利北部流入波河河谷的马焦雷湖、卢加诺湖、科莫湖等高山湖泊。
⑪ 法国城市。

身于一支鲜为人知的军旅当中，之后在美因茨①病笃之余幡然醒悟，于是他像是被甩出去一般又去了柏林、波茨坦。一个盼望已久的职务将这位变化多端之人钉在了柯尼斯堡长达一年之久，接着他突然再次发作，执意横穿一路所向披靡的法军前往德累斯顿，然而却被当作密探押送到沙隆②。刚一获释，他就又在穿行于城镇间蜿蜒曲折的路途上时隐时现。在奥地利战争③期间，他从德累斯顿一路奔突赶往维也纳，在两军对阵厮杀之际于阿斯佩④附近被擒，在设法脱身之后逃到了布拉格。有时他就像一条暗河消失数月之久，之后又现身于千里之外，最终万有引力还是将这位被迫逐之人甩回到柏林。间或他还扑棱着折翼来回抽搐⑤，有那么一次他还摸索着去了趟法兰克福，在他姐姐和亲戚那儿觅得一处灌木丛，以躲避身后穷追不舍的可怕猎人。然而他就是得不到安宁，于是他最终登上旅行马车（他三十四年生涯中唯一真正的家）驶向万湖⑥，在那儿他将一粒子弹射进自己的头颅，他的坟茔就紧挨着一条路边。

　　在这一系列奔波当中是什么在激励着他，确切地说是什么在驱赶着他？在此无一学科可以解惑——他的旅行几乎全无意义可言，这些旅行漫无目的，甚至连个确定的目标都没有，因而单从事情本

----

① 德国西南部城市。
② 法国城市。
③ 指1792年到1805年法国与奥地利间展开的一系列战争。
④ 奥地利地名。
⑤ 指克莱斯特还有出行之举。
⑥ 柏林近郊的湖泊。

身当无从加以解释。这方面翔实的研究所开列的那些原因,大多不过是些托词,是些掩盖了心魔面目的假面具。对于行事客观的人而言,这种阿赫斯维①式的冲动永远是个难解之谜——就此而论,他三次被当作密探遭到拘捕并非偶发事件。当拿破仑在布洛涅为登陆英伦大肆招兵买马之际,这位尚未退出现役的普鲁士军官却像个梦游人一般蹒跚于各个部队之间,他未被流弹击中真可谓是奇迹。法国人一路挺进柏林,而他却悠然自得地漫步穿行于各连队之间,直到最后被逮捕和关押才算了结。在阿斯佩附近,奥地利人与法军正在决一死战,沙场上却游荡着这位英才梦游人,口袋里除了若干爱国诗稿,别无他物可证明其身份。这样一种轻率的行为虽然难以理喻——在这副自我煎熬的魂灵中有一股超强的压力、一种骇人的不安主宰着一切,世人孜孜以求托付给克莱斯特身上的种种隐秘的使命,以求对他四处奔波加以解释,这或许适用于这次抑或另外一次的出走,却无以应对他生存中的持续不断的逃遁,实际上克莱斯特在其所有行程中根本就没有目的地。

他没有目标。他并没有瞄准某一城市、某一村落、某一意愿去弯弓射箭的地方——他只是从紧绷的弓弦上把箭射出、让矢镞离弦远去而已。他一心想逃逸,将自身中的某个东西强行加以突破,他变换城市(一如心灵与他相近的莱瑙在其《精神病人》诗中大致所云)就像高烧病人更换其毛巾一样。他四处祈求冷敷以获平息,四

---

① 基督教传说中的人物,意指永远流浪的人。

处祈求痊愈康复，然而心魔驱赶着他，他就会无家可归，不得安宁。正因为如此，兰波①才沿着不同国度一路奔突而去，尼采才不停变更住地，贝多芬才不断更换居所；也正是这样，莱瑙才匆匆从一个大洲赶往另一个大洲。他们内心都有那么一根可怕的、令人惶恐不安的鞭子，即一种生存中悲惨的难以持久的东西，他们所有的人都是被不可知力量所驱赶的人，命中注定绝难挣脱这种力量的摆布，因为驱赶他们的这种难以持久的东西就在他们的血液中急速地循环，不容分说地盘踞在自身的头脑当中。为了去除依附自身的敌人，也就是他们的主宰和心魔，这些被驱赶的人必须自我毁灭。

克莱斯特知道他被驱往何处，从一开始他就知道这一所在——是被赶进万丈深渊。他只是不甚了了他这是在逃离深渊抑或是朝着深渊迎面奔去。有些时候他的双手就好像深深嵌入所剩无几的、或许能将他这个坠落之人留住的土层（对此，洪堡王子②在空荡荡的墓穴旁已有吐露），然后他寻求支撑物以抵抗那使人坠入深渊的巨大拉力，他试图把自己像链子一样拴在姐姐身上，拴在女人、朋友们的身上，以求他们来支撑住他。而有些时候他那充溢着急不可耐的，向着终结、向着最终跳进万丈深渊的渴望之情，几乎又是汹涌澎湃。他一直清楚这个深渊的存在，然而他并不清楚这深渊是在他面前还是在他身后，是生存还是毁灭。克莱斯特的沦殁是内在的，因

---

① 兰波(1854—1891)，法国诗人和冒险家，象征主义运动的典范。一生大多四处流浪，晚年告别诗坛，过着冒险家生活，足迹遍及欧、亚、非三洲。

② 指克莱斯特最后一个剧本《洪堡王子弗里德里希》(1821)的主人公。

而他在劫难逃,他负载着这种沦殁如其身影一般紧随不舍。

克莱斯特就这样一个国家接一个国家奔波不已,就好像一支由活人在燃烧的火炬,那是一些殉道的基督徒,是尼禄①令人给他们裹上麻絮并点火焚烧,他们在被火焰吞噬后便不知方向地跑呀跑。克莱斯特从不看路边那些里程碑石,他几乎未曾在其穿行而过的城市抬眼正视,终其一生都是一种独特的临渊逃遁,一种独特的奔向深渊,一种气喘吁吁、心力交瘁、痛苦万状的追逐。所以,当他这位厌倦了折磨的人,终于心甘情愿地纵身跃入万丈深渊时,发出的倒是那种美妙而令人惊骇的欢呼。

克莱斯特的一生不是生,而是一种独一无二的对毁灭的追逐,一种非同一般的狩猎,它带着其自身特有的、像野兽一般的迷狂,这种迷狂充盈着嗜血性和感官性,充满了残忍和恐怖。四面八方回响着各种亢奋的号角声和发自狩猎欢快的叫喊声,一大群带来灾难和厄运的猎犬在他身后穷追不舍——他像一只被追猎的牡鹿窜进灌木丛中,有时借助意念的突然转变还掀翻一只攸关生死的猎犬,他的牺牲品——三部、四部、五部在激情的碰撞下写就的充满热血的作品——扑跌在地,接着又淌着鲜血继续追进密林。当这群亢奋的猎犬以为就要抓住他时,他用尽最后的气力威严地站起,不等他成为这帮卑俗之物的战利品,便以崇高一跃坠入万丈深渊。

---

① 尼禄(37 — 68),罗马暴君。此处指尼禄当政期间以火焚烧迫害矢志皈依基督教的信徒。

无肖像者的肖像

我不知就我这个不可言表之人该向你谈些什么。

——摘自一封信

　　我们简直就没有一幅他的肖像画。那张画技极其笨拙的袖珍像和另外一幅同样乏善可陈的画像，表现的是某个已是成年男子，带着哀伤和询问目光的年轻德国人的一张平庸乏味、圆乎乎的娃娃脸。画面上能表现诗人或者只是个什么有才智之人的东西全然没有，没有什么特征能引起好奇和疑问进而去探究这副冰冷的面孔下的心灵。人们一无所获，陌生漠然，得不到任何满足地从这幅肖像前走过，全无好奇心可言。克莱斯特的内心世界过于深藏在皮囊里，从他面孔上表现和描绘不出他的秘密所在。

　　这一点同样也是难以言表的。他的同时代人，即便是朋友们有关他性格的记述都很贫乏，并且无一不缺乏生动具体的质感。人们从所有记述中一致感觉到一点，即他很不起眼，隐秘索居如其面孔，在其性格中具有一种十分罕见的、不引人注目的东西，他没有任何迫使人们围绕着他而能引起注意的东西，他激不起画家去描绘他，也引不起作家去记述他。他身上肯定有某种无声无息的东西、难以察觉的东西、某种奇特而不予显露的东西、不向外张扬的东西，即一

与心魔搏斗

种绝无仅有的莫测高深。成百人跟他交谈过，可并没感觉他是个诗人；朋友和伙伴年复一年与他相聚，却没有一次相会以文字或书信的形式加以记载的——他三十四年生活中的逸闻趣事加在一起还不足一打。为了更好地体会克莱斯特从他那一代人边缘无声无息地走过所留下的朦胧缥缈，最好还是重温一下维兰德是如何描写歌德抵达魏玛时的记载，他是如何描写歌德的存在犹如一团熊熊烈火，使每个他远远便会迎面照亮的人感到目眩；再回想一下拜伦和雪莱，让·保尔和维克多·雨果光芒四射、照耀时代的那种令人陶醉的魅力，这魅力上千次地通过文字、书信和诗歌尽显无遗。然而就是无人提笔记载与克莱斯特的相会，克勒门斯·布伦塔诺①的几行记载是我们以文字形式所掌握的最清晰、最生动的画像："一个敦实的 32 岁男子，长着一个令人过目不忘的扁圆形脑袋，言谈不乏诙谐、和善、贫穷、坚毅。"即使这类冷静客观到了极致的描述，更多地勾勒出性格而非长相。然而，所有人都对克莱斯特的本性看走了眼，未曾有人真拿他当回事儿，而他要是出现在谁人身边，则总是肝胆相照。

这一切皆因他的外表过于强硬所致（这在 innuce② 层面上确是他的生存悲剧）。他将一切都封存在内心深处，他的激情不会涌入双眸而闪亮，他的感情爆发早在吐出第一个字之前便在唇边化为齑粉。他寡言少语，可能是由于羞怯，因为他的舌头不灵巧而且还结

---

① 克勒门斯·布伦塔诺（1778 — 1842），德国浪漫派诗人。
② 拉丁语，原指在夜间，此处意为隐隐约约、不清楚、隐性等。

结巴巴,而更有可能的是出于一种感情的束缚和压抑,一种强行的封闭。

在一封信中,他本人令人吃惊地对他这种不善言谈、这种仿佛在唇边打了火漆似的情形供认不讳。他写道:"缺少一种表达的方法。即便是我们所掌握的唯一一件东西,就是语言,也无济于事。语言不能临摹心灵,语言所能给予我们的,仅仅是一些撕破的碎片而已。所以,每当我向他人揭示我心灵深处的东西时,我总是有一种类似于恐惧的感觉。"如此一来他便沉默不语,并不是因为木讷或者迟钝,而是一种情感上极为强大的纯真所致,而这种沉默,这种克莱斯特能数小时端坐于他人中间所持的沉闷的、沉思的、压抑的沉默,是唯一引起人们对他注意的地方。此外,再就是他那一丝仿佛朗日晴空中一抹云霭般的心不在焉,他常常在滔滔不绝中戛然而止,愣愣地出神(总是把目光深深地投向那看不见的深渊)。维兰德记述到他"在餐桌上时常从牙缝间发出喃喃自语声,与此同时还显露出一副这么一个人的神态——他要么只坚信自己,要么在易地进行思索,要么全神贯注于其他事物"。他不善闲聊,也不会做到落落大方,一切传统的和有约束力的东西在他身上均告阙如,以致有些人在这位形如磐石的客人身上令人不快地预感到某种"阴险和古怪的东西",而他的尖刻、他的玩世不恭、他激烈的过于求真,则使另外一些人不胜烦恼(要是他有那么一次被自己的沉默所激怒而大发雷霆的话)。大凡涉及他行为举止言谈便不会吹拂轻柔的微风,便不会从说话人的表情和言辞中放射出依存其中的同情。拉蔼尔,这位可谓对克莱斯特理解得最好的女人说得最好:"一切对他太过严厉。"即便是她,这位一向善于描绘和叙述的女人,也仅仅展现了一个内在的克莱斯特,仅仅展现了弥漫在他本性周遭的氛围,而并非他本性的生动画面。如此一来,他对于我们仍保持着一种隐而不见、"无法形容"。

与他萍水相逢的大多数人并不在意他,甚或还带着一种恐惧和难堪的情感离他而去;了解他的人则都爱他,而爱上他的人则个个爱得激情澎湃。然而,就是他们,在面对克莱斯特时也有一种神秘的恐惧感寒气袭人地掠过心灵,令他们难以尽情挥洒。要是这个难以接近的人向谁倾吐衷肠,那便是推心置腹,但每个人会立刻感到他的内心深处就是万丈深渊。没人在他身边会感到舒适愉快,但他却神秘地吸引着周围的人。了解他的人没有一个彻底背离他的,但就是没有一人始终与他相伴左右,他那咄咄逼人的气质、狂热的激情、出格的要求(他要求几乎每个人与他同归于尽!)均太过强烈,以致别人都得承受其煎熬。每个人意欲见他,每个人又都畏其心魔之威而退避三舍,每个人都感觉到了他与死亡和毁灭仅有咫尺之隔。当普弗尔夜晚来到克莱斯特的巴黎寓所却不见他踪影时,便径直冲进停尸房,在那些自戕的死人堆里去寻找他;当玛丽·冯·克莱斯特一周未曾耳闻他的音信时,便心急火燎地催促儿子去寻找克莱斯特,以防可怕的事情发生。不了解他的人觉得他麻木不仁甚至冷漠,了解他的人都对他那摧残自身的邪火感到毛骨悚然、惊骇万分。如此一来,无人能够接近并帮助他——一些人觉得他太冷,另外一些人又感到他过热,只有那个内心深处的心魔对他忠贞不贰。

克莱斯特清楚"与我交往是危险的",他有一次就这么说,所以他并不责怪离他而去的人。谁与他亲密接触,便会因挨着他的烈焰而烧焦了自己。威廉明妮·冯·策格,他的未婚妻,就是让克莱斯特以其伦理上的苛求而把她的青春年华搅得一塌糊涂;乌尔莉克,他挚爱的姐姐,叫他搞得一贫如洗;他扔下玛丽·冯·克莱斯特,他肝胆相照的女友,留给她的是空虚与孤独,最后又拽着亨利埃特·福格尔同他一起命赴黄泉①。克莱斯特明白他心魔的危害性,明白其心灵深处所具有的可怕的遥控作用,这样一来,他愈发变本加厉地退缩进自我深处,使自己比天性造就的性格更加孤僻。在其生命的最后几年,他手不离烟斗,终日在卧榻之上以笔耕创作来打发时光。他很少外出,若要出门通常就是去"烟叶店和咖啡馆",其不爱言谈的性格也变得愈发不可收拾,与他人也愈发日益疏远。当他1809年一连数月杳无音信时,他的朋友们才无关紧要地将他的死讯加以记录。没有人感觉到缺少了他,倘若他不是如此充满激情并且富有戏剧性冲突地结束了自己的生命,很可能会无人搭理他的继续存在,那么他在世人中就会变得何等沉默、何等陌生、何等难以分辨。

我们没有一幅克莱斯特的肖像,没有一幅表现他外在性格,也几乎没有一幅表现其内心世界的画像,我们只有他的作品、他众多

---

① 指两人商定一同自杀。

的书信所形成的倒写字体①。然而这位无肖像者的唯一自画像确实也曾存在过，即他在去世前不久写就的《我的心灵史》。这是一幅少数人读过之后心灵受到震撼的、精彩绝伦的自画像，是一部以卢梭精神为本的忏悔录。但是我们对此一无所知，克莱斯特将他的手稿付之一炬，或者也有可能是他的那些麻木不仁的遗产保管人，将这部作品像他的长篇小说和其他一些作品一样轻率地处理掉了。这样一来，他的形象又坠落跌进他投下长达三十四年之久的阴影所形成的黑暗之中，我们没有他的肖像，我们仅仅是了解他那位阴险的同伴——心魔。

感情病理学

诅咒这颗无法克制的心。

——《彭忒西勒亚》

那些从柏林匆匆赶来检验这具尚存余温的尸体的医生，确定自杀者身体健康并充满活力，内脏无一残疾缺陷，除了这个断念人用他准确瞄准的手将那颗凶残的子弹射进头颅外，再无其他宣判死亡

---

① 字面意思为左右方向和原字形完全相反，作者借此指克莱斯特的文字创作风格与其悲剧人生形成了鲜明对照。

可能性明显可见了。为了对检验结果以某种专业术语婉转地加以修饰，医生们将下述文字写进了死亡报告："死者克莱斯特 sanguino-cholericusin-summogradu①，可推断出一种病态的精神状态。"不置可否的词语，由此清楚可见这是一纸事后没有证据和见证的检验报告。对我们而言，只有这份报告是从心理学角度观察其实质性的，即克莱斯特身体健康且具有旺盛的生命力，他的内脏功能完全正常，这与其他有关其生平的证明也并不矛盾。这类证明频繁地报道他诸如神秘莫测的神经休克、消化不良及种种病痛，克莱斯特形形色色的病状（借用心理分析的一个术语）很可能是躲进疾病而并非疾病缠身，是心灵极度兴奋紧张过后肉体对平静的强烈需求。他的普鲁士祖先遗传给他一副结实的、几乎是过于坚硬的体格——他的灾祸并非潜伏在肉体，并非骚动于血液之中，而是不可见地涌动和发酵在其心灵深处。

但是，他实际上也不是心理病人，不是那种疑心患病的、阴沉厌世的性格（尽管歌德曾经轻蔑地说过，"他这位自疑患病者确实太过分了"）。克莱斯特并没有承受着精神上的重负，他并不疯癫，充其量不过是过度紧张而已，假如我们定要从词源上就构词本意来论及该词的意义的话（而不是赋以轻蔑的含义，一如那个夸夸其谈的蹩脚诗人特奥多尔·克尔纳在听到克莱斯特自杀身亡时大谈什么"这个普鲁士人过度紧张的性格"云云）。克莱斯特之过度紧张，其

---

① 拉丁文，意为极度敏感易怒。

意义无非是太多紧张,他持续不断地被其个人的种种矛盾所撕裂,并且持续不断地、焦虑不安地处在这种紧张状态之中,一旦天才人物触摸到这种紧张,便会像琴弦一样发出震颤和鸣声。

他有太多的激情,一种极度的、奔放的、无节制的、夸张的内心感受的激情。这种激情不断地追求无节制,却从不会在语言和行动上违反常规,这是因为一种同样强烈地被鼓动起并被加以夸大的品德,即一种康德式的超康德式的带有各种强制性的、绝对命令的、尽忠职守的人品在平抑和阻止这种激情。在一种几乎是病态的纯洁感中,他激情奔放到了放荡不羁的程度。他执意率真,且又必须三缄其口,所以产生了这种持续不断的紧张和阻塞的状态,产生了在紧闭双唇时,精神上却欲罢不能的那种难以忍受的折磨。他才智过人却又容易冲动,知书达理却又性情急躁,熟谙伦理却又欲壑难填,他在感情方面过分恣情与其在精神上过分真诚毫无二致。如此一来,冲突便越来越具有暴力性地紧绷其一生,要是未将闸门打开,这种压力会逐渐导致爆炸,而克莱斯特就是没有一个阀门,就是没有一处宣泄口(这正是他的终极灾难)——在语言表达上他并不去尽心尽力,他身上没有一种压力在交谈中、在游乐中、在桃色事件中悄然流逝抑或借助酒精和鸦片加以冲洗漂清。只是在梦境中(在他的作品中),他那杂乱无章的幻想、他那灼热难耐的(常常是朦胧的)欲望才得以尽情发泄。一旦他清醒过来,他便用坚强的手掌将这些幻想和欲望压抑下去,可就是不能将它们彻底扼杀。只要有一丝意志不坚,只要有少许无动于衷、少许天真烂漫和无忧无虑,那他的激情便很可能失去了那种被困猛兽所具有的张牙舞爪状。然而,这个感情上毫无节制、纵情享乐的人,却是个礼仪道德的偏激者,他对自己施加了普鲁士式的操练,不断地与自己发生矛盾冲突,他的内心就像一个虽被塞进但尚未被控制住的、装有欲望的地狱囚笼,而他总是用那把由坚强意志烧红的烙铁将这欲望骇退,但是这些饥饿的猛兽总是一次又一次地跃起扑在他身上,最终把他撕得粉碎。

　　这种真实的本性和自我企求的本性之间的误解,这种欲望和克制欲望所造成的持续性过分紧张使其命运中的折磨为之改变。他身上的各自一半互不匹配,不断摩擦出斑斑血迹——他是个俄罗斯类型的人,即一个无所节制的人,渴望感情洋溢却紧紧地裹上了一袭普鲁士边陲贵族的军服;他有强烈的欲望,同时又具有严格的绝对命令的意识,对这一切它又难以听之任之。他的理智渴望作为观念的、存在,而他本人却不像荷尔德林(另一个精神悲剧作家)那样要求世人如此效仿。克莱斯特认定伦理不是为了他人,而是唯一适用于自己。一如其所作所为,他——这位将每一种感情、每一个想法夸大到极致的人——同样夸大这些品德的要求,即便是些僵化的道德规范,他也热衷到了狂热程度加以追求。在朋友中间、女士中间,在常人中间,无人叫他满意,而这一点似乎并不能毁灭他。但是,他对自己也难以承担重任——对他本人,尽管他是如此热诚,却不能造就出一番事业来,这一点在不断地摧毁着他的自尊。他持续地对自己进行着审判,而且还是身为严厉的法官。正如拉蔼尔所说,"一切对他太过严厉",而最为严厉的正是其本人。每当他剖析自己时——克莱斯特有勇气真实地、深入到底地审视自己——他便会像一个窥见美杜莎①的人那样惶恐不安。他完全不是他一心想要做的那种人——比之于海因里希·冯·克莱斯特,没有人会更多地强求自己;也几乎从来就没有一个人会比他给自己提出过(以如此低微的能力去成就绝对的崇高理想)更高的道德要求。

因为确确实实——整整一窝有着不可抗拒魔力的毒蛇在表面僵硬、冷峻、藏而不露又难以洞穿的山岩②下孵化出来,一条挤着另一条,亢奋无比。陌生人根本就难以想象在克莱斯特沉静、克制的内向性格中还有这么一堆恶魔般的毒蛇,但是他本人对此了如指掌。这是一窝在他心灵底层的暗处挤作一团、张牙吐信的蛇崽,对此,孩提时期的他即已发现,而且一生都受到它的困扰——克莱斯特性生活的悲剧开始得很早,过度兴奋是其开端,过度兴奋亦复是其终结,不存在什么理由在两性关系上遮遮掩掩地回避这种最隐秘的危机,特别是在他本人将这一危机向他的未婚妻和朋友全盘托出以后。进而言之,这种性危机正是由此进入他激情迷宫的创作开端。作为年轻的军校学生,在了解和认识女性之前,他便做了大多数处在他那个春心荡漾的年龄当中激情澎湃的男孩所干的事。正因为他是克莱斯特,他便极度地沉溺于这种未成年男子的不道德行为;也正因为他是克莱斯特,他也就从道德方面极度地忍受着自己意志薄弱之苦。他感受到了灵魂上受到这种淫欲的玷污,感受到了

---

① 美杜莎是希腊神话中的蛇发女妖,两眼闪着骇人的光,见者会立即变成石头。
② 指克莱斯特本人。

肉体上也受到损害,而他极度夸张的、总是沉溺在可怕图像中的想象力,又给他制造出未成年男子不道德行径所衍生出的可怕后果的假象。这对其他人就像年轻时微不足道的擦伤一样很容易复原痊愈,但在他身上却像恶性肿瘤扩散一般深深钻进他的灵魂——这位21岁年轻人将他的(肯定不过是想象的)性缺陷曲解到了无以复加的程度。他在一封信中描述那个(肯定是杜撰出的)医院里的小青年,那个死于"年轻时思想迷惘混乱"、"赤条条苍白而骨瘦如柴的四肢、塌陷的胸脯、无力耷拉着脑袋"的人,无非是在自我警示和震慑。可以感觉到,这个普鲁士容克①肯定是为其自卑,即他不知保护自己免受手淫之害,却因感到恶心和羞耻而备受折磨。此外还有货真价实的、具有悲剧性色彩的升级扩大——他,这个感到性无能的人,却与一个纯洁无知的姑娘订了婚,并且还在连篇累牍的祈祷练习中给她进行道德训诫(与此同时他感到自己直到灵魂末端的角落都充斥着不洁和肮脏),还在给这姑娘大讲婚姻乃至日后身为人母的各种义务(与此同时他怀疑自己——哪怕就一次——能否履行做丈夫的义务)。就在那时,克莱斯特身上便萌发了那种充塞得过多的重负,他起先胆怯而羞愧地阻止这种重负给人带来的窒息,直到有一次他突然启齿向一位朋友吐露他的臆念,还有那使他精神紧张的、主观想象出的耻辱为止。那位朋友——一个叫布罗克斯的人——不是克莱斯特,不是凡事好夸大者,他立刻据此状况以事态

① 容克,德语音译,原指无骑士称号的贵族子弟,后泛指普鲁士贵族和大地主。

应有的清晰自然的标准做出判断,赶着克莱斯特去了维尔茨堡一位大夫那儿。不出几周那位外科医生便治愈了他——看样子像是实施手术,但十之八九是施以强烈心理影响的意志移植术——臆想出的性自卑。

他的性欲在生理机能上得以治愈,然而克莱斯特的性爱却从未变得完全正常,变得完全可以控制,否则的话,在一部通情达理的传记中无须触及"腰部秘密"这一话题;而正是其腰部隐藏着克莱斯特最为玄秘的力量。尽管他有着极高的教养,他的性格却质朴天然地任由他那奇特扭动着的、一副十足色情的形体特征所支配,所有他那些纵情享乐的、过分夸张的、毫无节制的、超出常规的纵欲放荡——这种放荡对种种情景津津乐道,并且汇入激情一泻千里——无疑具有种种深藏不露的荒淫本性。可能在所有文学作品中从未有过一种充满诗意的想象力具有如此临床诊断般清晰的形式,去描写未成年男子生殖器官,梦中在行乐前充血勃起,来回摩擦直至精疲力竭。克莱斯特在创作上通常是最朴实、最明了的叙述者,然而一旦进入色情情节则立刻变得荒淫无度,耽于东方式的烦冗。他的种种幻想化作形形色色富有刺激性的春宫梦,并且在梦幻般提炼升级中不断超越前者(如对彭忒西勒亚的描述,那个一再出现的波斯未婚妻的形象,她出浴时全身赤裸,散发着檀香气味)——触及这类敏感话题,克莱斯特所有全然潜伏的生理机能便会立刻张开,在最轻微的触动下也会发出震颤。在此,可以感到克莱斯特青年时期性爱的过度亢奋是一种无法根除的状态,他性爱之火的这种慢性燃烧绵延不绝。尽管他在克制这欲火，却无从达到平衡，他的爱情生活在任何方面都从未在男性的常规道路上单线式地、直线式地向前运行。他所有这方面的关系在极度变化多端的形式中保持着太少和太多两个极端，这类关系在极为罕见和危险的强调或细致入微的表现中光怪陆离地闪闪发光。正因为他在性欲方面缺少一种需求上的（可能也是能力上的）直来直去的冲动，所以他对五花八门的花样和微妙的感情颇为在行；因而才有了他对性爱方面所有交叉路口和旁门左道、对所有心血来潮欲望的种种杂念和伪装所具有的走火入魔的了解，才对这类性欲本能上的易装癖有了奇特的认识。甚至这种以女性为最初目标不是完全能够加以转换的，当歌德和大多数诗人将主要精力纯洁无瑕地倾注在女性身上时——纵令这一侧重多次摇摆反复——克莱斯特未加控制的欲望却还在朝所有目标方向搜索，这从他致吕勒、洛瑟和普弗尔的书信中便可读出：“当你在图恩……钻进湖水中时，我时常以确确实实少女般的情怀细细打量你美丽的身体”；而更加明白无误的是“你在我心中又恢复了希腊人的时代，我多么想能卧眠在你身旁”。这在他身上会让人猜测为同性恋者，但是克莱斯特并非性欲反向①，他的爱情感受只是具有众多兴奋若狂的感觉形式而已。他同样如火如荼地、内心充盈着性爱狂热地致信给“唯一的女人”，也就是致信给乌尔莉克，可此人恰恰又是克莱斯特同父异母的姐姐（而且他心目中这个富有女人气的

---

① 指同性恋。

与心魔搏斗

人古怪地乔装打扮，身着男装与他一同旅行）。他总是给每一种感触掺进他浓得蜇人的盐粒①，也就是他个人恣意夸大的淫荡；他总是这样将种种感受搅得天昏地暗。在露易丝·维兰德②这个13岁女孩子那里，他品尝体验着不发生性关系，只进行精神诱惑的刺激；依恋慈母的情感又促使他投身玛丽·冯·克莱斯特；同样也没有发生任何男女关系使他受到最后一位女性，即亨利埃特·福格尔的约束（这些话又是何等令人厌恶），能束缚他的只有异常剧烈的、置人于死地的淫欲。克莱斯特与女人、与男人的关系从来都不明确简单，它从来都不是一种爱情，而总是一种混杂物、一种夸大物，是那个构成了他性爱真实特征的太多和太少；他的目的总是放在——正如歌德用充满魅力、一目了然的词语所谈论他的那样——"情感的迷惘"上。不论他如何激动万分，他在恋爱经历中从未获得，也从未耗尽他的爱情力量；他从未用行动或是逃避变得不受任何约束（一如歌德）；他一生步履维艰却不得其解，这正是这位学其血液中细微毒素刺激撩拨的、"注重感性享受的超性感追求者"。就是在性爱中，克莱斯特也从来不是个猎人，而是自身为激情的心魔所驱使的被追猎的对象。

正因为克莱斯特在性欲方面如此光怪陆离，如此困难重重，也可能正因为他在肉体上并非没有缺陷，而且也并非具有直来直去的冲动，所以他对性爱的了解超过了他周围所有的诗人。他那天性过

① 德语中有谚语"盐是最好的调味品"；说某事无"盐"，便是指某事索然无味。
② 克里斯多夫·马丁·维兰德的女儿。

于炽热的气质,他那持续不断极度紧绷直至扯断的神经,将内心感受中最隐秘的沉淀物,即奇特的性欲,从隐蔽处驱赶出来。这种奇特的性欲别人会在潜意识中逐渐渗漏消失,而在克莱斯特身上却逐渐变化出激情的色彩,并且热情奔放地飘落滑过他众多创作人物的性爱生活。通过对这一原始要素①的夸张——克莱斯特是个一方面工于观察,另一方面又善于冲破限制的艺术家——他把每一种感情直至扯进病态反常方才善罢甘休,凡是被人笨拙地称为性欲病理学的东西,在他的作品中都以近乎临床诊断的概念变得生动鲜明。他把男性特征夸大成男性性标榜,几乎夸大成性虐待狂(《阿喀琉斯和韦特·冯·施特拉尔》),将如火如荼的爱情夸大成女子的淫狂,夸大成嗜血欣快和强奸杀人(《彭忒西勒亚》);把女性对男性的倾心夸大为受虐狂和性着迷(《海尔布隆的小凯蒂》②);其中他还掺和进大量涉及灵魂的神秘力量,如意念支配术、占卜术。所有心灵生源说上开宗明义罗列的东西,如性情的乖僻,人超越自身极限的外在状态,这一切,也正是这一切吸引他去从事文学创作。在他的作品中,这类沉溺于放荡的、性欲过于炽热的梦幻中的人物总是处于支配地位——他懂得招来这些庞杂的各种心魔,招来他本性中强烈的神秘力量,无非是将这一切用激情之鞭赶进他作品的形象之中。艺术之于他乃是祛邪术,是将邪恶的鬼魂从受煎熬的肉体驱赶到幻念之中。克莱斯特的性爱不是纵欲无度,而是一梦醒来大彻大

---

① 指性爱。
② 克莱斯特创作的一出以中古时期的士瓦本为背景的剧本。

悟;因而产生出这类朝着庞大和危险方向发展的扭曲变形,这令歌德惊骇不已,令某些难成气候之人深恶痛绝。

但是,没有什么比据此就将克莱斯特看作是色情作家更为有失妥当的了(性爱意味着比仅是从精神激情上去解释本性的特征更富有官能的味道)。就色情作家——从享乐者和好色之徒的意义上讲,克莱斯特完全缺乏刻意渲染性欲这一决定性要素,同享乐者相反,他是个受难者,是个受其情欲煎熬之人,他不是自己种种春宫梦的实现者和执行者,所以产生了有关他种种心血来潮欲望的那些郁积的东西、压抑的东西,那些不断倒流回来的东西和不断重新加热的东西。此中他显得与他所有方面一样是个被驱赶出来的人,是心魔追猎的对象,永远身陷在与其自身发出的各种强迫和催逼的搏斗之中,而且在这种强迫下备受煎熬。然而,性爱只是一群毕生都在追猎他的异常兴奋的猎犬中的一只——他身上其他激情也不乏其危险和嗜血成性,因为他——作为一个由最新文献资料所表明的登峰造极的夸大者——确实把每一种激情都推向过分无度;任何一种心灵上的困境、任何一种情感,他都能令其紧张兴奋进入到狂热、进入到临床诊断和导致自杀的地步。就克莱斯特任何一部作品或任何一种对人所表明的态度而言,目之所及,眼前展现出的净是些激情的魔窟。他充满了憎恨,充满了怨恨,也着实充满了受到压抑的咄咄逼人的神经质。这种倍感失望的统治欲在他身上是何等可怕地在煽风点火,人们由此即可感受到一二,即这头猛兽挣脱摁下的重拳,扑向歌德或是拿破仑一样的强大人物时发出的吼声:"我定要扯下他脑门上的桂冠来!"这尚且还是他先前对那个说了"诚心叩拜"、现在又恨之入骨的人所发出的最温和的话语。在那群情感上肆无忌惮的、可怕的猎犬中还有另外一头猛兽——虚荣,它与一种非同寻常的、鲁莽的自负亲如姊妹,而这种自负会用脚掌把任何异议踩成齑粉。接下来便是一只吮吸着鲜血和脑髓的吸血鬼——一种阴沉的抑郁,但又与莱奥帕尔迪①和莱瑙那样消极的心境、那种内心音乐般的朦胧有所不同,而是像克莱斯特本人所记载的,是"一种由此无以成为大师的悲哀"。这是一种咄咄逼人的、强烈到置人于死地的紧张激动,是一种灼人的痛苦,这种痛苦把他——就像是受了毒伤的菲罗克忒忒斯②一样——赶回到寂寞之中。

由此又产生出新的困境——不讨人喜欢的折磨。他将这一情感在其《安菲特律翁》③中借人物之口向大自然造物之神倾吐,这种折磨最后升级成为对寂寞的暴怒。举凡能使他感动的东西,都会转变成一种病态和过分无度,他这种过度甚至把精神上、理智上对道德、真理以及正直的钟爱扭曲成形形色色的迷狂——对正义的热爱变成了自以为是(科尔哈斯④);对真理的追求变成了富于煽动性的狂热;对道德的需求变成了冷酷过火的教条。他每每弯弓射箭,而

---

① 贾科莫·莱奥帕尔迪(1798—1837),意大利著名浪漫主义诗人,学者,哲学家,早慧但有先天缺陷。

② 菲罗克忒忒斯是希腊传说中的英雄,作为特洛伊战争中希腊联军的将领,在去特洛伊的路上被水蛇咬伤,因失去战斗力而被遗弃在一座孤岛上。

③ 安菲特律翁是希腊神话中提伦斯王之子,偶然杀死叔父后出逃。

④ 克莱斯特中篇小说《米夏埃尔·科尔哈斯》中的主人公。

反向落下来箭头的倒钩却总是刺在了肉中,后者逐渐被所有失望的碱液和痛苦彻底侵蚀了。所有这些热情的本能、这些富于刺激性扩散开来的毒素不能从他身上完全排除,而且还陷进危险的情绪骚动之中——他就是缺乏付诸行动的发泄(就像其性爱情形一样)。他对拿破仑的仇恨仅仅沉浸在杀死此人和用棍棒痛殴法国人的想法中,而他并没有手持短剑,更没有列队扛枪。他的抱负是在《居伊斯卡》①中一举超过索福克勒斯和莎士比亚,可是该剧却苍白无力且未能完成。他的抑郁还向旁人频频进攻,并且历时十年之久徒劳地寻找与他一同赴死的陪伴。然而,他整整等待了十年,直到他终于在一个病入膏肓、万念俱灰的妇人那儿找到了伴侣为止。他对行动起来的紧迫感、他的行事效力填塞了他的梦幻,并使其变得狂暴和嗜杀成性。就这样,他身上的全部激情在扩大,而想象力又不断使其持续升温,像热带酷热到了过度兴奋和紧张的程度,而后者有时简直在撕裂着他的神经。然而,按哈姆雷特的话讲,"这块太硬的肉"不会变软。他徒劳地呻吟着:"静下来,在激情面前静下来。"然而激情不肯放过他,直到他作品中最后一处涓涓细流也概莫能外,那滚烫的蒸汽,即过于丰富的情感都在咝咝作响。他的心魔没有放下抽打他的鞭子——他必须在无尽的追猎中穿过命运的茂密丛林,直至万丈深渊。

　　一个被种种激情追逐的人——这就是绝无仅有的克莱斯特。

---

　　① 克莱斯特未完成的剧本,全称是《罗贝尔特·居伊斯卡》,此剧意在把索福克勒斯式的悲剧和莎士比亚式的性格剧结合起来。

但恐怕再没有比因此而将他视为无拘无束之人更为谬误的了。因为他的最大痛苦、他的所有悲剧在于他被自己激情的鞭子和毒蛇所驱赶，而他本人却在不停地自我约束；在于当他执意前行时，他的意志这副僵硬的笼头却往回拽他。此外，在那些与克莱斯特性情极其相近的、自我毁灭的诗人那里，如巩特①、魏尔兰②、马洛③都有一种非常软弱的、带有女人气的意志，与（他这种）大幅波动的激情完全不同，他们被自己的欲望所淹没并化为齑粉。他们个个嗜酒贪杯、赌博耍钱、挥霍无度、失去自制，他们被自己本性深处的旋涡损耗殆尽——他们并非突然坠毁，而是慢慢下滑，以越来越微弱的反抗意志从一个台阶跌落到下一个台阶。但是在克莱斯特身上却有——这里，也正是在这里，便是克莱斯特悲剧的根源——一种精神上与心魔毫无二致的意志与另一种本性上像心魔一般强大的激情对峙而立（这就像在其作品中一个怪诞的、走火入魔的幻想家总是与一个冷静的、目光敏锐的能人和高手成双配对）。他克制欲望的意志与欲望本身同样超强，这种矛盾的双重强度使他的内心冲突上升为一种英雄壮举。有时他本人就好像是他创作出的居伊斯卡这一人物形象，此人身处大帐④深处（在其心灵深处），受伤的肿块使周身

---

　　① 巩特(1695－1723)，中世纪最重要的德国抒情诗人之一。

　　② 魏尔兰(1844－1896)，法国抒情诗人，象征主义诗人领袖，一生放荡。

　　③ 马洛(1564－1593)，英国伊丽莎白年代的剧作家、诗人及翻译家，是莎士比亚的同时代人，才华横溢，性格狂暴，生活放荡。有学者认为，就在世时来说，他比莎士比亚更出名。

　　④ 指该剧中人以帐篷为居。

溃疡,邪恶的体液使其高烧不断,他就这样煎熬着,然而凭借着意志的力量他还是振作起来,以非凡的姿态丝毫不露天机地出现在众人面前。克莱斯特没有退让过一步,他并没有缺乏意志地让人把他拽进自身的深渊,相反,他的意志坚强地在对抗着他激情的巨大拉力:

> 挺立住,如同拱门巍然屹立。
>
> 正因为块块岩石摇摇欲坠。
>
> 把你的头发盘成拱石一般,
>
> 迎着众神的雷电大声呼喊:劈吧!
>
> 让它把你从头到脚劈个粉碎,
>
> 这其间生命力在那朝气蓬勃的胸中,
>
> 也要把灰浆和岩石紧紧粘住。

  克莱斯特就是以这种庄严的对神灵的亵渎来抗拒命运的,面对自我毁灭他还盛气凌人地、坚强地抑制着狂热的欲望以求保存自己。如此一来,克莱斯特的一生便成为巨人和神祇之间的争斗,成为一种提得过高的天性所进行的巨人大战。他的悲剧并不像大多数人那样有一部分过多而另一部分太少,他是两部分都实在太多——太多的血性中又有太多的才智,太多的激情中又有太多的美德,太多的放纵中又有太多的规矩。他是那些内涵过于丰富并达到了极致的人物中的一员,而侵袭"这副愈合好了的躯体"(如歌德所云)的"绝症"其实就是过度的力量,因此,他必定像一座烧得过热的锅炉一样会自行爆炸——他的不可抗拒的心魔不是常量,而是过量。

生存方略

我身上的一切就像纺纱杆上的麻絮一样杂乱无章。

——摘自青年时代的一封信

克莱斯特很早就感觉到了他自己感情上的这种混乱。孩提时的他就已经几乎是本能地感觉到了内心极为强大的洪流冲向狭小的人间世界。20岁身为近卫军军官时就更为强烈了。然而他还以为这种混乱和令人惊讶的感觉不过是青春期的情绪骚动,是进入人生那种令人颓丧的调节,而且主要是由于缺乏准备,缺乏一套方法,缺乏教育。克莱斯特确实从来就没有真正为谋生计而受到过教育:他生于一个父母早亡的家庭,由一位流亡教士收养,后来进了军官学校,在那儿是要学习军事艺术,可这期间他暗地里的最爱却是音乐,这一感情的初次爆发便来得漫无边际。但他获准只能背地里吹奏长笛(据说技艺高超),日间他得在冷酷无情的普鲁士军队中服役,在家乡荒凉的沙石练兵场上进行徭役般的操练。1793年那次战役到底还是把他拖进了一场货真价实的战争之中,这是德意志历史上最糟糕、最悲惨、最无聊、最缺乏英雄气概的战役。他从未提到

与心魔搏斗

过自己的表现和战况,唯一一次在一首致和平的诗中,他吐露出对从这场无意义的战争中挣脱出来的渴望。

军服将他敞开的胸怀束缚得太紧。他感到自己体内在酝酿着各种力量,同时他也感到倘若他不懂得去驯服这些力量,后者就无从由体内释放出来到人世间发生效用。没有人培养过他,也没有人教导过他,所以他志在成为自己的师长,给自己"制定"出一个生存规划,或如他本人所说,定要"正确地生存"。而正因为他是个普鲁士人,故而他的第一观念必然是一种秩序的观念。他矢志在自己身上实现秩序,去遵循原则、遵循理念、遵循生活准则地"正确生存",他相信自己能够以一种加以调节的、一种模式化的、一种适度的生存方式来控制这种混乱,以期"与世间达成一种常规的关系"。他的主导思想是每个人必须具备一个生存方略,而这一发疯的想法几乎到了他生命的尽头都使他无法摆脱。"一位自由的、思考着的人并不停留在偶然事件与他不期而遇的地方……他感到,人可以摆脱自己的命运,甚至在真正意义上完全可以主宰命运。他根据自己的理智来确定什么样的幸福之于他是至高无上的,他给自己设计自身的生存方略……只要一个人尚无能力给自己制定一个生存方略,那么他便处在并且还一直保持着一种未成年状态,这样,他便以儿童的身份受到他父母的监护或者以男子的身份处在命运的监护之下。"这就是这位 21 岁的年轻人所做的哲学玄思,而且还不把命运当一回事。他尚且不知,他的命运既存乎其中同时又超脱于他的力量之外。

但是他却是强行自我摆脱以闯进生活。他脱掉军服——"军人的身份"，他写道："令我如此深恶痛绝，以致为其目的而必须参与其中渐次成了我的累赘。"然而，在摆脱了一种管教之后又如何给自己找到另一种管教呢？我已谈及，设若他的第一观念不是秩序的话，克莱斯特就绝非普鲁士人了。那么以此类推，假如他为了这种内在的秩序而不从教育中期待获得一切的话，那他肯定就不是一个德意志人了。教育，这对于他一如对每个德意志人一样是生存的奥秘之所在——学习，从书本上多加学习，端坐于众多讲座之中，走笔于各科典籍之上，侧耳聆听教授的高谈阔论，这条通向人世生活的道路就这样呈现在这位年轻人的面前。克莱斯特寄希望于运用各种原则和理论，运用哲学和博物学以及数学和文学史去把握世间精髓要义，去除附于自身体内的那个心魔。就这样，这位始终不渝的、凡事过分加以夸张的人，就像一个狂人投身于钻研之中。他以自己着了魔一般的意志，将他所做乃至所接触的一切都照得通红透亮——他简直是陶醉于客观性并且还从迂腐学究之中感受到狂欢。一如其德意志的精神祖先，像那位浮士德博士一样，对克莱斯特而言，通往各门科学的那条经年累月一步一步迈进的路线太过缓慢。他要一蹴而就，把一切据为己有并从学识中把生存本身、把生存的"真正"形式看个透彻，因为受到了启蒙时期著作的诱惑并伴之以他本能意愿的偏激，克莱斯特对学会古希腊人观念中的"美德"，对一种可精确计算出学识和教养的，旨在将这两者像一幅图表、像一幅对数表一样根据各自具体情况加以举例说明的生存形式坚信不疑。为此，他就像一个拼死一搏的人一样，时而学习逻辑学，时而攻读数学，时而潜心实验物理学，接着又是拉丁语和希腊语，而这一切均"以一种最艰辛的勤勉"付诸实施。世人清楚地感受到他必须咬紧牙关坚持下去："我给自己确立了一个目标，这一目标要求全力以赴、不间断地努力并且利用每一分钟时间，假如它能如愿以偿的话。"然而这个"目标"总是并且最终就是不肯露面，他空学一场。而且他越是在零散的知识上加以归纳汇总，他就越是辨认不出那内在的目标。"没有一门知识令我感到更为情有所钟，我应该就这么总是从一门知识转到另一门知识，总是仅仅浮在表面，没有一门去精研深钻吗？"仅仅为了使自己确信其所为有所助益，克莱斯特徒劳地以迂腐的方式对他的未婚妻就合乎道德行为的一种迂腐不堪的构成进行说教，一连数月之久，他就像最热衷的乡村教书先生①一样用些荒唐可笑的、尽在情理之中的问答来折磨这个可怜的姑娘，为了"培训"她，他还细心工整地为她把这些问答一一抄写下来。克莱斯特再也没有比在那个不幸的时期更令人生厌、更不近人情、更吹毛求疵、更为普鲁士化的了，这期间他在其自身体内寻觅那个与书籍、友人、家庭教师为伴的人，却从未寻找自我本身；当他在那儿煞费苦心地把自己训练成为市民，成为有用之人时，已全然违反了他那炽热的本性。

　　但是，他用书籍和杂七杂八的条条框框套在自己身上的方法还

---

　　① 指好为人师的人。

是难以摆脱掉这个心魔——终究有那么一天，一股可怕的烈焰从典籍之中骇人地劈头向他袭来，突然之间，仅一个钟点，仅一夜之间，克莱斯特的最初生存方略便化为乌有。他研读了康德这位所有德意志诗人的大敌，他们共同的诱惑者和摧毁者，其冷峻而极其清晰的光芒强烈吸引住了克莱斯特的目光，他不得不惊慌失措地宣布他的最高信念，他对教育功效的信念、对真理可知性的信念统统破产："我们不能判定我们所宣称的真理是否确确实实就是真理，抑或不过是我们感觉如此而已。"这一"思想的尖利之锋"刺穿了他内心"最神圣的所在"，在一封信中，他令人震惊地宣告："我独一无二的、最崇高的目标陨落了，从此我一无所有。"生存方略化为乌有，克莱斯特再度茕茕孑立，再度与这个可怕的、使人透不过气的、神秘莫测的、连他自己也不知如何加以驯服的自我一同相处。恰恰是他——一如既往——这个无所节制的激情澎湃之人，将自己的全部存在，将自己不加限制的精神存在孤注一掷，才使得他精神上的挫败显得如此可怕和危险。一旦克莱斯特失去了他的信念或者他的激情，他也就失去了一切，因为他的悲惨与他的伟大就在于完全彻底地驱使自己闯入一种情感之中，并且决不重拾旧路而返，除了爆发和毁灭，从未有其他方式能够解脱自己。

就这样，他这次同样以毁灭赢得自由。他诅咒着，在命运之墙上将他经年飘飘欲仙地陶醉其中的酒杯当啷作响地摔个粉碎。"可悲"的理智，从此以后他就这么称呼他以往的偶像，他回避书籍，回避哲理，回避常理，而且以他这种至死不渝的、凡事便会过分夸张的

与心魔搏斗

人的禀性却又矫枉过正地躲避到了另外一端。"举凡称为知识的东西尤其令我作呕",他就这么猛然一动,急速旋转投向了与他对立的反面。他从自己的身上扯下他的信念与过完一天从日历上撕掉一页毫无二致;昨日里还视教育为拯救,视知识为仙法,视文明为福祉,视学习研究具有防护威力的他,一下子又热衷起愚昧、无意识、原始的东西,热衷起与动物类似的植物性的东西。须臾之间——克莱斯特的激情不知忍耐一词为何物——一个全新的生存方略制定出来,它从设计上看同样不牢靠,同样没有任何经验的基础。于是,这位普鲁士容克突然之间执意要过"一种黯淡的、平静的、不引人注目的生活";意在成为农夫,在一处让·雅克·卢梭时代十分诱人地虚构出的荒僻之地生活。他别无所求,除了去做波斯术士称之为令神最为满意的事,即"耕一块田,栽一棵树,繁衍后代"。这一方略刚一向克莱斯特袭来,便使他心向往之,他以使自己变得聪慧起来那种相同的速度马上追求使自己变得愚昧起来。一夜之间他离开了巴黎这个先前因迷茫于为"研究一门可悲的哲学"而逃去的地方;一夜之间他抛弃了他的未婚妻,而这仅仅是因为她不能马上适应这一新的生存方略,并且对她自己,一个高级将领的女儿,能否像女仆一样在田间地头和马厩猪圈干活心存疑虑所致。然而克莱斯特不能等待——一旦他为一个念头着了魔,他便会激情四射,风风火火。他研读起有关农业的书籍,与瑞士农人一起耕作,奔忙于各州之间,为的是要倾其所有给自己购置一块田地(还是在战乱频仍的国家)。即便是要做最平淡无奇的事,如治学或者务农,他也只会着了魔似的甩手大干。

他的各项生存方略恰似火绒——它们一接触到现实便会起火燃烧。他越是费心尽力，越是连遭失败，其原因就在于他的本性乃是极度夸大所导致的毁灭。大凡克莱斯特成功之作，均系违反其意志所为。在他身上，那种神秘的力量总是完成了他的意志从未预期的事情。就在他受教育以及日后又不受教育，在他这种无以复加的理智上的迂腐中寻求出路期间，内心的要求，这一他本性当中神秘的意志力量便释放了出来。这就像溃疡一样，当他按常理拿药膏和绷带疗治他内心的激情和冲动时，那神秘的发酵便随之出现，被缚的心魔挣脱出来投向了诗作。在巴黎，克莱斯特就像一个感情的梦游人全然无心地开始了《施罗芬施泰因一家》的写作，迟疑不决地把这些初次尝试①拿给朋友们看。然而，当他刚一看到终于能在从打开的阀门排解自己过多的感情这种可能，当他刚刚感到唯一由此②能在这个充满界限、束缚和限度的世界上赋予自己的想象力以自由时，他的意志便飞驰进这无垠之境（同样在此也渴求刚一开始便到达这无垠的终端）。创作是克莱斯特的第一次解放，他（还误以为逃脱了魔的控制）欢呼着把自己交还给了心魔，并像纵身跃入万丈深渊一样，投进了自己内心深处。

---

① 指克莱斯特从事悲剧写作。
② 指从事写作，前文"打开的阀门"亦复如此。

与心魔搏斗

勃勃雄心

啊，激起我们身上的远大志向是缺乏责任感的，我们已献身于专司劫掠的复仇女神。

——摘自一封信

克莱斯特像从监狱里释放出来一般急急冲进可能带来灾祸的、无边无际的创作中，他内心酝酿着的强烈欲望终于有了释放的可能，受到束缚的想象力得以分解在形形色色的人物形象里，得以用奔放无拘的言语一泻千里。然而，根本就没有什么能让克莱斯特这样的人产生满足的喜悦，因为他不知适度为何物。他刚刚提笔开始写作，刚刚不怯于以一个创作者、一个诗人自居，他就定要马上成为亘古至今最伟大、最精彩、最具强力的作家，他给自己的处女作就提出了超越古希腊和古典文学最优秀作品这一几近亵渎神灵的要求。一举便大功告成，这种克莱斯特式的出格行为便呈反常状闯入文学领域，其他作家创作伊始总是胆怯地抱着种种希望与梦想，不断练笔且要求并不过高，而克莱斯特，这个永恒不变地厕身于过分夸张之人，却对自己的初次尝试提出难以企及的要求。他的《居伊斯卡》，这部他开始动手写作的作品（紧接着是他那部几乎是梦游般的早期作品《施罗芬施泰因一家》），应该而且必须成为古往今来影响非凡的悲剧,他要一飞冲天便永垂不朽。除了克莱斯特这种其力量初次爆发便必须彪炳史册的要求之外,文学从未见识过一种泰坦①式的狂妄与傲慢,世人现在才看清他胸中那炽热的锅炉中不为人知地封闭着多少高傲——在有所抑制着的词语中这种高傲在闪闪发光并且在唑唑作响。如果一个普拉滕②式的人就想要创作出像《奥德赛》和《伊利亚特》一样的作品而夸夸其谈,那这不过是一个低能儿自己的难以置信的空论。但是,这种与智慧的众神相抗衡的比试之于克莱斯特却是十足的郑重其事;一旦激情把控住了他,他便会驱使激情(而激情反过来又会驱使他)达到极限。从他明了自己的使命这一时刻起,其勃勃雄心便演变成了几乎是致命的、全身心的投入。当他,生命中拼死一搏的人,在以向众神发起英勇无畏的挑战方式投入到他的一部作品中,并且这部作品(就像他促使维兰德产生了)应将"埃斯库罗斯、索福克勒斯和莎士比亚的精神"融为一体时,他那亵渎神灵式的高傲便如同生和死一般的真真切切。克莱斯特一贯是倾其所有孤注一掷,从此时此刻起,他的生存方略便不再叫生存、正确地生存,而是叫名垂千古。

克莱斯特是在痉挛抽搐中,在临终前的心醉神迷和兴奋狂热中开始其作品的写作,一切之于他——创作亦在其中——均演变成了疯狂。欢乐和痛苦的呼叫呐喊从他的信中或是呜咽低诉,或是沉迷陶醉地爆发出来。那些令其他作家倍感鼓励和支持的东西,如朋友

---

① 泰坦,希腊神话中的巨神,因反抗宙斯而被宙斯推入地狱的巨神族成员。
② 普拉滕(1796－1835),德国诗人、剧作家,追求古典纯洁的风格。

一句鼓舞人心的话,却足以让他在恐惧和欢乐之中跌跌撞撞地不可终日,他的整个一生就是如此可怕地被成功或者失败的抉择搅得激动不安。于他人幸福有加的事,对他却变成了异常的险恶(这方面通常如此),因为他及至最末一条命脉线上,都是在催逼索求着事关重大的抉择。"我那首想向世人表明你对我的爱的诗的开端,"他给姐姐写道,"引起了所有我告诉过的人的钦佩。啊,耶稣!但愿我能将此诗圆满完成!愿上天满足我这唯一的愿望,之后任由他为所欲为。"他把自己的全部生命孤注一掷地押在了《居伊斯卡》上,在图恩湖客居的小岛上埋头创作,全身心地沉潜于自我的深渊之中,克莱斯特就是这样在与天使、与心魔做雅各的搏斗①,以使心魔放过他。有时他在狂野的陶醉之中尽情欢呼,"不久我将给你写出许许多多令人欣喜的东西,因为我与所有尘世之乐近在咫尺"。之后又意识到他从体内招来了些何等难以捉摸的神秘力量:"唉,这招灾惹祸的勃勃雄心,它是一切欢乐的毒汁。"他想以瞬间毁灭的方式去死——"我请求上帝赐死",可接下来恐惧又向他袭来,他"想在我完成工作之前死去"。或许从未有过一个诗人比克莱斯特在图恩湖小岛上那极度孤独的几周更顽强地、激烈地、疯狂地、倾其全力地去争取完成他自己的作品,因为这部《居伊斯卡》不仅仅是内在本质的文学反映,在这个强有力的人物形象上,他要去表现自己生命的所有悲剧,表现刚强精神的非凡需求,而这期间他的身体却暗自被

---

① 取自圣经故事,意指善与恶之间的搏斗。

虚弱和溃疡所蚕食。在这期间去完成意味着分娩生育，胜利意味着获得解脱，勃勃雄心意味着保存自我。正因为如此，才会有这种剧烈的痉挛，才会有这样似乎已紧绷成肌肉状的神经。这是决定生死的搏斗，这一点他感觉到了；和他在一起的朋友们也感觉到了，并且给他提出忠告："您必须完成这部《居伊斯卡》，即使是整个高加索山和阿特拉斯山①压在您的身上。"克莱斯特再没有如此之深地投入到一部作品的创作之中，一稿、二稿、三稿，他一连三次撰写这部悲剧，写了又毁；剧中每个词他都能倒背如流，以至在他做客维兰德家时还能够流利地背诵该剧。一连数月他都在把这超大的巨石推向高处，而巨石又每每滚落下来。在克莱斯特身上并没有发生像歌德在其《少年维特的烦恼》《克拉维果》中那样轻而易举减轻其灵魂重负的事，那个心魔牢牢地冻结在他的灵魂之中，最终那只握笔的手衰竭地垂落下来。"苍天知道，我最可亲的乌尔莉克（如有一字不符，我情愿去死），"这个疲惫不堪的人在呻吟低诉，"我是多么愿意为这样一封信中的每一个字母付出我心中的每一滴血，那封信或许这样开头——我的作品已大功告成。然而你知道，谁人——套用那句格言——在做他力所不能及的事。我先后已将五百天的时间——其中大部分漫漫长夜也一并在内——花在了这项为了摘取一顶跟如此众多的桂冠一起戴在我们家族头上的尝试。现在我们圣洁的保护女神在向我呼唤，够了……假如我还要花更长的时间将

---

① 阿特拉斯原为泰坦神，后变为一座山，位于世界的极西处。

我的全部精力投入到一部作品的话,而该作品——我终于不得不使自己确信——对我而言过于艰难,那么这起码是愚蠢的。我放弃一部尚未成形的作品,并且,事先一千年①对其精神俯首称臣。"

有那么一刹那克莱斯特似乎要屈服于命运,似乎他那明亮闪光的精神对其狂放不羁的感情具有了支配权,但是,在他身上无节制的心魔仍在难以捉摸地起着作用。他不能将这一勇敢的、事关重大的放弃该作品的行为坚持到底,他那勃勃雄心一经受到强烈刺激,是不能再装上笼头去套住它的。朋友们徒劳地试图使他从阴郁的绝望中醒悟过来,徒劳地规劝他去阳光明媚的地方旅行:这是因为原本设想去开心快乐地出游,却变成了从一地到另一地、从一个国家到另一个国家毫无意义的出逃。《居伊斯卡》的失败对克莱斯特强烈的自尊心而言不啻为一次暗算,过去曾啃啮着他的自卑感,现在又以突兀的转换方式将盛气凌人的、怒发冲天的高傲取而代之。他年轻时极端恐惧的念头再次浮现,对阳痿,对性无能的恐惧现在则转向了艺术,与当年担心做不了男人毫无二致。他现在担心再也不能够证明自己是个诗人,而且(一如当年)在对弱点横加夸大的同时,又在愤愤地呻吟:"地狱给了我一半的才能,上苍赐予人的则是全部或者全无。"克莱斯特,这位好走极端的人,他只懂得所有或者无所有,懂得要么永垂不朽,要么彻底毁灭。

如此一来他便投身于虚无之中,也就发生了那桩疯狂的行为,

---

① 此一时间概念与上文"我先后已将五百天的时间……"相呼应,"五百天"在原文中是"一千的一半/半个一千",借此措辞,克氏拟在强调过去和将来为此书耗时之长。

即一种初次的自杀方式（较之于他日后的自杀来更难以决断）——在激动不安地从毫无意义的旅行奔波中抵达目的地后，他在巴黎焚烧了《居伊斯卡》和另外一些手稿，为的是躲避开那些手稿对不朽所具有的盛气凌人的渴求，于是生存方略破灭了。在这一时刻，就像魔法召唤一样，他的对手总是会出场亮相，这便是死亡方案。在摆脱了勃勃雄心这个心魔之后，他写下了那封不朽的书信，一封也许是艺术家在失败的时刻所能写就的最优美的书信："亲爱的乌尔莉克！我要写给你的，可能会要了你的命；但我必须，我必须，我必须写完它。在巴黎，我把自己作品已完成的部分加以通读、摈弃和焚烧，现在结束了。上苍拒绝给我荣誉——这一世上财富之最；我就像一个执拗的孩子把所剩下的一切统统丢还给了它。我不配你的友谊，然而，没有了这种友谊我断难存活下去，我会扑向死亡。放心吧，高尚的人，我将在沙场上堂堂正正地死去……我要在法国军队中服役，那支军队不久就要渡海远征英伦，我们所有的不幸正在焦躁地等候在茫茫大海之上，在远眺那无比华美的坟墓时我在纵情欢呼。"确确实实，他怀着种种加以掩饰的感觉，比他所做出的事还要荒唐地一路飞奔横穿法国去了布洛涅，后被一位大吃一惊的朋友费尽周折带回国去，接下来一连数月之久，他神情恍惚地躺在美茵茨一位医生那里。

就这样，克莱斯特首次惊人地腾空跃起便宣告结束，他原想一下便把他整个内心，把那个心魔撕扯出来，但他只是抓破了自己的胸膛，在他滴血的双手上留下一部未完成的作品，一部无疑是一位

与心魔搏斗

诗人所能创作出的最辉煌的作品之一。再没有什么比他——充满象征意味——将《居伊斯卡》抗拒意志那场戏的主人公是如何刚强地克服了自己的痛苦，克服了自己的软弱完成得更为圆满，然而最终就是没有到达拜占庭①，就是未能完成这部作品。尽管如此，这一悲壮事件的斗争本身就已是一出英雄悲剧，只有在内心承受着全部地狱重负的人，才会如此这般地与上帝决一高低，克莱斯特正是以这部抗拒自我本身的作品对此加以身体力行。

被逼向戏剧

我只不过在写作，我对此难以割舍。

——摘自一封信

这位备受折磨的人以为销毁了《居伊斯卡》便是勒死了这个无情的债主，勒死了这个潜伏体内的可怕迫害者。但是他的勃勃雄心，那个令人毛骨悚然地现形于炽热血管里的他的生命之魔却没有死——那不幸的行为②就像一人朝他镜中的投影开枪一样毫无意义，打得粉碎的只是那幅张牙舞爪的影像，而不是那个继续潜伏在

---

① 拜占庭，旧称君士坦丁堡，今称伊斯坦布尔，是拜占庭帝国的别名，在此指所要达到的目标。
② 指焚毁《居伊斯卡》手稿。

体内的真身。克莱斯特就像是嗜吗啡者离不开吗啡一样与艺术须臾难离。他终于还是找到了一个有片刻时间将其多得惊人的感情，将幻想狂澜从体内排放出去，陶醉于富有诗意的幻梦中的阀门。他徒劳地在反抗着，然而他，感情可用来补充血液的人，也不能缺少了使他得以解脱的那种大放血。接下来就是财产被耗尽一空，军中升迁发迹的毁于一旦，百无聊赖的、徭役般的公职人员工作令其暴烈的天性异常反感。这样一来，一切都无以为救，尽管他还在备受折磨地高声呐喊："为钱写书——哦，此事免谈。"艺术、塑造形象强制性地成为他的生存形式，那个神秘莫测的心魔逐渐形成并同他一起漫步进入作品之中，所有他极富条理地勾画出的生存方略都被命运的风暴吹成碎片。于是他十分注意保护他天性中各种愚昧或是明智的意愿，而这一天性由于人的无穷无尽的痛苦只对塑造那些无穷尽的东西情有独钟。从此时起，艺术就像一种强制、一种恶习依附在他身上，所以他的剧作所具有的那种奇特的强制性的东西，那种暴躁地挣脱掉的东西便在情理之中了。所有这些剧作——除了《破瓮记》是为了打赌而像玩耍一样不费吹灰之力顺手写就之外——都是他心灵深处的感情爆发，都是从其心灵地狱中的逃亡；它们无一例外都具有一种过度兴奋的呐喊口吻，有一种形将窒息而死的人突然得以喘气而发出的尖利叫喊；它们是被极度绷紧的神经怦然有声地抛甩出去，它们是——请原谅这种比喻，我找不到更贴切的——从内心深处的亢奋或是窘境之中的喷发，就像是男人的精液热血奔流般从生殖器射出一样。它们鲜有精神上的丰厚，理智几乎未令其

157

黯然失色;它们出自于一种无限的激情,赤裸裸的,常常是在肆无忌惮程度上赤裸裸地闯进无边无际之中。每一部剧作都在把一种感情、一种漫溢的感情推向极致。在每一部剧作中,他被堵塞了的、充满着所有本能的灵魂上那一个个灼热细胞都在爆裂。在《居伊斯卡》中他就像咯血一样将其全部普罗米修斯的勃勃雄心从胸中倾吐出来,在《彭忒西勒亚》中他的性冲动在恣肆纵横,在《赫尔曼战役》中他那被推向残暴程度上的仇恨在尽情发泄。这部剧作所具有的他血管中的鲜血热度远远超过了现实生活中的室外温度,即便是在较为温和的、更明显地绕开作者自我的作品中,如《海尔布隆的小凯蒂》和一些中篇小说,他神经的电压也在微微震颤。跟随着克莱斯特,所到之处都是神秘的、中邪着魔的氛围,都是情感上的朦胧和投下的阴影,还有暴风骤雨中的耀眼闪光,那种整个一生都笼罩在心头上沉闷压抑的空间。这种强制性的、随时爆发的、燃烧着硫黄的气压氛围造就了克莱斯特剧作的卓尔不群。尽管歌德的那些剧本也是写人生无常,但确实只是些插曲性质的变化,仅仅是沮丧的心灵各种各样的宣泄和排遣,是种种自我辩白,是逃避和托词。

但是歌德的剧本根本就没有克莱斯特剧本那种危险的爆炸性的东西,那种形成火山一样的东西,即炽热的熔岩浆从地核的最深、最不可企及、最能置人于死地的深处以如此突然的压力喷发出来。这种爆发的强力,这种在生与死之间的危岩山上的创作,大致构成了克莱斯特与黑贝尔①那种乔装打扮的思维联想活动的区别所在。这种联想活动中的疑难来自大脑，而并非来自生存中形成火山爆发的最深处，或者还构成了与席勒的那些思维联想活动的区别所在，后者仅是些了不起的构想和构思，然而却不知怎么外在于而且是毫无威胁地躲在生存中的困境和最根本的危险之后。从来没有一个德国诗人倾其全部心灵如此之深地扎进戏剧之中；从来没有一个人如此可怕地以其创作炸开胸膛——通常只有音乐才是如此火山爆发般地、如此强制性地、如此自我陶醉地宣告诞生，而正是这种危险的特性将音乐家当中最危险的一员胡戈·沃尔夫②神秘地吸引住了，并在《彭忒西勒亚》中将这种受到激情冲击的、内心最深处的爆发再度发出鸣响。

这种存在于克莱斯特身上的强制，这种强制性的东西并非优雅地表达出两千多年前亚里士多德给悲剧提出的要求，即悲剧"通过猛烈的宣泄借以净化一种危险的感情"。在定语"危险的"和"猛烈的"中包含着本质的强调性，因而这条准则就像是为克莱斯特写就的一样，这是因为还有谁的感情会比他的更为危险，又有谁的宣泄能比他的更加强烈？他不是（就像席勒一样）自身诸多疑难问题的克服者，而是一个着魔者，恰恰又是这种束缚使其宣泄表达得如此

① 克里斯蒂安·弗里德里希·黑贝尔(1813—1863)，德国剧作家，代表作有《犹滴》《阿格妮丝·贝尔瑙厄》《吉格斯和他的戒指》《尼伯龙根三部曲》等。

② 沃尔夫(1860—1903)，奥地利作曲家，把德国艺术歌曲提高到发展的顶峰。他性情暴躁，喜怒无常，晚年严重精神失常，曾谱写取材于克莱斯特悲剧的交响诗《彭忒西勒亚》。

暴烈,如此富有痉挛性。他的创作不知深思熟虑、按部就班地"向外提供"为何物,而仅仅是一种抛甩,一种从极度的、几乎憋死人的内心困境中挣脱出来。他作品中的每一个人物都感觉自己所面临的麻烦便是具有世界根本意义的唯一所在(与他同出一辙),每个人物充满着自身的感情都到了愚蠢的地步——每个人物在每一事件中都一心以为这攸关全局,事关整个生存的是与否。一切在克莱斯特身上都转变成了利刃,转变成了危机(所以他的人物同样如此)——像祖国的危难,这仅是鼓动起了别人没完没了的慷慨激昂,还有哲学人生观(歌德仅是内省怀疑式地加以关注,仅是按其精神发展所需取其多寡)、性爱以及精神痛苦等,这一切都全变成了激情和狂热,变成了大有毁灭整个人类危险的极度痛苦。于是,这就使克莱斯特的一生如此紧张,使他的困顿如此不幸,以致这一切已不再是席勒文学虚构的那些东西,而是演变成了他本人感情的残酷现实。也正因为如此,在其作品中有那么一种没有另外一个德国诗人做过类似描述的、货真价实的悲剧氛围。世情世事、整个人生在克莱斯特处都变成了一种紧张状态,没有能力做到凡事轻松应对,观念上的严厉必然导致他所塑造的每一个人物,如科尔哈斯、洪堡、阿喀琉斯与其各自的对手发生冲突,由于这类反抗(就像他本人的反抗一样)彼此相同地扩大,而且过分扩大为强制力的东西,故而再必然不过地,并非偶然,而是命中注定地产生出戏剧性的存在,产生出悲剧性的作用范围。

所以,克莱斯特可谓是自然天成地、被逼无奈地走向悲剧——

只有悲剧才能使他天性中痛苦不堪的对立性成为实在的东西(叙事文学有着较为随和、随便的形式,而戏剧则要求极度尖锐激烈,唯其如此,他的那些极尽夸张的、越轨放肆的人物才大受欢迎)。歌德曾略带嘲讽地谈及一些剧本入选"看不见的剧院"①;这一看不见的剧院之于克莱斯特便是世界所具有的超自然魔力的本性,它由于暴力纠纷,由于矛盾的针锋相对而造成了如此这般的紧张和激动,以致它自然而然地必须将观众台炸个粉碎并将其淹没得无影无踪。除了克莱斯特,没有人或很少人更想要成为实践家了——他一心想要自我发泄和自我解脱,所有消遣性的和目的性的东西都与他天性中的狂躁不安背道而驰,他的种种构思都具有某种完全是偶然性和随意性的东西,其相互间的关联是松散的,所有技巧性的东西均以 al-fresco(湿壁画)的方式②一笔成画(用他匆促的、不耐烦的手)——运笔不那么完美,他便从旁摸索些做戏的东西,摸索些戏剧性的东西,在有些地方他会突然跌进诸如城郊喜剧、骑士剧、魔术剧中最粗俗的东西中,为的是一跃而再度存在于精神的最高尚的领域(与莎士比亚相仿)。题材对他而言只不过是托词和内容;相反,充满激情的炽烈燃烧才是真正的激情所在。这样一来,他时常以最低级的、最笨拙的、最隐晦的方法制造紧张(《海尔布隆的小凯蒂》《施罗芬施泰因一家》),但是,一旦他被激起到狂热程度,一旦他挟其心灵那不断驱动着的蒸汽动力进入他对立的根本要素之后,那么他便会

---

① 指永远不能上演。
② 指在刚抹好的湿灰泥墙壁上作画的方法,不能作草图,亦不可修改。

　　　　　与心魔搏斗

创造出强度无与伦比的紧张。所以，他常常必须彻底沉潜下来，为此他就像陀思妥耶夫斯基一样需要长时间的准备，需要精心设计到无以复加的混乱，需要迷宫一般的曲折。在他众多剧本（《破瓮记》《居伊斯卡》《彭忒西勒亚》）的开始，事实真相、剧情等以最密集的方式交织在一起，似乎是在先播下过后能从中降下扣人心弦雷雨的云层，他喜爱这种加以阻拦的、不能一览无余的、充盈漫溢的氛围，因为这种处在混乱、纠缠和走投无路之中的氛围不折不扣就是他心灵中弥漫的氛围；剧情的混乱与《情感的迷惘》①相吻合，这使得歌德这位清醒的着魔人从他身上也感到惊恐不安。毫无疑问，在这种极力掩饰、猜测和隐藏的内心深处潜伏着少许违反常情的受虐快感，一种存在于紧张之中的做爱前的满足，一种于己于人都急不可耐的挑逗与煽动。如此一来，在克莱斯特的剧本令感情燃起熊熊烈火之前，它们就早已诱人地触动了神经。就像特里斯坦的音乐②一样，他的剧作以一种纵情享乐的单声调、种种引人入胜的迹象和令人激动不已的不确切性创造出了一种感情上的震荡。唯一一次在《居伊斯卡》剧中他猛然把整个剧情的幕帷一览无余地拉开；而在通常情况下，他的每出剧作（《洪堡王子》《彭忒西勒亚》《赫尔曼战役》）均以剧情和人物性格的混乱为开端，然后在这种混乱中，人物的本质性激情便会雪崩似的一波高过一波爆发出来，并且会铿锵作响地相互猛烈碰撞。有时候这些剧本因其感情洋溢而突破并破坏

---

① 此系茨威格所写的一部中篇小说。
② 此处指瓦格纳的歌剧《特里斯坦与伊索尔德》。

了预先确定的脆弱构想——除了《洪堡王子》一剧外,人们在克莱斯特的剧本中几乎总会有这种感觉,即他的人物形象仿佛在激情冲动下从他的手中夺路而逃并且继续冲将出去,进入超出一般的限度中去,进入清醒的梦幻既不敢也不愿拥有的感情强度中去。他不像莎士比亚能掌控自己所塑造的人物及其问题,这些人物反而将克莱斯特撕扯出自身之外,他的每个作品形象都是魔法学徒,他们对具有魔力的呼唤亦步亦趋,却并不遵从明确加以规定的意图。从较为宽泛的意义上来讲,克莱斯特对这些作品人物是不负责任的,这与他对那些梦吃以及将最真实的愿望无所顾忌地加以泄露的语汇不负责任毫无二致。

这种强制性的、受约束的特质,这种超越自我意志之上的不得不为同样存在于其充满戏剧性的语言之中,这种语言如同一个激动不已之人的呼吸一般模样,时而极度兴奋、过分热情而又无比混乱,时而几乎窒息、气喘吁吁、大喊大叫抑或沉默不语。这种语言不断地迅速滑向对立面,有时简洁中极尽生动形象,深深打上了凝重压抑的烙印,有时又狂放不羁极尽夸张地熔化在感情的烈焰之中。他对种种诸如血气方刚地、有力地鼓起血管相似的独特聚拢方法可谓屡试不爽,而接下来这打开了的情感又浮夸地以爆裂而告终。如果他控制住语言,那么这语言便是雄健有力的,但是假如情感变得激情澎湃,那么词句便会挣脱他的控制并且使所有人沉醉于编织其梦想而难以自拔。克莱斯特从未能够自如地驾驭自己的语言,他迂回曲折,为了使句子显得激烈,他对其强行拉长并层层加以缠绕,他

（这个不折不扣的夸大者）常常将句子这般模样地抻开，以致令人几乎难以再把分开的各节各段汇集起来。然而，每每关乎个别单独的东西，他便充满了力量和耐心——从来没有整个的诗节汇合成为和谐优美的河流，各种激情在喷涌四溅、翻卷浪花、溅起泡沫并哗哗作响。就像他的作品人物，一旦他将他们驱赶进他个人的狂热，使这些人物热情洋溢，那么他最终便不能管束住语言。假如克莱斯特表现得坦率直爽（在创作中他总是挣断与其最隐秘、自我相连的链条），他便会被其自身的过度和过量猛冲撞倒。所以，他没有一首诗获得成功（除了那首神秘的《死亡的连祷》），其原因就在于蓄积和排泄断不会造就出一幅碧波如镜的河流图来，而只能是不断形成旋涡冲击翻滚。他的诗行与他的呼吸一样鲜少、平缓、和谐，只有死亡才能解救他去归于音乐，归于最后的流淌。

猎人和猎物，驱赶者和被驱赶者，克莱斯特就是这样处在他的众多作品人物形象之中的。使他这些剧作如此卓尔不群地表现出悲剧性色彩的，并非剧本所具有的、做陪衬之用的特殊场合，而是乌云密布整个地平线，后者使这些剧作出类拔萃地扩展和上升为一种英雄史诗性的东西。对他而言，他笔下每个主人公心头的伤痛都是那巨大跨越中的一部分，这种跨越无可挽回地将整个宇宙分裂开来并将其变成了罕见的伤口，变成了永恒的痛苦。又是尼采极具预见性地觉察到了这一真理，他在论及克莱斯特时谈到，后者致力于研究人的天性中"无法医治的一面"，因为克莱斯特多次提到"人世的虚弱性"，在他看来，人世生活无法医治，绝不可能完全加以调和，具有异常痛苦的未解(决)性和不可解(决)性。由此他反而获得了悲剧作家的真谛,只有谁持续不断地感受到人世生活是个题材(Vorwurf),而且是该词的双重含义,即素材和谴责一并加以理解,那他就可以同时以原告和法官的身份扣人心弦地张口发话,大可口若悬河、滔滔不绝;他还可以让每个人有权对抗天性中的巨大不公,而正是这种天性将人搞得如此残缺不全,如此支离破碎,如此连绵不绝地失望。当然,这种人世间的幻象并非明眸所能看穿的,歌德就曾讽刺地向另一个被蒙蔽双眼的人,即亚瑟·叔本华强调指出应予以谴责之事:

> 要是你对自己的价值沾沾自喜,
>
> 那你还必须得给这世界赋予点儿价值。

　　而克莱斯特悲观的看法断难做出像歌德所说的那样"给这世界赋予点儿价值"的决定,与此相关他倒是确确实实实践了决不允许"对自己的价值沾沾自喜"。因由其本人对大千世界的不满足,他所有创作出的人物都走向毁灭———一位真正的悲剧作家所培育出的不幸的孩子①执意不断超越自己并想用脑袋去撞开命运的大墙。歌德那样睿智顺从地与人生断念肯定无意识地感染着他的众多人物、众多课题,而唯其如此,这些人物、课题永远达不到古典的伟大,

---

① 指克莱斯特创作的各种悲剧人物。

纵令他们借用了长袍和厚底靴①也无济于事。那些悲剧性地构想出的人物，如浮士德和塔索，也就是在自我平息和自我安慰，并且是在濒临最后剩余下的自我前，在神圣的毁灭前获得解救。他（歌德）这位大智之人清楚真正的悲剧所具有的毁灭性东西是什么（他承认，若是他来写一部真实的悲剧的话，"那会毁了我"），他以锐利的目光将自身所面临危险的深渊一览无余，可他有足够的谨慎与明智不致跌落下去。与之相反，克莱斯特却是那种具有英雄气概的不智，他有到深渊探底的勇气和狂热，他狂喜地将他的梦想和他的作品人物往下赶进种种最极端的可能前景之中，而且还清楚地知道，这一切会把他一起拖入巨大的灾难。他把人世生活视为悲剧，这样他便从自己的人生中创作出众多悲剧并且把他自己的人生塑造成最后一部，同时也是最为崇高的悲剧。

人生与天性

我只在与我自己为伴时才会愉快高兴，因为此时我可以彻底真诚。

——摘自一封信

---

① 古希腊、古罗马悲剧演员的特殊穿戴。

克莱斯特对现实知之甚少,可对天性却是无所不知——身处那个时代和环境,他活得格格不入甚或带有敌意,他对别人身上的冷漠和责任感的理解并不比别人对他身上有怪癖的固执、他那狂热的夸张多到哪儿去。面对一般类型的人,他的心理学无能为力,甚至可能就是视而不见;对于处在中等程度的所有现象则是——一俟他将种种感情强行增强,将人提升到更高的程度,他的富有预见性的理解力便开始发挥作用。只有在种种激情之中,只有在内心感受的恣肆漫溢中,他才对外界心怀感激之情,只有在人的天性变得着魔中邪,变得深不可测和出乎意料时,他的孤僻才会就此打住。就像有些动物一样,他在光线充足时看不清楚,而在感情阴阳各半的光线下,在心灵的黑暗和朦胧时期才看得分明。人的天性中最深层次的东西,那种火山熔岩一样的东西似乎是唯一强烈地类似于他的真正的作用范围,他全无耐心地去冷静观察,去长时间讲究实际地实验什么,如此一来他便通过加热的手段加快事物生长发展的速度,使之成为疯长的热带丛林。只有狂热的东西,只有充满激情的人,对他才能构成关注的问题。最终他并没有描写人,反倒是他的心魔从滚滚红尘中那些人身上认出了自家兄弟,即作品人物身上的魔力,天性的魔力。

因此,所有他作品中的主人公都是这样毫无内心平静可言,他们所有的人连同他们本性的一部分已经超出日常生活领域之外,每个单独的个体都是自己激情的夸大者。所有由他毫无节制的幻想所派生出的桀骜不驯的孩子都是——正如歌德论及《彭忒西勒亚》

所言——"出身于独特的家族"，而且每个人都具有各自的性格特征，那种不妥协的、难以接近的、固执己见和难以施加影响的东西，人们一眼就能识别出其该隐额上的标记①，即他们或者去毁灭他人或者被人毁灭。他们都具有这种由炎热和冰冷、太少和过多、发情和羞愧、倾泻和抑制所构成的奇异混合，都具有类似于天有不测风云式的反复无常和听不见雷声的闪电一样的东西，都具有及至闪电都可用来加以充电的神经。所有这些人物本身使意欲爱他们的那个人②深感不安（就像克莱斯特本身使他的朋友们感到不安一样），所以这些人物的英勇精神从未广为流传，从未为德意志民族所理解，也绝不会是学校阅览书籍上所宣扬的英雄气概。即便是小凯蒂③，这个旨在与甘泪卿和路易丝④身上平民化东西为伍的人物，对其描写再多一步便很可能会倒退到陈词滥调，倒退到牛眼形玻璃一样的东西⑤。在她的心灵中也有一种病态的特征，有一种通常的理解力难以领会的过度的献身精神。类似的还有赫尔曼⑥这个民族英雄，可要成为祖国的模范人物他身上还是有那么一点儿太多的政

---

① 据《创世记》记载，该隐是亚当的儿子，因嫉妒将其弟亚伯杀死，被上帝打上标记。西方文化中"该隐额上的标记"意指罪恶的象征。

② 指克莱斯特本人。

③ 克莱斯特《海尔布隆的小凯蒂》剧本中的女主人公。

④ 分别为歌德《浮士德》和席勒《阴谋与爱情》中的女性人物形象。

⑤ 牛眼形玻璃一样的东西：给人放大、夸张的感觉，可用铅镶嵌为窗。茨威格在此暗指与该词相近的文学题材，即 Butzensche；benlyrik，意指 19 世纪有古典风味、以骑士浪漫故事为题材的抒情叙事诗歌，这种诗歌一般平庸、乏味、夸夸其谈。

⑥ 克莱斯特剧作《赫尔曼战役》的男主人公。

治手腕和伪善的机灵,太多的塔列朗①的影子。在每一种乏味的献身精神中总是打一开始就天生地掺入了危险的点滴微量,这使其与民众疏远——他给普鲁士军官洪堡这个形象掺进了(美妙真诚,但对其名声而言难以容忍的)贪生怕死的成分;给希腊的彭忒西勒亚掺进了酒神巴克斯的贪婪;给韦特·冯·施特拉尔掺进了一种刻意夸大的、男子汉跃马扬鞭的气概;给图斯奈达掺进了一丝儿愚昧和清洁妇所具有的虚荣。通过这些人物性格中某一种原始人性的东西,这种在感情冲动中不顾廉耻赤裸裸地在戏剧外衣的褶裥装饰掩盖下暴露出的原始人性的东西,克莱斯特使他所有的作品人物避免了那种唱高调的东西,避免了席勒式②的东西,避免了色彩艳丽的陈词滥调。每个人物的心灵神情里都具有某种奇特的东西、意想不到的东西,以及一些不和谐的东西、非典型的东西;每个人物(除了那个仅仅出于剧场表演需要而加上去的男丑角,那个孔妮贡德和一些士兵外)都像莎士比亚剧中人一样具有鲜明的相貌特征——就像作为戏剧家的克莱斯特反对舞台表演一样,作为人物塑造者的他则是不自觉地反对理想典范。因为所有的理想化总是要么经由刻意装饰,要么通过一种过于表面的、目光短浅的观察得以实现。而克莱斯特总是看得一清二楚,而且他恨之所在莫过于猥琐卑贱的感情,他更多的是不美观文雅而非平庸乏味,更多的是断断续续和言

---

① 塔列朗(1754—1838),法国政治家和外交家,以善于保全自己的政治生命著称,在法国大革命时期、拿破仑时期、波旁王朝复辟时期和路易·菲力普时期均任高官。
② 作者在此指席勒创作中存在着理想化、感情激昂、落入俗套的倾向。

过其实而非甜蜜媚人。感动对他而言,对这个冷冰冰的人和受折磨的人,对这个了解真正痛苦的人来说不过是个令人厌恶的元素,因而他变得有意识地反对易动感情并且在陈腐乏味的诗情画意———尤其是在种种爱情场景中———开始的那一时刻,他守身如玉地封闭住他作品人物的嘴巴,只允许他们面红耳赤,激动得结结巴巴,呻吟叹息或者是临终的沉默,不允许自己的主人公做出相互一致的姿态。因此他们———让我们坦率地说———对德意志民族和其他任何一个民族而言仅仅是在文学上为人所知,远未走下舞台像名言警句一样生动形象地为人所接受,他们只有在一种梦寐以求的德意志民族的意义上才算作是民族的,只有作为"想象中的戏剧"———克莱斯特对歌德谈到过人物———才同样富有戏剧性。这些人物相互之间难以适应,他们都有自己创作者身上的任性和不妥协性,因而每个人甘于极度的孤寂。他的剧作与文学上的前辈和来者鲜少联系,既没有继承一种风格也没有开创一种风格,克莱斯特是一种特殊情况,而特殊情况始终就是其生活领域。

一种特殊情况———因为他的生活范围既不是 1790 年到 1807年的时代,也没有受到勃兰登堡或是德国边界的限制,他的生活范围在精神上没有受到古典文学①气息的侵袭,也没有被浪漫派②天

---

① 古典文学,具体指德国 1786 年至 1805 年间以歌德、席勒合作时期为标志的德国古典文学时期。这里茨威格意指后者。

② 浪漫派,风行于 18 世纪末 19 世纪初的德国浪漫主义运动,是一场波及整个西方世界,在思想精神领域包罗万象的文化运动。这里茨威格具体指德国浪漫派文学,特别是后期浪漫派推崇天主教的思想特征。

主教的晚霞完全掩盖。克莱斯特的生活范围就像他本人一样非同寻常且不受时代限制，它是一种远古的天体，未曾被光线和清晰的外表所照亮。使克莱斯特感兴趣的是人，是具有某种性格或气质的人，而生活范围只有处在极限时，在它超越自己进入到闻所未闻和难以置信时，我甚至想说在它变得过分和放荡并且偏离正统时，它才会使克莱斯特感兴趣。就像在探索人性时一样，在众多事件中只有非正常的东西，只有对常规的偏离会使他全神贯注（《O 侯爵夫人》《洛迦诺的乞讨妇》《智利地震》），也就是说总是那一时刻令他着迷，即这类偏离似乎就要突围逃脱上帝所垂青的范围的那一时刻。他如此激动不已地读过舒巴特①的《天性的阴暗面》一书并非偶然：梦行症、夜游、意志移植、动物性催眠术等所有这些模糊不清的现象都成了他恣意夸张的幻想颇受青睐的素材，这种幻想——人的没有穷尽的激情——于是推进着宇宙间各种神秘力量，进而这些神秘力量又更强烈地纠缠住克莱斯特所创作出的人物，结果是事态的混乱变成了感情的混乱！处在奇特之中总是克莱斯特最喜爱的栖身之所——在那里某一处，他能在阴影和悬崖绝壁中近距离感受到那个他到处被神秘地吸引着去迎面追求的心魔，就像在感情世界中通常所做的一样，在人世生活的行为中他同样在追求着过分夸大。

由于这种表现手法的转弯变向使克莱斯特乍看上去与他同时代人、浪漫派作家还颇为相近，然而在那些陶醉在半是有意半是幼

---

① 舒巴特（1739—1791），德国狂飙突进时期的诗人，以其路德教会虔信派和民族主义的倾向闻名。

　　　　　　　　　　　　　　　与心魔搏斗

稚的迷信和童话欢乐中的诗人①和克莱斯特对离奇混乱的东西所具有的像强制一样的爱好之间，裂开了一条感情上的深谷鸿沟——浪漫派作家把"离奇"作为一种虔诚加以探求，而克莱斯特则把"离奇"作为人的天性中的一种病症来加以探索。诺瓦利斯等人执意笃信并沉迷于这种宗教信仰，艾兴多夫和蒂克等人执意将人生的艰辛和荒谬溶解在游戏消遣和音乐中，然而这位渴求者则执意去领会隐藏在事物后面的秘密，他将其审视的、令人战栗的、无情探测的目光投向离奇事物的最后一处昏暗模糊之所。事件越是离奇，便会越发刺激他从实际情况出发就此加以报道，这就是说他会直截了当地将一种能冷静客观地说明不可思议事物的高超技巧投入使用。就这样，他那激情澎湃的悟性就像螺丝钉一样锲而不舍地一螺纹接一螺纹地往下钻进最深的领域，在那里，人的天性中神秘的东西和人的中邪着魔的东西在欢庆这莫测高深的结合。在这方面，他比以往任何一个德国人都更加接近陀思妥耶夫斯基——克莱斯特的作品人物也充满了各种各样神经上病态的、提得过高的力量，并且这样的神经又在某处痛苦地卡进人类天性中走火入魔的东西之中。就像陀思妥耶夫斯基一样，克莱斯特不仅仅是真诚，而是由于歇斯底里的兴奋使然过于真诚，因而那种同时出现的既晴朗又压抑的气氛就像燥热天气②一样笼罩在心灵地带的上空，理智的冰霜突然在与梦

① 指德国浪漫派作家。
② 一种高山带形成的特殊气候现象，晴天丽日却使人感到压抑气短。

幻的湿热调换,忽而又被激情的暴怒狂风撕裂。的确,这种激情是无与伦比的,充满着切入本质东西的洞察力;还有克莱斯特的心灵景象,它是如此艳丽多姿,几乎没有另外一个德国诗人与之比肩,但是它确实难以忍受,没有人能长时间身处其中(连他本人也不能待上十年以上)。对于整个一生的持续存在而言,这种激情过于强烈、气氛太浓地压抑着四处弥漫着的空气,它的天空过于沉重地压在了心灵上,而心灵又总是激昂亢奋并且太缺乏温暖,在过小的空间内又充满着过多明亮刺眼的光线。作为一个艺术家,这位永恒的纷争制造者在其被驱赶追逐的滚滚车轮下没有故乡,没有坚实的土地,他四海为家又无家可归。他生活在奇异之中,却对它并不相信;他塑造真实,却对它并不热爱。

小说家

因为所有真实形式的特点是让精神即刻直接由此显现,而有缺陷的形式则像一面劣质镜子将精神束缚住,使我们仅仅想起形式本身。

——摘自一位诗人致另一位诗人的信

克莱斯特的心灵分住在两个生活领域:一个是在幻想的酷热难当的热带炎热之中,一个是在分解剖析的最清醒冷静的现实世界。

他的艺术也由此一分为二，而每一种又都狂热偏激地钟情于另外那种极端。人们常把剧作家克莱斯特与中篇小说家合为一体，将他仅仅称作两栖剧作家，实际上这两种艺术形式明显地在表现相反的东西，就其内在自我被推至极端的双重性而言，剧作家的他毫无节制地纵身投进他的题材中，而小说家克莱斯特则极力压制自己参与其中，强迫自己收敛，完全置之度外，不曾有过一丝他嘴里的气息融会进小说之中。在剧本中他在自我紧张、自我激动，而在其创作的中篇小说中他要使别人、使读者紧张激动；在剧本中他把自己往前推，而在小说里则把自己往回赶。他将宣泄和抑制这两者推向艺术的极致，他的剧作是德国戏剧中最具主观色彩、最具辐射性、最具爆发力的戏剧作品，而他的中篇小说乃是德国叙事文学中紧凑、凝练、简洁之最。克莱斯特的艺术总是以极致的形式充满着生机。

在中篇小说中，克莱斯特在排除自我，他在压抑自己的激情，抑或更有甚者，他把自己的激情推上另外一条轨道。这是因为这个偏激的夸大者又有了一种超过适量的标准尺度，他将这种（极富艺术性）自我排除推到无节制的程度，推到一种客观性的极端，从而又将其推到了一种艺术的危险之中（危险的东西便是他的基本元素）。再也没有像他这七部中篇小说和短小的轶事录那样，将德国文学引向一种如此客观、外表安详的相互关系之中，引向一种如此完美的客观性叙述上来，可能就缺少了其外表上无可挑剔的完美所需的最后一个可加以解决的因素——质朴。在这些作品中可以感觉到有个人在强行紧闭双唇，以免由于呼吸震颤而暴露出他在小说中借以增加种种紧张感的性欲上的折磨;可以感觉到那只(握笔的)手在不正常自我克制其表现的状态下,是如何兴奋紧张的,就好像整个人为了置身事外而强压着自己一样。为了对此有所体会,只消比较一下克莱斯特奉为楷模的,即塞万提斯的《典范小说》那种乐此不疲地进行轻松的暴露,那种恶作剧似的隐匿和神秘;再对比一下克莱斯特那种紧张的、无所遮挡的、充满激动不安的写作手法,它变平淡无奇为过分无度,而且似乎还是在咬紧牙关地向读者一一道来。他想冷静,却变得冰冷;他想温和地谈论,却令人感到压抑;他想严谨地叙述,就像拉丁语、像塔西陀①那样,结果语言却僵硬起来。克莱斯特向左一如向右总是巨人泰坦般地进入到夸张之中,德语从来没有变得比他的散文语言更生硬、更具金属般冰冷、更严厉而无特色的了。他运用叙述文体不像是弹拨竖琴一样(比如荷尔德林、诺瓦利斯和歌德),而像是一件武器,像是在使用犁铧一样采取无情的强制。而正是用这种坚韧的、生硬的,像青铜一样流淌出的语言,他——这个永恒不变的对立事物的偏激者——却在叙述着最有刺激性、最动人、最叫人欲罢不能的题材。他那冷静的、清教徒式严格的客观和明确在绞尽脑汁地思索着最离奇、最难以置信的问题。他人为地将所涉及的对象题目搞得令人困惑不解,仅仅出于冷酷、恶作剧的快感巧妙地将叙述布局编排得云谲波诡,使旁观者担忧,牢牢地吸引他们使他们惊骇不已,以便在坠落前一刹那猛地拽回紧绷

---

① 塔西陀(55? — 117?),古罗马历史学家、文体家,著有《历史》《编年史》等。

的缰绳。谁要是觉察不到在小说家克莱斯特这种表面冷静的背后他那着了魔的兴趣所在,即将别人驱赶到他自己安身立命之处,赶进强烈的体验感受中间,深入到恐怖和危险之物中间,那么,他有可能会觉得这种写作手法事实上是把最强烈的激情翻出来,是自我糟践的偏激者所为。克莱斯特身上所有非善的东西,所有隐藏的东西和狡猾的东西都在这类堆积当中显露出来,因为安宁、统治和高超的技能无一不与他最内在的本质相悖。无拘无束——这个艺术家最高深的魔法,肯定不会在他意欲迫使其天性的对立面——受到抑制的安宁——成为自己准则的地方听命于他的。

然而,确实又是如此——他的意志,他那异常强烈的意志向散文索取到了多少东西,他又是何等有力地在这些中篇小说中将鲜血注入语言的脉络中!人们强烈地感受到这种高超的技巧是在那些并非偶然的、无目的性的段落章节中,在那些他毫无刻意求工的艺术意图为他的报纸①所写的短小逸闻和报道中,而这类文字不过是为了填补剩下来的空栏而已,他那形象生动的意图把二十余行有关警察的报道、一段七年战争中的某个骑士插曲糅合成了难以忘却的形式,没有一个心理学上的微小气泡侵入他叙述描写所具有的像晶莹剔透的玻璃烧制品中去,其中客观的东西简直变得不可思议的透明。在篇幅较大的中篇小说中,追求客观性的努力更是清晰可见,那种典型的克莱斯特式的对混乱和严密的癖好,经压缩而生成的强

———————————

① 克莱斯特曾编过六个月的《柏林晚报》。

悍与奥秘周旋的兴致使他的中篇小说激动人心的成分多于形象生动。这些中篇没有什么比通过表面上冷静更能令人激动不已，而《O侯爵夫人》(那八行有关蒙田的逸闻)读来就好像是紧张的手势音节谜语①；《洛迦诺的乞讨妇》就像一场令人毛骨悚然的梦魇。他本性的反面似乎变得清晰可见，亦即非过度兴奋状态中的病态兴奋情绪、适可而止中的出格越轨。司汤达也曾对冷静的、不那么形象化的、摈弃多愁善感的散文情有独钟并且天天阅读《民法典》，与此相似的是克莱斯特将编年史的格调作为蓝本，然而在这种格调只不过上升成为一种写作技巧时，克莱斯特这位冲动者却陷入非热情状态的热情中，于是过分的紧张从他自身转移到读者身上。然而人们总是能感觉到他那无疑出自其天性的过分，所以他中篇小说中最为出色的就是那篇将其本性的主题转变成形象的《米夏埃尔·科尔哈斯》，这是克莱斯特所创作出的最完美、最富有内涵的夸大者典型人物。这个男主人公由于过分无度而使其最强盛的精力毁于一旦，正直变成了固执，正派变成了刚愎自用，这一形象不自觉地成为其塑造者的象征，而这位塑造者尽其所能创作出了最可能带来灾祸的东西，而且由于意志的狂热他还是恣肆无度地将这一切排遣出来，即便是在约束和抑制中，克莱斯特与他在纵情和发泄时同样是走火入魔地过分无度。

我业已提及，这种混合最完美地出现在无所用心之中，在那些

---

① 一种将作为谜底的词拆成几个音节，再用手势表达每个音节的意义的谜语。

似乎超脱了艺术目的而写就的短小逸闻之中,特别是在那种对一个特殊人物的极为出色的描述中,也就是在他的书信中。从未有过一个德国诗人像克莱斯特在由他保存的为数不多的信件中那样坦诚地直面外界。在我看来,这些信件与歌德和席勒的心理文献①无法相比,因为克莱斯特的率真与古典文学作家②无意识的风格化倾向和总是与美学相联系的自白相比较更加异常大胆,更加毫无顾忌,更加深不可测,更加绝对。即便在自白中克莱斯特还是依从其整个天性放纵无羁,他给最为残酷的自我剖析赋予一种神秘莫测的喜悦色调,对真理他不仅仅有爱,而且有一种类似动物求偶的激情,就是在最强烈的痛苦中他也具有一种美妙的亢奋。没有比这个心灵发出的呼号更为尖厉的声音,而这呼号就像一只被击中的猛禽所发出的抽搐的哀鸣从那无垠的长空传来;没有什么比他那悲鸣着的孤独所具有的英雄般激昂更令人赞叹。世人还以为是听到了中毒的菲罗克忒忒斯在远离战友兄弟、寂寞地处在他精神上的孤岛上抱怨群神时所发出的痛苦呻吟。当在自我认识的折磨中从身上扯下衣衫时,他便赤裸裸地站在我们面前,然而却不像一个寡廉鲜耻者那样不加遮掩,而是像一个鲜血淋漓的人,像一个刚刚脱离鏖战仍然高度兴奋的人。这是从人世间最深处发出的呼号,是五脏俱裂的神祇或是备受折磨的动物发出的呼号,然而又是极度清醒的、具有令人炫目的超强内在光芒的词句。没有一部作品能像书信那样使他如

---

①　指歌德、席勒所写的书信。
②　指歌德和席勒。

此彻底地投身其中,没有一部作品如此自然天成地具有他身上那种简洁和繁芜,心醉神迷与清醒分析,规矩与激情,普鲁士特性与原始古朴的双重性,可能在那部轶稿,即《我的内心故事》中,所有这些火焰和闪电化合成独一无二的光源,然而这部著作——这部肯定不是《诗与真》①式的妥协,而是对真实本身的狂热——却不再为我们所拥有。在作品中命运总是阻碍了他去发话,并且严禁依附于他体内那个"不可名状之人"泄露其天机。

最终的联系

因为正义感战胜一切。

——《施罗芬施泰因一家》

克莱斯特在他所有的剧作中都是其天性的自我泄密者——在每一部剧本里他都将其灵魂火热激昂的部分抛给了外界,都将一种激情转化成为形象。这样就部分而言,人们完全了解他以及他身上的矛盾,但是,假如他的出现受到时代限制,那他也就不会在其最后一部作品②中拿出登峰造极的东西来,即完全处于自身极度的束缚之中。在《洪堡王子》里,他运用了命运绝无仅有地赋予一位艺术

---

① 指歌德所著自述。
② 指《洪堡王子弗里德里希》。

家的那种罕见的天才,将其自身,将其天性的原始力,将他生命中的冲突上升到悲剧的高度,即激情与抑制的二律背反。在《彭忒西勒亚》《居伊斯卡》《赫尔曼战役》中,总是有一种欲望在过分加大地——激情四射且充满了指向无限的冲击力——突入作品之中,其中并不是什么个人欲望,而是旨在世间能得以实现的所有令人困惑的欲望天地。压力和反压力并非以那种相互间一阵阵紧绷的方式取得反作用和旗鼓相当的效果,那么有别于完美和谐的各种力量间的旗鼓相当是什么呢?

艺术不知道还有什么较之于它能在匀称之中去展现过度之事更为美妙的瞬间了,也就是像在球状物体内发出鸣响、眨眼间不谐和音化为极其悦耳和谐的刹那之间。纷争愈厉,则这种相互骤变便愈强,那奔腾着的江河发出的合唱便愈加撼天动地。没有第二部德国剧作像克莱斯特的《洪堡王子》那样具有这种极其舒缓松弛之美,这位备受摧残的诗人(几乎就在其自戕前一刻)贡献给全民族一部最完美的悲剧,就好像荷尔德林在他最后一次陷入昏暗①的前一刻贡献出举世传诵的神秘颂歌;就好像尼采在精神崩溃前表现出高度的精神陶醉,创作出光彩夺目、钻石般闪闪发光的诗篇。这种毁灭感的魔力超然于所有解释说明之外,就像在熄灭前已经是无精打采的火苗最后一蹿那样妙不可言。

在《洪堡王子》中,克莱斯特通过将心魔从自身体内完全植入

---

① 喻指荷尔德林自 1798 年以后因身心交瘁处于精神分裂状态,在病情好转时尚能从事创作。

作品的方法而一举制服了它。这次他不同于以往——如在《彭忒西勒亚》《居伊斯卡》《赫尔曼战役》中——只斩断把他缠绕得几乎窒息的那条九头蛇①的一颗头,在这部作品中他掐住九头蛇的喉咙并把它整个拽进形象塑造中。就在这部作品中,人们才感受到他的力量,因为这种力量没有付诸东流,而是作用力与反作用力在此激烈拼斗。在这出剧中,一丝一毫内在的狂涛巨浪都没有挥发,这里洪水和大坝、急流和堰闸一样强大有力。克莱斯特拯救了自己,其方式不是摆脱自身,而是加强自身,于是对立的东西便失去了毁灭性的力量,因为他不再(像从前那样)听任某种欲望,并任其为所欲为。在这部作品中,他明白了自己天性中自相矛盾的东西,所有明了清晰都会使人茅塞顿开,而悟解又能产生出和解。在他的心灵里,激情澎湃之人和循规蹈矩之人中断了他们的争斗并直视对方眼睛——规矩(让人在教堂宣布洪堡王子为胜者的选帝侯)向激情澎湃之人表示敬意;而激情澎湃之人(要求判处自己死刑的洪堡王子)又尊重条规。双方都清楚地看到自己乃是具有悠久历史的权力的一部分。骚动缘自激动而起,规矩乃是为了神圣的秩序而生。当克莱斯特将其尘世的矛盾从遮蔽的胸中扯出并善加处理时,他第一次消除了自己的孤独并且成为人世生活的共同创作者。

于是,他曾经尝试并一心想要达到的所有一切便以更纯洁、更高尚的形式不可思议地如潮涌来,所有的一切都被这种终极的联合

---

① 希腊神话中的怪物。

与和解的感情平息下来。他历时三十年之久的种种激情突然之间在作品中得以塑造成形，但已不再是雄心勃勃、过分夸张，而是加以舒缓和净化。居伊斯卡①那难以置信的昂扬雄心在一位年轻主人公洪堡王子身上赢得了一种年轻人纯洁的、乐于行动的热情；《赫尔曼战役》中嗜杀成性的、挥舞大棒的、野蛮的爱国主义减弱并加以男性化处理成为一种少言寡语、严肃认真的祖国情怀；科尔哈斯的刚愎自用和法律上的固执己见，在选帝侯这个人物形象上被人性化处理成在鲜明地维护法律；小凯蒂的魔术装置就像一抹可爱的月光使仲夏花园场景的上空变成蓝色，在那里死亡犹如一丝芳香从冥界吹拂而来；而彭忒西勒亚的热恋，她那发狂的对生命的贪婪②渐次平息成默默思慕的情愫。一种完全隐匿的心平气和的语气，一丝温柔的人性和理解的气息第一次充溢在克莱斯特的一部作品——就是这根剩下的最后一根琴弦，这根银铃般的、他从未弹拨过的琴弦，开始如同弹奏竖琴一样倾诉着忧郁的旋律。这一切突然聚集在一起，使人激动不已，就像人们谈论将死之人在他弥留之际其整个一生会紧凑地重复再现一样，克莱斯特全部经历、他表面上不当度过的人生全都掷地有声地投入到这部最后的作品中——所有的缺失，所有的疏忽，所有的耽搁，所有像是毫无意义和徒劳无益的东西，一下子在这部作品中获得了一种含义。痛苦折磨着 20 岁年轻人内心的、奉为自己"人生大计"而几乎将他窒息而死的康德哲学——现在成

---

① 指克莱斯特未完成剧本《罗贝尔特·居伊斯卡》中的主人公。
② 指《彭忒西勒亚》剧中阿玛宗国女王热恋阿喀琉斯的悲剧。

为选帝侯的口头语,并把王国的形象提升到精神层面。军校学生生涯,曾几何时受到千百次诅咒的军事教育——现在又出现在军队那幅华丽的湿壁画上,出现在歌颂集体团结的赞美诗中。他所挣脱的一切,如传统、节制、时代,现在又像华盖一样立于他的作品之上,他第一次发自内心世界,出自对自身天性的明确把握而从事创作;空气第一次不再沉闷,内心紧张激动不再令人痛苦不堪,使人神经瑟瑟发抖;诗句第一次明净舒展,不再相互挤压强迫;音乐之声第一次袅袅鸣响。以往万丈深渊中邪魔兴风作浪的幽幽冥界,仅像一缕晨昏蒙影一样飘荡在尘世间上演的戏剧上空;一种莎士比亚后期剧作所具有的柔和甜美的声调,那种心旷神怡的洞察与解脱的音调,将大幕降临到一个和谐的大千世界。

《洪堡王子》是克莱斯特最真诚的剧作,因为该剧包含着他的全部人生。他天性所有的交叉重叠都尽在其中,对生命的热爱和濒死的痛苦,循规蹈矩与激情洋溢,先天遗传的和后天学成的——只有在此,在他殚精竭虑之处,他会超脱其自我意识而变得极为率真。所以在死亡那场戏的场景中才响起这种神秘莫测、预卜未来的声调,才有这种对自杀的心醉神迷,这种对命运的诚惶诚恐,这是事先描写出的他的大限时刻,同时也是对以往全部人生的再度体尝。只有濒临死亡边缘的人才会有这种最崇高的认知,具有这种回首过去、展望未来的双重眼光。所有德国戏剧中,只有《洪堡王子》和《恩培多克勒之死》赠予了我们这种幽灵般的音乐,其本身犹如响彻无边无际之境的天籁之音。因为只有极度的痛苦才能完全融化心灵;只有毫无杂质的断念才能达到一种在那里激情早就会疲惫不堪的境界。以前始终拒不给予这位贪婪求索者以及他愤怒猛扑的东西,命运恰恰就在他万念俱灰之时赠予了他,这便是完美。

死亡的激情

     凡人力所能及的极端之事我都做过——匪夷所思之事也曾试过。我将自己所有一切都孤注一掷,决定输赢的骰子放在那儿,它就在那儿,我总得触摸它——我还是输了。

                                       ——《彭忒西勒亚》

    就在其艺术的巅峰,在他创作《洪堡王子》那年,克莱斯特同时也灾难性地达到了他孤独的最高阶段。在那段时间,就在他的故乡本土,他还从未这么被人所遗忘,还从未这么漫无目的过——他抛弃了职位,他的杂志①遭禁,他内心的使命,即把普鲁士拉到奥地利一边参战,最终归于徒劳。他的宿敌拿破仑将欧洲当作备受屈辱的猎物抓在手中,普鲁士国王先是成了拿破仑的附庸,现在又摇身一变成为其盟友。克莱斯特的剧本不被理睬地从一家剧院落到另一家剧院,不是受到公众的嘲笑就是被剧院经理轻蔑地搁置一旁。他

---

    ①   指克莱斯特在德累斯顿(1807—1809)同哲学家米勒出版文艺杂志《太阳神》,只维持了半年。

的书稿找不到出版商,本人连最低微的职位也找不到。歌德回避他,旁人几乎不了解他不重视他,那些艺术保护者不再理睬他,朋友们也把他忘得一干二净,对他最为忠贞不贰的人,过去一直怀有皮拉得斯式①情怀的姐姐乌尔莉克也作为最后一人离他而去。他算计的每一张牌都输掉了,而他手中最后一张王牌,即他的杰作《洪堡王子弗里德里希》手稿,也打不出去了。他坐在空无一人的桌旁,没人再相信他的赌注。于是,在失踪数月重新露面后,他再次试图在家庭中碰碰运气,他再次乘车前往住在奥得河畔法兰克福他的亲人中间,想让心灵得到一丝爱的慰藉,然而他们却给他伤口上撒盐并且口出恶言。在克莱斯特家族圈子中的那个晌午时分,家人高傲地鄙视这位被解雇的公务员、破产了的报纸发行人、失败的剧作家,就如同对待一个有辱家门之人,这一时刻使他彻底崩溃。"我宁可死上十次,也不再去经历一次,"他绝望地写下,"我最后一次在法兰克福午餐桌旁的感受。"他被家人抛弃,被抛回到自我、抛回到他自身心境的苦难深渊。他怀着绝望的心情,感到刻骨铭心般的羞耻和侮辱,踉踉跄跄地回到了柏林后,一连数月他足蹬破鞋、身着烂衫偷偷摸摸地在城里游荡;为求一职而在各衙门呈递申请,(徒劳地)给书商们推荐自己的小说,推荐他的《洪堡王子》、他的《赫尔曼战役》。他的这副样子令其朋友们都变得阴郁起来,最终所有一切对他都感到不胜厌烦,就像他对所有的寻求感到厌烦一样。"我的心

---

① 希腊传说中的人物,是俄瑞斯忒斯的朋友,此人代表忠贞。

灵受到如此伤害，"那些日子里他令人震惊地在悲叹，"以至于，我几乎要这么说，以至于每当我探身窗外时，那闪烁在我身上的自然光线使我疼痛不堪。"他所有的激情都已告罄，所有的精力都挥霍一空，所有的希望都已精疲力竭，这是因为：

> 他的呼声无力地响在每个人的耳畔，
>
> 当他看见时代的旌幡，
>
> 稳插门前、迎风招展，
>
> 他便结束了他的歌声，希望随之了断，
>
> 从手中放下古琴，泪眼潸潸。

就在这种某个时期也曾包围着天才人物的最阴森不过的寂静沉默中（可能只发生在尼采身上），一种模糊的声音在打动着他的心，那是一种在其整个一生中每当他沮丧和绝望之时都会侧耳聆听到的呼唤，这便是寻死的念头。这种自杀的念头从青春年少时起便伴随着他，当他，一个半大男孩儿给自己制定出人生大计时，他的死亡计划也早已构思完毕。这种念头在他虚弱无力时总会变得强大有力。每当激情的潮水、希望的浪花、飞溅的巨浪平息时，这个念头就像一处神秘的巉岩在他的内心浮现。在克莱斯特的书信和交往中，这种几近热切的对死亡的大声疾呼多得难以计数，人们几乎可以大胆提出这种悖论：他只有随时准备抛弃生命才能如此之久地忍受生存。他总是一心想死，而他这么长时间犹豫不定并非出于害怕,而是由于其天性中过分夸张和无所节制的因素所致,因为克莱斯特一心想在轰轰烈烈之中,在心醉神迷之中,在热情洋溢之中死去,他不愿卑下地、可怜地、怯懦地自杀身亡。正像他在那封给乌尔莉克的信中所写的那样,他渴望着"一种壮丽的死";即便是这种最险恶、最深不可测的念头,搁在克莱斯特身上却有着一种愉悦欣然,有着一种如痴如醉的狂喜。他想要如同扑向一张硕大无朋的婚床上那样自杀身亡,并且以一种奇特的思维交叠梦想着那种死后再度升天的死亡。某种原始恐惧——他将这一点在《洪堡王子》的场景中不朽地加以描述——使克莱斯特这个最孤独的人害怕因由死亡的永恒之故还得继续承受这种生存的孤独。因此,他从孩提时开始就极度兴奋地表示愿意与他所爱的每一个人同归于尽,这位生活中最需要爱情的人渴望着一种恋情之死。在现实生活中没有一位女性能够让他身上那种过分与过度得到满足;没有一位女性能够跟上他那狂热奔向感情迷狂的步伐;没有一位女性能够——他未婚妻不能,乌尔莉克也不能,玛丽·冯·克莱斯特同样不能——同他一起达到他种种要求的那种沸腾程度上的激昂,只有死亡,这个无以复加的夸张之词,才能使一种克莱斯特式的对爱情的渴求——《彭忒西勒亚》透露出了他热烈的情感——得到满足。所以,只有愿意与他一同去死,具有这种最极端的感情的女性,才是他渴望的唯一,他"比起世上所有女皇的御榻来,更喜欢她的坟茔"(正如他在遗书中欢呼的那样)。恰恰因为如此,他几乎纠缠不休地向所有他珍爱的人表示愿意追随他们坠入冥界。他向卡洛琳娜·冯·席勒(一个他

　　　　　与心魔搏斗

几乎素昧平生的女性）表示准备着"开枪打死她和我自己"，他用恭维热情的言辞引诱他的朋友吕勒："我们必须再一同做点什么的念头在我脑海中挥之不去。来吧，让我们做点善事并在其间死去！这是我们已经死过并且将要死上成百上万次中的一次，它不过就像我们从一间屋子出来走进另一间屋子。"一如克莱斯特通常所为，这个念头，这个冰冷的念头变成了激情，变成了热烈的情感，变成了极度兴奋。他越来越醉心于这么一个想法，即以一种无与伦比的爆发，以一种具有英雄气概的自我毁灭的方式卓尔不群地了断这种由作用力和反作用力构成的缓慢的、逐个的蚕食撕扯，从永不知足的生存意识所具有的那种可悲、受阻和沮丧中脱身出来坠入奇妙的死亡之中，他体内的心魔庄严地站起，因为他意欲最终回归到他的无限中去。

　　与他所有过的激情毫无二致，这种倾心于加盟死亡的激情并没有为他的朋友们，也不曾为女士们所理解。他徒劳地催逼着，甚至是乞求着一位同伴邀他共赴黄泉，所有人都惊恐不安地、目瞪口呆地拒绝了这种异想天开的建议。终于——就在他内心充满痛苦和厌恶之情时——他遇上了一位几乎与他素昧平生、对他这种怪异的建议心存感激的女性。这是一个病人、一个垂死之人，她的内脏被恶性肿瘤啃噬得千疮百孔，正像克莱斯特在其心灵深处被厌世之情啃噬得千疮百孔一样。她没有能力独自决断，却能感同身受地对克莱斯特的心醉神迷欣喜若狂，这个无可救药之人心甘情愿地让人把她一同拽进万丈深渊。于是克莱斯特有了一个将他从倒下前一瞬间所处的孤独中拯救出来的人,而且就这样出现了一个罕见的、奇异的、一个并不相爱的男人与一个并不相爱的女人的新婚之夜。就这样,这个衰老的、病入膏肓的、相貌丑陋的女性(克莱斯特只是在求死念头的极度兴奋中才瞥一眼这位女性的面容)便与他一起投进永生。在内心深处他对这位爱好文艺、多愁善感、耽于幻想的女出纳员感到陌生,他确实可能从未在性的含义上体验到过她是个女人;然而他与她是在另外一种星辰和标志下,在死神的至高无上的全体教士中成婚;尽管对于他的生命力而言,这位女子多少有点过于平凡、过于柔和、过于体弱多病,但她作为赴死的同道在克莱斯特看来却是无比的崇高。他本人已表示献身于她,她必须接受他,他心甘情愿。

生活使他做好了准备,充分地做好了准备。这种生活蹂躏过他、奴役过他,令他失望并且还侮辱过他,但是,他以神奇的力量再次站立起来并且从其死亡之中造就出他最后一部充满英雄气概的悲剧。他体内那个行家高手,那个永恒不变的夸大者,以强烈的气息吹旺了暗地里闪烁着的决心所冒出的微燃之火,自从他对自己自杀毫不动摇以来,自从他,如他所说"准备妥当可以去死"以来,自从他知道了生命制服不住他而是他在制服生命以来,克莱斯特的胸中便熊熊燃烧起欢呼和快乐的烈焰。这个对生命从未想到过一个完美无缺的"是"字的人(就像歌德),现在则对死亡说出并且是在欢呼他无拘无束、快乐至极的"是"字。这声音美妙庄严,他整个天性第一次洪钟般响亮地敲响,全无一丝不谐和之音。所有粗哑之音

与心魔搏斗

皆已清除,所有沉闷之音全都消散,现在他所说的每个字,他所写的每个字都在命运之锤下极为华丽地发出隆隆声响。白昼不再使他感到痛苦,他可轻松地舒缓喘气,紧绷的心灵充满着无限情感,令人痛苦的俗物远离而去,内心明净透亮变成了万物之本,他如痴如醉地谛听到他本性中的自我,即他的洪堡王子在毁灭前吟唱的诗句:

> 喏,不朽啊,你是属于我们!
>
> 我双目被蒙,可你透过绷带照耀着我,
>
> 那光辉胜过一千个太阳!
>
> 我的双肩长出了翅膀,
>
> 我的精神在宁静的太空中遨游,
>
> 就像那船儿随风飘荡,
>
> 热闹的海港眼看就要沉沦,
>
> 我的生命犹如夕阳西下,走到了尽头。
>
> 眼下我正在辨别颜色和形状,
>
> 现在我周围是大雾茫茫。①

激励他穿越人生丛林达三十三年之久的极度兴奋,现在则将他温柔地高高托进诀别的极乐之中,就在最后的时刻,这个被撕扯成支离破碎之人又合而为一,他本性的裂片在极端的内心感受中又融

---

① 译文引自袁志英:《洪堡王子》,载《克莱斯特小说戏剧选》第 379 至 380 页,上海译文出版社,1985。

为一体。在他自由自在、沉着冷静地跨进黑暗的一刹那,他身边的阴影离他而去,他生命中的心魔就像火苗上的青烟一样从他百孔千疮的躯体飘荡出来并消散在天穹之中。就在最后的一刻,克莱斯特的沉重与痛苦消释了,他的心魔化为了乐章。

毁灭的乐章

> 不是任何打击人都应该忍受,而且要是上帝抓住了谁,我想此人大可沉灭。
>
> ——《施罗芬施泰因一家》

别的诗人曾经更为出色地生活过,或在作品中继续娓娓道来,或以他们自身的存在促进并改变着世界的命运,然而他们却无一能比克莱斯特死得更为崇高。在所有死亡中没有一种像他的死亡那样回荡着如此如痴如醉、昂扬振奋的乐章,这种"一个人曾经过过的极度痛苦的生活"(遗书语)是当作酒神节加以终结的。他生活中的一切都不幸地甚至是悲惨地失败了,可他存在的神秘含义,即英雄般地沉没却大获成功。一些人(苏格拉底、谢尼埃①)在那最后的

---

① 安德烈·谢尼埃(1762—1794),法国著名诗人和政治家,不但影响了19世纪整个诗坛,而且他的政治斗争和传奇式的英勇牺牲使他成为欧洲英雄诗人的象征。1794年在革命领袖罗伯斯庇尔被处决前几天被送上断头台。

与心魔搏斗

刹那间已达到了感情的中板①，采取一种斯多葛式的，甚至是含笑不语、漠不关心的态度，一种睿智的、无怨的、被死亡吸引住的态度。克莱斯特，这位至死不渝的夸大者，同样将死亡升华为一种激情、一种心醉神迷、一种狂欢和极度兴奋。他的毁灭处于一种极乐状态、一种沉醉状态，这在其一生中他还从未领略过——伸展的双臂，痴迷的双唇，愉快欢乐并且感情洋溢，他一路欢歌投身于万丈深渊之中。

只有一次，只有这绝无仅有的一次，克莱斯特的嘴唇、他的心灵松弛了下来，人们第一次听到这种低沉压抑的嗓音在欢呼歌唱。在那即将永别的日日夜夜，除却一同求死的女伴外再无人见到过他，但人们感觉得到他的目光肯定像一个酪酊之人的目光，他的面容由于闪耀着内心的喜悦而光彩照人。他在那一时刻的所作所为，他在那一时刻笔之所至均超越了他的极限。我感觉他的遗书是他所创作出的最为完美的作品，犹如尼采的酒神颂歌、荷尔德林的黑夜颂歌一样是最后一次飞跃。在那些遗书中吹拂着未知领域的熏风、一种超越人寰的自由无羁。音乐，这克莱斯特的最爱，他在青年时代曾悄悄躲藏在阴暗狭小的房间里吹奏长笛加以练习，可是音乐并没有给诗人受到压抑、局促不安的嘴唇吐露天机；而现在音乐则向他开启洞天，这位自我封闭者第一次汇入到节奏和旋律之中。这些日子里他在写作他唯一一首现实的诗，描写一股神秘狂热的爱情洪

---

① 音乐术语，指平稳、缓和。

流,即《死亡的连祷》。这是一首充满暮色和晚霞的诗篇,半是断断续续的诉说,半是在祈求祷告,然而它却有着超然于所有清醒意识之外的神奇之美。所有的固执、所有的严厉、所有的犀利和智慧,以及通常清醒地洒在他最富激情努力上面的精神层次上的冷峻之光,都从音乐中获得了解脱,普鲁士式严厉的成分、他行动中不自然的成分全都消释在旋律之中;他第一次翱翔在文字之中,第一次在感情中翱翔:尘世已不再拥有他了。

他就这样凌空翱翔——他在遗书中说是像两个兴高采烈的飞艇驾驶员——再次俯瞰大地,他的诀别没有丝毫怨恨。个人的苦难,这在他早已不知为何物了,自打他从无穷无尽之中大彻大悟以来,困扰他的所有一切都显得如此低微、如此遥远和毫无意义。既已向另一个女人发誓共同赴死,他就想到那位挚爱他,而他也为她而生的女性——玛丽·冯·克莱斯特。他从心灵深处致信向她告别忏悔,在精神上再次拥抱她,而此时此刻的他就像步入永生之人一样,全无一丝欲求和感情起伏。在此之后他写信给姐姐乌尔莉克,他对自己所遭羞辱的怨恨尚在胸中激荡,措辞也变得僵硬起来。然而八小时之后,在施蒂明家那间决定生死的房间,他凭预感下定决心,觉得在他享受天堂幸福时还要去伤害他人未免有失公允,他又一次提笔致信给昔日所爱之人,语中充满了温存和宽恕,并且向她致以最美好的祝愿。这种克莱斯特从人生中获知的最美好的祝愿叫作:"愿上苍赐你一死,哪怕是与我的死相似只有不完整的欢乐和难以言表的喜悦,这是我所知为你筹措到的最衷心和最诚挚的祝愿。"

于是收拾停当，不得安宁之人得以平静下来，最无与伦比的、最不可能发生的事件发生了——克莱斯特，这位被撕扯得支离破碎的人，感觉到自己与世间有着千丝万缕的联系。心魔不再具有驱使他的威力，它想要在自己的牺牲品身上得到的已经实现。这个已是焦急不安的人在自己的手稿中再次清点结算———一部完成的长篇小说，两部他内心历程的剧本；没人想要这些，没人了解这些，也没人应当去了解这些。即便是勃勃雄心的驱使和刺激也不再能透入他裹上铠甲的胸膛，他漫不经心地烧毁了自己的手稿（其中就有《洪堡王子》剧本，只是多亏一部侥幸的抄本才得以获救），他感到那微不足道的身后之名，多少世纪的文学生机在他万古永恒面前显得何其渺小。剩下来只有一丝琐碎之事需要处理，而就是这些他也是做得扎扎实实、一丝不苟，从他事必躬亲全力以赴，可见其清晰的、未曾被恐惧和激情打乱的精神状态。据说佩吉仑设法让人搞到一些文件并偿清了债务，这些债务他是一芬尼①—芬尼细心加以注册登记的，而这皆因责任感伴随着克莱斯特直到《死亡的凯旋颂歌》使然。也许再没有第二封诀别书像他那封那样如此强烈地为实事求是的魔力所支配，简直与致军事委员会的绝命书毫无二致。"我们饮弹毙命躺在通往波茨坦的路上"，他就这么开始写道，以一种类似于中篇小说将事变推到篇首的那种罕见的大胆手法，而且就像是在

---

① 德国货币的最小单位。

中篇小说中那样，以最为刚劲有力的生动和明确，实实在在地将叙述一桩罕见的、命中注定的事件加以淬火锻造。再没有第二封诀别书像那封写给情侣，即玛丽·冯·克莱斯特的信那样交织着充满感情的魔力，就是在最后的时刻，人们尚能精彩地看见他生命力中的二元，即中规中矩和极度兴奋，然而这两者均被驱赶了出来进入到英勇、进入到庄严的伟大之中。

他的签名是生活所亏欠他的庞大债务中最后的笔画。他有力地签上了名字，于是那纷繁复杂的账单便终归得以了结，现在他把催债函撕了个粉碎。两人就像新娘新郎一样心旷神怡地乘车出城去了万湖，乡村客栈老板还听见他们的欢声笑语，草地上传来嬉戏的喧闹声，他们露天怡然地喝着咖啡。接下来——准时在商定的时间——响起了第一声枪响，接着马上又是第二声枪响——一枪正中女伴的心口，另一枪则射进他自己的口中，他的手没有颤抖，实际上他对死亡要比对生存了解把握得更为妥帖。

克莱斯特并非出自一种意愿，而是由于一种需求成为德意志的伟大诗人，原因无他，就在于他命中注定具有悲剧气质，并且他的存在本身就是一个悲剧——恰恰是这类模糊神秘的东西，这种重叠交叉的、被堵塞住而且也被箍住的东西，这类他天性中普罗米修斯的东西，成就了他的戏剧所具有的无法模仿的成分，这一点无论是运用黑贝尔清醒的智慧，还是运用格拉贝①急切的激昂，后人在任何

---

① 格拉贝(1801 — 1836)，德国戏剧家、诗人，其作品富于想象、尝试大胆。

时候都难以望其项背。他的命运和他所处的环境氛围是他的作品不可或缺的组成部分，所以，我感到那个时常提出的问题——设若他身体康复并从其命运中解脱出来，他还会将德国的悲剧提升到何等地步——是愚蠢而又无知的。克莱斯特天性中的本质便是激动紧张和心焦气急，他命运中不容推卸的意义便是以超过限度的方式自我毁灭，因此他的自愿早亡与其《弗里德里希·冯·洪堡王子》相同，一并是他的杰作。因为除了那些像歌德一样成为生命主宰的强人之外，偶尔还会诞生一位能够战胜死亡并且从死亡之中创作出超越时代诗作的人。"一种完美的死亡常常就是最好的履历"——写下这行诗作的那位不幸的巩特并不懂得去造就完美的死亡，他滑进了自己的不幸之中就像一丝微弱的光线熄灭了。克莱斯特，这位真正的悲剧作家则相反，他生动形象地将自己的痛苦提升到一种毁灭的不朽丰碑。如果痛苦体验到了创作的恩惠，那么所有的痛苦则意义重大，它就会变成人生最为崇高的魔力，因为只有整个都已是支离破碎的人才会懂得对完美的渴求，只有被驱赶的人才会到达无穷无尽的境域。

任国强　译

尼采

没有人物的悲剧

> 最大限度地享受存在的乐趣意味着危险的生活。
>
> ——《不合时宜的思考》

　　弗里德里希·尼采的悲剧是一出独角戏：在他短暂的人生舞台上，除了他自己以外便再没有其他人物了。疾风骤雨般的幕起幕落之间，唯有他独自搏击的身影，没有人上场与他并肩或是对峙，也未曾出现过一位女性，以柔情缓和那紧张的气氛。每一举每一动，既出自他，又返回来作用于他：初时上场的些许几个陪衬角色，只伴着他的英雄行为，无声地做了几个表示惊骇讶异的动作，随后，仿佛感

　　　　　　　　　　　与心魔搏斗

到某种危险似的,渐次畏缩消失了。没有一个人敢于靠近乃至陷入这样一个命运的旋涡之中,尼采永远是孑然一身——自言自语,孤军奋战,并独自承受苦难。他讲话,但不是讲给任何人,也没有任何人回答他。而更为可怕的是,没有任何人留心听他讲。

弗里德里希·尼采这部英雄悲剧中没有人物,不管是同伴还是听众。不过,它也没有真正的舞台、场景及化装,就仿佛是在思想的真空里上演。巴塞尔、瑙姆堡、尼斯、索伦托、西尔思·马利亚、热那亚——这些地名并不代表他真正的安身之所,而仅仅是激情燃烧的羽翼掠过的迢迢路途之中无形的里程碑,是冷寂的背景、无语的标志。事实上,这出悲剧的场景并不曾更换过:独自一人,孤独——那可怕的、无言亦无回应的孤独,犹如一只严丝合缝的玻璃罩,包围、压迫着他的思想,其中没有鲜花,没有色彩声响,没有兽类人形,甚至没有上帝;这孤独,是冷寂的太初,遗世独立。但尤其使它的荒凉、寂寥显得可怖可厌并且荒诞不经的是,这片孤独的冰河荒原不可思议地存在于一个七千万人口、已经美国化了的国度——这就是新德国,它充斥着火车的哐当哐当、电报机的嗡嗡嘤嘤,喧嚣、倾轧,而它的文化,向来是那样富于异乎寻常的好奇心、求知欲,每年四万册书籍在这里问世;每天,上百座学府从事着穷原竟委,数百家剧院上演着悲欢离合——就是这样一种文明,对它自身核心之中精神那最为波澜壮阔的一幕却毫无察觉。

因为正当弗里德里希·尼采的悲剧进行到最关键的时刻,德语世界里突然再也找不见他的观众、听众、见证人了。起初,当他还是位教授,站在讲台上侃侃而谈,当瓦格纳头顶上的光环也恩泽于他,他的谈吐还多少吸引了一部分人的注意力。然而,他越是深刻地挖掘自身、挖掘时代,就越是难以找到共鸣。在他的英雄独白之中,不论朋友、陌生人,一个个被他越来越激烈的转变、越来越狂热的兴奋吓坏了,胆怯地纷纷起身,撇下他形只影单地站在他命运的舞台之上。渐渐地,那悲剧演员变得不安起来,由于完全是对着虚空讲话,他的话音越提越高,像在大吼大叫,动作越来越猛,好为自己找到回应——哪怕是招来非议。他为自己的话语创造了一种音乐,一种汪洋恣肆、激情澎湃的酒神音乐,但没有人因此而更注意他,哪怕是一星半点。他于是强作诙谐,装出一种辛辣、尖锐的兴高采烈,他把句子写得疯癫跳跃,他突然变得喜欢插科打诨,这一切强颜欢笑都只是为了给他最真诚的严肃和庄重引来听众,但没有人为了鼓掌而动一动手指。最终他又发明了一种舞蹈,一种刀光剑影之中的舞蹈,在众人面前,他伤痕累累,衣衫褴褛,鲜血淋漓,表演着他那新创的致命的艺术,但是,没有人知道这表面的潇洒不羁之下受伤至深的激情。没有听众,没有任何反响,这出前所未有的灵魂之剧,在空空如也的观众席前结束了,而它本是我们这个倾颓中的世纪所获得的一件馈赠。没有任何人转过目光,哪怕是漫不经心地看一眼,他那在钢尖上旋转的思想之陀螺是如何做了最后一次优美的腾跃,而终于踉跄着倒向地面,"因不朽而死去"。

　　这种"与自己为伴""与自己为敌",正是弗里德里希·尼采的生活悲剧中至深的意义和困境:如此丰富的心灵面对的是如此如金属般质密而无法穿透的沉默——这是绝无仅有的。他甚至不曾有幸遭遇一个知名的反对者，于是无比坚强的思想意志只得"无情挖掘着自己，埋葬着自己"，向在痛苦中饱受煎熬的灵魂索取答案和反对的声音。那命运的搏击者就像从浸透涅索斯①毒血的衬衫中挣脱出来的赫拉克勒斯，他不是从世界之中，而是从自己鲜血淋漓的皮肤中挣扎出来，以赤膊与最后的真理、与自己针锋相对。但包围着他赤裸的躯体的是怎样的严寒，吞没他发自心灵的呐喊的是怎样的沉寂，这"谋害上帝之人"的头顶上是多么可怕的天空——阴云密布，电光闪闪。既然没有对手找上门来，他也再找不到对手，他只有向自己发动进攻。"认识自我的人，无情地处决自己的刽子手！"他被自己身上的魔鬼驱赶到一切时空之外，也被赶出了自身。

> 哦，因莫名的热情而战栗，
>
> 因风刀霜剑而颤抖，
>
> 被你驱逐着，思想！
>
> 不可言状的！隐秘的！可怕的思想！

有时他打个寒战，惊惧莫名地回顾，于是他看到他的生活把一切活着的和活过的东西甩在身后。但如此猛力的助跑收不住脚了：

---

① 涅索斯是希腊神话中的半人马骑公，负责摆渡冥河事务，因调戏赫拉克勒斯的妻子得伊阿尼拉，被赫拉克勒斯用毒箭射死。涅索斯在临死前把一件染有毒血的衣服送给了得伊阿尼拉，告诉她在丈夫有外遇时，给丈夫穿上这衣服可重修旧好。后来赫拉克勒斯穿了这件衣服，被焚烧致死。

他自觉自愿地顺从了他的命运——恩培多克勒的命运——这是他挚爱的荷尔德林早就替他想好的。

　　壮美的原野没有天空,伟岸的表演没有观众,沉默,越来越深重的沉默包围着孤独灵魂的怒吼——这就是弗里德里希·尼采的悲剧:要不是他自己热情地对这悲剧说"是",为了它的独一无二而选择它、热爱它,我们会把它当作世上最残酷的一幕而憎恶它。因为他清醒、自愿地放弃了稳定的生活,凭着内心深处某种悲剧本能为自己营造一种"特殊的生活",他势单力孤地向诸神挑衅,激使他们在他身上"试验一个凡人在他的内心生活中所能承受的危险极限"。"接受我的敬意吧,魔鬼们!"大学时代某个快活的夜晚,尼采和他那些研究语文学的朋友快活地纵声呼喊,召唤魔鬼:在幽灵出没的时刻,巴塞尔城已沉沉入睡,他们从窗子向大街上泼洒着一杯杯红葡萄酒,祭献给那目不能见的东西。这只是一次疯狂的寻开心,却隐含着某种预感,但魔鬼真的听见了呼唤,他们尾随着那要他们来的人,从一夜戏谑竟演变成一出命运的悲剧。但尼采从不曾阻拦那攫住他并把他整个甩出去的强力,锤子越是沉重地落在他身上,他坚如磐石的意志就会发出越发清越的声音。在痛苦这块烧得火红的铁砧上,随着铁锤的每一次敲击,精神披挂的铠甲被锻造得益发坚不可破,这是"为人类的伟大准备的铠甲——热爱命运:别的你什么也不想要,不愿向前,不愿退后,甚至不期望永生。那注定要来的不仅要承受它——妄图隐匿它更不可取——而且要热爱它"。他这唱给命运的至诚的爱情之歌盖过了他自己痛苦的呻吟:被踢翻

　　　　　　　　　　　　　　　　　与心魔搏斗

在地,被周围世界的沉默几至碾碎,被自己撕扯啃噬,被一切的苦难灼蚀,他却从不曾举起双手,恳请命运放过他。他甚至恳求得到更多:更深重的苦难和孤独,更完满的痛苦,更丰富的能力。只有为了祈祷,不是为了拒斥,他才会举起双手,那是最英勇无畏的祷词:"你,我心灵注定的遭遇,我称你为命运,你——在我之内,在我之上! 保佑我,让我永远拥有一个伟大的命运吧!"

谁要是能这样热切地祈祷,他的恳求定会得到满足。

双重肖像

溢于言表的激情并非伟大的特征;谁非得弄姿作态,谁就是虚伪之徒……要提防一切"诗情画意"的人!

一个洋溢着激情的英雄肖像。大理石就这样为他制造出传奇式的一派谎言:一颗英雄一般倔强的高昂的头颅,高高隆起的前额,因思虑而刻上了皱纹,头发像浪涛一样倾泻下来,覆住耿直的颈项。浓密的眉毛之下,目光闪亮如炬,脸上的每一块肌肉都绷紧着,显示出意志、强健和力量。维尔辛格托里克斯①王式的髭须很有气概地横在严肃的嘴和咄咄逼人的下巴之上,标志着一个蛮勇的斗士。由

———————

① 维尔辛格托里克斯,高卢阿尔维尔尼部族人的首领,公元前52年发动了反对恺撒的战争,但在战役中失败被俘,后被处死。

这颗雄狮般孔武有力的头颅,你会不由自主地联想到一个身佩利剑、号角、长矛的日耳曼的维京人形象。我们惯于臆想和夸张的雕塑家和画家们,就是这样将那孤独者描绘成一个德意志式的超人、古代神话中被缚的普罗米修斯,好使他在那些狭隘的头脑里更直观一些,但那些人看多了课本和舞台剧,除了台上的装腔作势便不知什么是真正的悲剧。而真正的悲剧,做戏是做不出彩的,因此,尼采的真实面貌也远不是他的胸像和画像那样。

　　下面则是一个人的肖像:一个廉价小公寓,寒酸的餐厅——这或许是在阿尔卑斯山的小旅馆里,或许是在利古里亚海边。客人们态度淡然,充其量有几个上年纪的太太在"small talk"——闲聊天儿。通知开饭的铃声响了三遍,一个缩着肩膀、背微驼的人蹒跚着迈进门槛,这个"瞎了七分之六"的人,简直就像是从洞穴里摸索出来的,然而却总是流露出一种奇特的沉着态度。洗得干干净净的衣服颜色深暗,浓密的栗色卷发使面目也显得十分黝黯。圆形的厚厚镜片后面是一双深色的眼睛。轻手轻脚地,甚至是有些羞怯地,他走上前来,一种异乎寻常的无声无息笼罩着他。你会觉得这是一个活在阴影中的人,远离一切人际的交往,对一切声响及喧嚣都怀着近乎神经质的畏惧。他向客人们致意,彬彬有礼地;其他人也向这位德国教授还礼,客客气气地,带着种可爱的漫不经心。小心翼翼地,近视的他挪到桌边;小心翼翼地,肠胃脆弱的他审视着每道菜,茶是不是太酽了? 菜的味道是否调得太重了? 因为食物中的每一点美中不足都会一连几天折磨他柔弱的神经。他的座位前,看不见一杯葡萄酒、啤酒、烈性酒或是咖啡；饭后，他不抽雪茄和香烟——任何使人兴奋、清醒或放松的东西一概免谈，他的一餐简短而清淡；然后再温文尔雅地与邻座轻声谈上几句（就仿佛因多年的荒疏而不再习惯于讲话，而且害怕别人过多地发问）。

随后就上楼，回到他租住的房间——屋子狭小，家具寒酸，桌上堆满了不计其数的纸张、笔记和文章、校样，但没有鲜花和装饰品，几乎看不见书，也极少有信件。后面角落里放着一只笨重的木箱——他唯一的财产，装有两件衬衣以及他的另一套旧西装。除此之外就只有书籍和手稿。一个托盘上，装药的瓶瓶罐罐不计其数，有治头痛的——那经常会残酷地折磨他数小时之久，有治胃痉挛的，有对付令他抽搐的呕吐的，还有的药是为了延缓内脏器官的衰老，而最多的还是那些可怕的对付失眠的药：三氯乙醛、佛罗那之类。这简直是个恐怖的毒药库，但勉强能使他睡上片刻，没有它的帮助，在这个陌生、空寂的房间里，他根本无法休息。全身包裹在大衣和棉围脖里（因为那可恶的壁炉只冒烟，不生热），指头冻僵了，眼镜几乎要贴到纸上——他的手急促地移动着，一写就是几个小时，到后来，昏花的双眼几乎辨不清写出的字句。他会这样坐着写上几个钟头，直到眼睛火辣辣地疼痛、流泪。他生活中少有的快乐时刻，就是有人出于同情，愿意动手替他抄上一两个钟头。赶上好天气，这孤独的人会外出散步——总是独自一人，只与他的思想为伴，路上他从不和人打招呼，也从不曾有人与他同行或不期而遇。他讨厌的阴郁天气以及令他双眼疼痛的雨雪，无情地将他囚禁在自己的房间里,因为他从不下楼到别人那里去。到了晚上,他才又吃上几块饼干,喝上一杯清茶,然后立刻又投入漫长无际而孤独的思想之中。闪烁不定、冒着烟的灯盏之下,时间一小时一小时地流逝,他依然清醒着,神经依然高度紧张着,不能疲倦、松弛下来。而后,他抓起三氯乙醛,或者随便哪种安眠药。靠着这股强迫的力量,他才终于睡着了,像那些从不殚精竭虑,也从不受魔鬼驱使的人一样。

有时他好几天卧床不起。呕吐,挣扎,直到失去知觉,睡眠之中也仍然承受着剧烈的疼痛,而眼睛几乎全瞎了。但是没有人来到他的身边,没有人伸伸手,在他滚烫的额上敷块毛巾,也没有人为他读读书,或同他谈笑几句。

而不管在哪儿,他的房间都是这样子。城市的名称经常更换,索伦托、都灵、威尼斯、马里安温泉……但他总是住连家具一道出租的房间,陌生、简陋、陈旧、破损,再就是书桌、承受病痛的床铺,以及无尽的孤独。长年漂泊不定的生活中,从不曾在友情的欢愉之中享受片刻澄明的安宁;夜晚,从来没有一个温存的女性身体偎依在身畔;无数在工作中度过的沉沉黑夜,却永远迎不来荣名的曙光!哦,西尔思·马利亚那片如画的高地!如今,它是游客们茶余饭后寻觅尼采遗踪的场所,然而,他的孤影离那里有多远多远啊!他那延伸的孤独飘然游离于尘世之外,也超越了他短暂的生命。

偶尔会有一个客人,一个陌生人来访。但是在他渴望与人沟通的意愿外面已经结成太厚太硬的一层壳,只有当陌生人离去,把孤

与心魔搏斗

独重新还给他,他才会松上一口气。这种"热闹中的孤独"①经过了十五个春秋终于消失了。对话使这个独自苦苦煎熬着的人厌倦了,精疲力竭,并且愤愤然恼怒了。有时会有极短暂的一束快乐的光芒骤然亮起——那是音乐。在尼斯糟糕的剧院里上演的《卡门》,音乐会上的几支咏叹调,钢琴前度过的一个钟头。但就连这一点点快乐都是那么强烈,"使他感动得流泪"。渴望得到的却无从得到——这是怎样的切肤之痛! 十五年之久,一条道路连接起一个个洞穴一般的出租房间,隐姓埋名,不为人知;这是一条无声地隐没在大城市之间的道路,寒碜的寓所,粗茶淡饭,肮脏的火车,还有一个个病房,而这同时,外面的世界充斥着琳琅满目的艺术、科学声嘶力竭的叫卖声,犹如一个花花绿绿、光怪陆离的大年市,只有陀思妥耶夫斯基几乎与尼采同时避开了这一切,同样穷困潦倒,被人遗忘,犹如隐入了幽暗阴森的幽灵世界。雄奇的作品像巨人一样时时掩住拉撒路形销骨立的身影——他在他的苦难和创痛之中一天天向死亡靠近,只有那创造的意志创造了拯救的奇迹,每天把他从深渊中唤起。十五年之久,尼采的房间如同一具棺材,他不知出出进进多少次,一次次受苦,一次次死去,又一次次复活,直到过度兴奋的大脑终于崩溃。这位时代的陌路人摔倒在都灵的街道上,还是陌生人发现了他。陌生人把他抬到卡罗·阿尔伯尔托路一个陌生的房间

---

① 作者在此处使用了一个尼采创造的词语 Vielsamkeit,该词系从 Einsamkeit(孤独)变化而出,以 Viel(众多)代替了原来的词根 ein(独自),从而表达尼采尽管与众人在一起,却仍旧孤独的感受。

里,没有人目睹他的精神死亡,一如没有人目睹他的精神生涯。黑暗和神圣的孤独笼罩着他的毁灭。一个最伟大的思想天才孑然一身,无声无息地坠入了漫漫长夜。

疾病的辩辞

> 不能置我于死地的,
>
> 使我更加坚强。

声声呻吟来自饱受病痛折磨的躯体,全身各处罹患的病症可以列出一张长长的单子,其中末尾的一项尤其可怕:"在我生命中的每一年,痛苦都可怕地变得过量了。"真的,在这疾病的群魔殿中,简直一个病魔都不缺:头痛,锤击般使人麻木的头痛,能把这晕眩中的人击倒在沙发、床榻上数日之久。伴随着吐血的胃部痉挛、偏头痛、发烧、毫无食欲、疲倦乏力、痔疮、肠阻塞、冷战、盗汗——可怕地周而复始。再加上"瞎了四分之三的眼睛",稍有劳累,便开始肿胀、流泪,令这个用大脑劳作的人"每天只准用眼一个半钟头"。但是尼采无视这些保健措施,每天有十个小时在书桌前度过。于是过度征用的大脑开始报复了——用剧烈的疼痛和一种神经紧张的超常运转,夜晚,身体早已经疲惫不堪,它却不肯立刻停止转动,而是继续翻搅着幻象、念头,直到安眠药的强力使它麻痹。但随着剂量与日

　　　　　　　　与心魔搏斗

俱增(两个月之内,为了获得可怜的一点睡眠,尼采要用掉五十克氯水化合物),胃又开始抗议了,它不愿付出如此高昂的代价,造起反来。于是 circulus vitiosus(恶性循环)形成了,几致痉挛的呕吐,新一轮的头痛又需要新的药物。被激怒的器官,在疯狂的游戏中将痛苦这只长满刺的球互相抛来抛去,这是一场毫不留情、互不相让的激烈内讧。一个个回合间从不休战,没有短暂的安宁平和,没有一个月他能感到惬意舒心,忘却病魔缠身的自己。二十年间的信件里,几乎找不出几封不是字里行间发出声声呻吟的,他那过于敏感、清醒而受了刺激的神经刺蜇折磨着他,使他日益发出狂躁、暴怒的呐喊。"死吧,这对你更轻松些!"他向自己喊着,还写道,"一支手枪现在倒是一个比较令我愉快的念头",或者"可怕的、不间断的折磨使我渴望着结束,从一些迹象来看,脱离苦海的那一击已经临近了"。他已经找不出极端的字眼来形容极度的痛苦了,这痛苦那么尖锐,又那么迅猛地一再袭来,可怕的号叫,几乎是仅剩的声音了,那几乎不再是人发出的,而真像是从他"狗窝式的生存"中传来的吠叫,刺进人的耳朵。这时,冷不丁——人们惊骇于强烈的对比——从《看哪,这人》中一声坚忍、高傲、顽强的自白像一束火焰腾空而起,似乎要证明那些呻吟是弥天大谎:"总之,从根本上说,我(在最近的十五年中)是健康的。"

究竟哪一个算数呢?是声声呻吟,还是这句顶天立地的宣言?都是真的! 尼采的身体各部分本是健康而有抵抗力的,内部的骨架高大宽阔,能够承受最沉重的负担。他的根子深深扎在健康的德意志游牧民族的大地上。总之,从禀赋、机体、肉体与精神的基础来说,尼采确实是强健的。只是相对于他丰富的感觉,他的神经过于敏感,因而总是处在躁动的反抗之中(不过这反抗从不能动摇精神的绝对统治)。尼采曾说,他的病痛是"小规模射击",以此形容这种危险、安全参半的状态,可谓找到了最精当的字眼。因为在这场战争中,他内在力量的堡垒从不曾真的被冲开缺口。他就像格列佛,疼痛像那群小矮人,他们充其量只是在他周围不断骚扰罢了。他的神经永远处于戒备状态,时时刻刻警醒、观察着四周的一切动静,准备着做艰苦卓绝、耗神费力的自卫。没有一个病魔攻入他,征服他(也许只除了一个——它用二十年的时间暗暗挖掘了一条直通到他的精神堡垒之下的暗道,然后猝不及防地引爆了埋藏其中的地雷)。一颗伟岸如尼采的灵魂是不会屈服于任何零星火力的,只有一次爆炸才有可能摧毁他花岗岩一般坚强的头颅。于是对峙着的,一边是对抗病魔的坚忍之力,一边是始终活跃着的精细敏感的神经。尼采的每一根神经——不管是肠胃的,还是心脏的、感觉器官的——都像是一支精密无比的气压计,他的指针对哪怕微弱到纤毫的变化、张力,都会痛得剧烈摆动起来。什么都逃不过他肉体的意识(正如逃不过他的思想)。

在别人那里纹丝不动的神经纤维,在他身上便立刻撕扯着报告它感知的信息,这种"过度的敏感"将他天生旺盛的生命力敲成无数尖利、危险、一碰便痛如锥刺的小碎片。因此,只要他稍有举动,或者在生活之路迈出突兀的一步,触到了这些裸露、颤抖的神经,我们便听到他那撕心裂肺的惨叫。

尼采的神经是如此不可思议地敏感，简直像具有魔力一般，能够对在别人那里转瞬即逝、朦胧地深藏在意识阈限之下的细微差别做出痛的反应，这种可怕的、魔鬼般的敏感，是他的痛楚唯一的根源，也是他评估价值的天才的源泉。他根本不需要有任何实体的、促使他的血液发生生理反应的情绪——单是大自然中每时每刻都在发生着变化的空气就足以引起他无尽的痛苦。可能从未有过一个思想型的人像他一般对空气这么善感，简直就是气压表的水银计，在他的脉搏与气压之间，在他的神经与空气湿度之间似乎存在着某种神秘的电流感应。他的神经会通过器官的痛感报告每一米高度差、每个气压差，并且敲击着与躁动的大自然两相吻合的反叛意味的节拍。雨、荫翳的天空都会使他心情沮丧，活力顿减（"阴云密布的天空将我抛入深谷"），甚至连他的内脏都能感到层层乌云的重压，雨水"冲淡力量"，潮湿使他"疲弱不堪"，干燥倒使他充满活力，太阳更是将他拯救，严冬则意味着破伤风和死亡。他神经晴雨计的指针，像变幻莫测的四月天摇摆不定，从不会静止下来，即使是在万里无云的晴空下，即使是在没有一丝风的高原之上。就像感受大自然中的天气变化，他敏感的器官也同样觉察得出精神世界的天空中任何一点压迫、阴郁或痛快淋漓、横扫一切的疾风骤雨。因为，每当一个想法倏地在脑海中闪亮，它总是霹雳一般抽打在绷得紧紧的神经束上。尼采的思想总是在陶醉狂喜之中进行，犹如被电流击中，以至于他的身体像是遭遇了一场狂风暴雨，而"每当感情强烈地爆发,整个血液循环的改观只消片刻工夫便足矣了"。毫不夸张地说(在最严格的意义上),在这最有活力的思想家身上,精神、肉体与氛围之间是那样紧密地联系在一起,以至于他觉得自己的内部、外部反应已经合二为一:"我已经不是简单的精神加肉体,而是第三种东西。我作为一个整体去感受痛苦,我的痛苦也是一个整体。"

　　这种与生俱来的禀赋于是被精心培育成一种区分一切刺激的能力——穿过他生活中那静止窒闷的空气,穿过他长达几十年的隐居生涯。由于在一年的三百六十五个日日夜夜里与他亲近的唯有他自己的身体,没有妻子也没有朋友,一天的二十四个小时里除了他自己血管里流动的血液再也没有别人同他交谈,他于是同自己的神经进行着一场无休止的对话,在这一片死寂之中,他像一切隐士、劳心者和独居的鳏夫一样,手里总拿着他的感觉这只罗盘,仔细观察着他身体的每一点细微变化。别人时时会忘掉自己,因为他们的注意力被闲聊、生意、游戏和无所事事等吸引开去,也因为酒精和冷漠使他们变得迟钝。但一个如尼采这样的人,一个诊断疾病的天才医师,总是禁不住诱惑。心理学家总是拿自己当试验品和供试验用的动物,对审视自身的病征感到无穷的好奇心和乐趣。集医生、病人于一身的他不停地用尖尖的镊子揭开神经,露出痛处,像一切生来神经质和想象力丰富的人一样,令他本就异乎寻常的敏感变本加厉。不信任医生,他便充当自己的医生,并且终其一生给自己"看病开方",任何药物、疗法,只要是想得出来的,他都要尝试——电流按摩、限定饮食、饮水疗法、温泉浴……他时而用溴麻痹药物刺激神经所产生的兴奋激动,时而又用别的药物来刺激它。他对天气的敏感逼着他不停地寻找一个特别的环境,一个正好适宜他生活的地方,一种"他心灵的气候"。他这一阵在卢加诺,因为那儿有海边的空气而没有风,那一阵又在普菲佛尔斯和索伦托,过一阵又认为拉加茨的温泉能帮助他忘却病痛的身体,或者圣·莫里茨的疗养区、巴登·巴登或马里安温泉的水能令他惬意。有一年春天他得待在恩加丁,因为他发现那儿"空气中臭氧成分多",与他本性相近,然后又得去一个南方城市——空气"干燥"的尼斯,随后是威尼斯或者热那亚。他一会儿急着赶往森林,一会儿又奔向海边、湖滨,不久又要去轻松愉快的小城市,因为那儿有"清淡可口的美食"。天知道,这惶惶然奔波在旅途中的人沿着铁路线经过了几千公里——就为了找到这些神奇的地方,让他那灼烧撕扯着的神经、器官别再永远保持清醒。渐渐地他从如此这番折腾的经验中提炼出自己的一套"健康地理学"。为了找到那个地方——他像阿拉丁找那只指环一样地寻找着——,以期最终能够控制自己,使自己身心安宁,他遍览厚厚的地理学著作,没有哪个地方远得让他打消去那儿的念头:巴塞罗那在他的计划之列,墨西哥高山地带也是同样,去阿根廷,甚至去日本的念头他都动过。地理状况、气候、营养学,这些渐渐成了他的第二专业。每到一处,他记录气温、气压,用水流计、温度计量出精确到毫米的降水量和湿度。在饮食上也是一样夸张,也有一长串名单,一张医学的禁忌规则表:茶必须是某一个牌子,沏的浓度要一定,使他的肠胃能够接受;肉食是危险的;蔬菜必须按一定的方法烹调。渐渐地,在这种没完没了的自我诊治之中染上了一丝一意孤行的色彩,他无时无刻不在紧张地关注着自身的一切。再没有什么比这种活体解剖更加剧尼采的痛苦。这位心理大师总是比别人承受更强烈的痛苦,因为他双倍地体验着他的痛苦——一种是在现实之中,还有一种是在反躬内视的时刻。

但尼采是一个善于转变的天才。与擅长躲避危险的歌德相反,他另有对付危险的惊人之举,那就是纵身一跃,迎头揪住危险的犄角。我刚才想说的是,心理学和思想把他驱入痛苦的深渊,但也正是心理学和思想使他恢复健康。他本来已经在长达十年的煎熬之后跌入了"活力的深谷",让人以为他已经被他的神经撕碎摧垮了,从此将一蹶不振。但是,就在这样一种精神状态之中,突然亮起一道"克服"的闪电,一种彻悟和自我拯救,这样的情形出现过不止一次,它们使他的精神历程跌宕起伏,扣人心弦。刹那间,他一把揪住病魔,把它拽到自己身边,压在心上。这是一个神秘莫测(说不出具体日期)的时刻,是闪现在他作品中的灵光,与此同时,尼采为自己"发现"了他的病魔,惊讶地发现自己仍然活着。在极度的消沉之中,创造力不但没有麻木,反而更加敏锐坚强,于是他宣告:这些病痛,这些憾事是他生命中的"事业",他唯一神圣的事业,他的精神从这一时刻起不再与他的肉体同受煎熬,他头一次以一种全新的眼光看待他的生命,在更深刻的意义上看待疾病。他伸开双臂,心甘情愿地接受它们为他自己的命运中不可或缺的组成部分。对痛苦,

与心魔搏斗

他一视同仁地说一声"是",因为他是"生命的赞同者",他热爱自己生命中的一切。查拉图斯特拉纵情地欢呼和歌唱——"再来一次,永远再来一次"。从接受之中产生了认识,而从认识之中又生出感激之情,因为,当他挪开注视自身痛苦的目光,转而高瞻远瞩,他发现(他为"无限"的魔力感到无比喜悦),这世上没有一种力量比病魔与他有更紧密的联系,给予他的更多,他该感谢这个最残忍的执刑人:为了他的自由——肉体和灵魂的自由。因为他想要停步不前,陷入松弛懒散,迟钝浅薄,故步自封于职务、职业、思维方式中的时候,它总是鞭策他,强迫他活跃起来。他感谢疾病使他逃脱了兵役,重获钻研学问的机会。他也感谢疾病把他赶出古典语文学、赶出巴塞尔大学的小圈子,"退休"之后得以进入世界,回到他的自我。衰弱的眼睛使他得以"从书本中解脱","这是我为自己做的最大的一桩善事"。他的痛苦,将他从一切想要长在他外面的树皮,从一切束手缚足的罗网中剥离出来(虽然痛楚不堪,但获益匪浅)。他宣布,"病魔松开掌心,将我放了出来",它是他身内孕育着的那个人的助产士,既赋予他生命,也赋予他生之痛苦。他感激它,因为新的生命、新的眼界取代了一切陈规旧习。"我仿佛重新发现了生命,包括我自己在内"。

使他明察一切的,唯有痛苦;这受尽折磨的人在唱给痛苦的颂歌中为他所受的煎熬欢呼。那些天生像熊一般健壮的人迟钝而知足,他们没有追求也没有疑惑,因此,身强力壮者是不会创造出心理学来的。一切认识都来自痛苦,"痛楚总是盘根寻底,快乐却往往止步不前,也不回顾来路"。人"在病痛中会变得益发敏锐",那种痛苦,那种始终撕心裂肺的痛苦挖掘着心灵的田野,而正是这痛苦的挖掘、耕耘才翻松了土壤,令精神结出累累硕果。"最深切的痛楚能使精神最终获得自由,它迫使我们深入自己内心的最后角落",谁在痛苦中迫近死亡的边缘,谁才能骄傲地说:"我对生命知之甚多,因为我屡屡险些失去它。"

如此看来,尼采之所以能够战胜痛苦,靠的不是投机取巧,也不是对他的身体状况视而不见,而恰恰是与其针锋相对:这个价值的发现者发现了自身疾病的价值。他是一个反其道而行之的刚烈之士,他并非先怀抱信念而后才能忍受痛苦,而是从痛苦暴虐的酷刑中树立起信念。但他这门"认识"的化学不仅发现了他的病痛的价值,而且还发现了它的对立面——健康的价值,二者结合才给人以完整的生命感受,痛苦与激情之间永恒的剑拔弩张,使人得以射进无穷。二者都是必需的——疾病是手段,健康是目的;疾病是道路,健康是目标。因为,在尼采的心目中,痛苦只是疾病黑暗的此岸,而彼岸则沐浴在难以名状的一片光明之中,它叫作新生,它比达到通常的生存状态更加意味深长,它绝不仅仅是转变——不,它意味的多得多——它是增强、提高、精练。从病魔掌中逃脱,人会变得"更坦白,更敏感,更善于享受快乐,更敏锐地品出一切美好的东西,感官更加活跃",既有着赤子的天真,较之从前,又更加精明机敏。这疾病背后的第二种健康不是垂手而得,而是被心灵迫切渴望出来的,是无数的叹息、呻吟和濒临绝境换取来的,这种"饱经磨难、征战"而来的健康比一向无病无灾的人那种迟钝麻木的惬意更千百倍地生机勃勃,而谁要是一度品尝过这种战栗的快感,这种令人陶醉的狂喜,谁就会焦灼地企盼再度体验它。他乐意一再投身于痛苦那熊熊燃烧的烈火之中,只为了能一再找回那种"恢复健康的令人心醉的感觉",找回那种辉煌的醉意,它胜过酒精、尼古丁这些普通的兴奋剂千百倍。尼采刚刚发现了痛苦的价值和健康带来的欢乐,他便要将其变成神圣的使命,赋予它世界的意义。像一切魔鬼气质的人一样,他顺从了自己的激情,从此,快乐与痛苦之间的碰撞交替激起的火花再不能使他满足;为了向至高、至乐、至纯、至强的新生腾跃,他还要受更深的煎熬;在这渴望的激情之中,他渐渐地把自己追求健康的强烈意志与健康本身混淆了,把自己的高热当成了活力,把跌跌撞撞走向衰弱的步子看作充满了力量。健康!健康!自我陶醉之中的人高高地擎起这个字眼,像一面旗帜一般展在空中:它应该成为世界的意义所在,生活的目标,一切事物的尺度,唯有它是一切价值的标尺。几十年的光阴,他在黑暗中摸索,从一个苦难走向另一个苦难,而现在他唱着生命力的赞歌,醉心于统治一切强力的力量的赞歌,他挥动起权力意志和生命意志的大旗,带着燃烧的色彩,走向坚韧,走向残酷,他意气风发地走在新人类的前面,却浑然不知,那鼓舞着他高擎旗帜的力量也正是那即将向他射出致命一箭的力。

原来,使尼采激情洋溢地唱起酒神颂的最后的健康,本是一种自我暗示,是"臆想"出来的。正当他陶醉于自己的力量,举起双手向天空欢呼时,正当他在《看哪,这人》①中大书特书他的强壮健康,并起誓从不曾患病、颓废的时候,他的血液里,电光已隐隐闪现,在他心中高唱着凯歌的已经不是生命,而是逼近的死神。他误以为光明、力量的高潮,恰恰潜伏着疾病那夺命的最后一跃。而今天无论哪个医生都会一眼诊断出他最后时刻那种极好的感觉是回光返照,是典型的崩溃前夕的舒适感。那璀璨光明的幸福已然从另一个世界,从魔幻般的"现时"彼岸迎面而来,在他生命的最后时刻淹没了他,令他在狂喜中战栗。但醉意蒙眬的他,已经不可能知道了。他只觉得自己沐浴在大地之上一片光辉灿烂的仁慈之中,他的脑子里燃烧起思想炽烈的火焰,言辞如泉涌,音乐盈溢在他的灵魂。他放眼哪里,哪里就向他放射安宁的光芒——街上的人都向他微笑,每一封来信都捎来神的旨意。在幸福的晕眩之中,他在最后的信中向友人彼得·加斯特喊道:"为我唱支新歌吧!世界变得美丽神圣,天空也笑逐颜开。"正是来自这神圣天空中的燃烧的光芒,击中了他,顷刻之间,痛苦与幸福烟消云散。这两种感受同时刺入了他坚挺的胸膛,在急剧起伏的太阳穴中,鲜血将生与死合成一支独特的末日预言之曲。

---

① 《看哪,这人》是尼采后期的自述著作,创作于 1888 年。尼采本人认为:"这本书具有绝对的重要性,它为我本人和我的著作提供了某些心理学和传记性的材料。"

认识的唐·璜

> 重要的是永远活跃,
>
> 而不是永远活着。

伊曼努尔·康德对待认识就像对待一个嫁了他的女子,四十年之久与之同床共寝并在德国创立了一个由哲学体系组成的大家族,其子息一直延续至今。他同真理的关系完全是一夫一妻式的,所有他思想的儿子们,如谢林、费希特、黑格尔、叔本华,也同他如出一辙。促使他们研究哲学的,完全是一种神圣崇高的追求秩序的欲望,是一种德国人特有的、务实的意志,它要求约束思想,构筑井然有序的存在,他们热爱真理,这爱是真诚、持久、忠实的,但这爱中决然没有情欲,没有那种令人备受煎熬以致形容憔悴的欲望。他们心目中的真理,是一位妻子,是一笔牢靠的家产,他们与之联系在一起,直到死神降临的一刻,也不会做出对其不忠的事。因此,在他们与真理的关系之中,总有那么一种庸庸碌碌的东西——确实,他们之中的每一位都给自己盖起了一栋藏着娇妻暖床的房子,那就是他们的体系。他们各自在杂木丛生的原始世界中为人类开辟出这些思想的田野,并勤勤恳恳地耕耘着。他们小心翼翼地拓展着他们认识的疆界,靠辛勤和汗水收获积累着他们的思想果实。

尼采的认识激情却来自一种与他们截然相反的气质,来自感觉世界的对跖点。他对待真理是一种几近中了魔一般的、因激情而战栗的、带着灼热的呼吸的、压迫着神经的、充满着好奇的欲求,从来得不到满足,也永远不会衰竭,他从不停滞于任何一个结论,在任何一个答案之后都要焦灼、不羁地继续发问。他从不将任何一个已经获得的认识系于身侧,信誓旦旦地与之结为夫妻,建立他的"体系"、他的"理论"。什么都吸引他,但什么都不能使他止步不前。只要一个问题被窥破了秘密,失去了羞涩的童贞和魅力,他就毫不同情,也毫无妒意地将它留给后来人,再也不为它操心,他的欲求永无餍足,在这一点上他就像唐·璜那个高超的引诱者找遍了一个又一个女子,尼采也找遍了一个又一个认识,要找到那永远不会现身、永远不能真正触及的认识。吸引他、使他痛苦乃至绝望的,不是征服、进驻、占有,而永远是发问、寻觅、追逐。他喜爱的是风险,而不是稳定——这是《圣经》意义上的认识,男人"认识"了女人,同时使她不再保有秘密。作为一个价值相对主义者,他知道,所有这些急切地攫取财产一般的认识行为都不是真正的"终极认识",终极真理是不容占有的,因为"自以为掌握了真理的人会阻碍多少事情的进行啊!"因此,尼采从不像管家似的量入为出地过日子,也不为自己的思想建屋立厦:永远身无长物——这是他的意志,或者不如说,出于他天性中那股逼迫他浪迹天涯的力量,他只能这样,头上没有屋顶,身畔没有妻儿、使役,却有追逐猎物的热情、快乐作补偿。像唐·璜一样,他不喜欢感觉的持久,而醉心于那"令人欣喜若狂的伟大瞬间"，吸引他的唯有思想的历险，那"危险的'也许'"，只要你仍在穷追不舍，它就总使你激动，令你奋进；而即使你抓住它，它也不会使你满足——他不要战利品，而是（正像他自称"认识的唐·璜"一样）只要"不断追求认识，又不断被认识要弄而感到的兴奋、刺激和欲罢不能的快乐——直到接近认识那浩瀚的星空——，最后除了那个令人痛苦的认识，再没有什么可以追求的，就像那位饮鸩而亡的智者①"。尼采精神中的唐·璜不是一个伊壁鸠鲁派，不是耽于享乐的人：为此所需的那种吃饱喝足、懒洋洋的惬意的消化过程是高贵而神经敏感的他所不具备的；他不会吹嘘他的胜利，也从不曾心满意足。一个追逐女性的猎手自己——就像思想领域中的宁录②——也始终被一种抑制不住的冲动所诱惑，蛊惑女性的人，自己也被蛊惑着去揭开女性童贞的秘密，尼采就是这样为了问而问着，那是他心中不可遏制的心理学上的欲望。对唐·璜来说，秘密在所有的女人身上，但没有一个女人身上有秘密，因为他使她们一夜之间失去秘密，永不复回；完全像对那位心理学家一样，在所有的问题上每个女人只有一夜的秘密，而没有永远的秘密。真理只是瞬间的，而没有一个问题的真理是永恒的。

因此，尼采的精神生活根本没有安宁的一刻，没有镜子一般平静的表面。它是湍急的，游移的，充满突如其来的转折点和激流。在其他德国哲学家那里，生命像一首娓娓道来的叙事诗那样从容不

---

① 这里指苏格拉底。
② 宁录（Nimrod），《圣经·旧约》中英勇的猎人，挪亚的曾孙。

迫,他们的哲学,就像是一件拆开、理清线团之后安安逸逸编织下去的毛线活儿。他们推究哲理,就仿佛一旦坐定便懒得挪窝儿一般摊开了手脚,他们在思维过程中,几乎从没有血压升高的迹象,也缺乏搏击命运的热情。在康德那里,从来没有过一种一旦停止思想就会痛苦万状的精神;叔本华自从30岁时完成了对"作为意志和表象的世界"的认识,就过起了一种赋闲的生活,时不时发出一个原地踏步者的不满的抱怨。他们都迈着谨慎、牢靠的步伐走在他们自己选定的道路上,而尼采却始终像是被追赶着一般,一再地走上他自己也不认识的道路。因此,尼采的认识历程(像唐·璜的那些奇遇一样)充满了戏剧性,是一连串既惊且险的插曲,是一出马不停蹄一般高潮迭起的悲剧,在不歇的战栗的急切之中升至顶点,最终不可避免地跌进无底的深渊,摔得粉身碎骨。正是这种永无止息的探求、决不能终止的思考、这般逼人前行的魔力,将这个独一无二的生命造就成一出闻所未闻的悲剧、一部引人入胜的(因为它绝无平淡无奇的市民气)艺术作品。尼采被"诅咒"了,他注定一生要不停地思索,就像那个童话中注定要不停地追逐猎物的猎人。他的乐趣,成了折磨他的痛苦、烦恼,他像被追逐的猎物,总有着滚烫的呼吸,激越的脉搏;他的灵魂,是一个不知何为休息、何为满足的人的灵魂,渴望着,煎熬着,"你刚刚开始喜欢上一样东西,还不等你倾心相许,你心中那个暴君就发话了(我们甚至不妨称他为那个更高的自我):我要的正是这个,把它给我。而我们偏就给了,但这是一种虐待,是烈火焚身。"像中箭而逃的野兽凄厉的吼声,尼采,这个欲罢不

与心魔搏斗

能地走在认识之路上的人喊道:"对我而言到处都有 Armiden 的花园,因此我的心总要挣脱,总品尝着新的苦难。我只能抬起我疲惫受伤的脚上路而别无选择,只能回头向那无比美丽却无法将我挽留的东西投去幽怨的一瞥——因为它不能把我留住!"

这发自肺腑的呐喊,这从痛苦的深渊中传来的动人心魄的呻吟,在尼采之前德国号称哲学的领域里,是绝对听不到的:在中世纪的神秘主义者那里或许能听到,在异教徒和哥特教堂中的圣徒那里,偶尔也通过神秘模糊的只言片语迸发出类似的饱含痛苦的激情。帕斯卡尔①——他的灵魂在怀疑的炼狱之中接受洗礼——也拥有一颗上下求索的灵魂,经历了激情和毁灭。但在莱布尼茨、康德、黑格尔、叔本华那里,我们从不曾被那样一种激情的声音打动。因为,不管这些科学巨人有多么正直,多么勇敢坚毅地为整体殚精竭虑,他们毕竟没有把他们整个的人——灵魂、五脏六腑、神经、肉体——同他们的命运一起投入到追求知识的壮举之中去。像蜡烛只燃烧顶部一样,他们只消耗大脑的精力,他们生活中的另外一部分——世俗的、私人的、与他们切身相关的那部分——则始终无风无险,四平八稳。而尼采总是拿自己的全部身心去冒险,他不仅是用他的"思想那冷静而好奇的触角",而且是以他全部命运的冲击力量置身于危险之中。他的思想不单来自大脑,同样也从他沸腾的

---

① 布莱兹·帕斯卡尔(1623 — 1662),法国数学家、物理学家、哲学家、散文家。晚年兴趣转向神学方面,从怀疑论出发,认为感性和理性知识皆不可靠,从而得出信仰高于一切的结论。强调"微妙的精神"(直觉)高于"几何的精神"(演绎),通过直觉才能洞察宇宙的真相。

血液、颤动的神经、不知满足的感官——从全部在握的生命感中爆发出来。因此，像帕斯卡尔一样，他的认识凝聚为"一部充满激情的心灵史"，是一连串出生入死的历险，是一出惊心动魄的人生戏剧（而其他那些哲学家传记则只无限夸大他们的精神生活）。然而，即使是在最深重的苦难之中，他也不愿用他"险象环生的生活"去换取他们井井有条的生活，因为，其他人在认识过程中寻求的 aequitas animae，即灵魂的安宁，抵御感情泛滥的护墙，这正是被尼采认为是对生命力的扼杀而深恶痛绝的。这个悲剧英雄要的不是"但求温饱的可怜追求"，不是与日俱增的稳定感，不是防范经历的胸墙。不要安全，永远不要满足！一个人怎么可能置身于此在的变幻莫测和丰富内涵而不发问，不因发问的渴望和快乐而战栗！——他这样高傲地讥讽那些动辄知足的平庸之辈。让他们尽管冻结僵化，把自己裹在他们体系的贝壳里吧，他可是只倾心于那充满惊涛骇浪的冒险生涯、无尽的惊喜和失望。让他们继续在他们体系温暖的窠臼里妥善经营他们的哲学，兢兢业业地发家致富吧，他向往的却是那以生命为赌注的一搏。这个热衷历险的人甚至连自己的生命也不吝惜，他要得更多："重要的是永远生机勃勃，而不是长生不死。"

随着尼采的出现，德国认识领域的大海上第一次飘起了黑色的海盗旗：他来自另一个血统，是另外一种人，哲学不再站在科学的讲坛上，而是斗士一般佩戴盔甲。他之前也有些英勇无畏的航海者，发现了大陆和国家，但在某种程度上是怀着一种文明开化和获取利益的意图，是为了人类而去获得它，是去完善思想世界的地图。他

　　　　　　　与心魔搏斗

们在征服之地插上旗子，建城立庙，铺设通向新的未知的道路，总督、执政接踵而至，坐享其成——这就是那些评注家、教授、有教养的文明人。但他们的辛劳的最终目的总是安宁、平和、保障。他们要扩充规范、法则，建立更高的秩序。而尼采闯入德国哲学领域，就像16世纪末拉丁美洲沿岸的那些狂野不羁之徒，一群走投无路的海盗，不隶属于哪个国家，也不臣服于哪个国王，无家可归。像他们一样，他从不为自己或后来的什么人去征服什么，既不为神明，也不为国王或信仰，而就是为了征服的快乐，因为他不想夺得、占有任何东西。这个激情洋溢地扰乱一切黯淡、平和安逸的人就是喜欢搅乱人们怡然自得的安宁，用火、用惊骇散播清醒。清醒于他，就像酣睡对好静的人那样珍贵。他所到之处——就像那些海盗身后——留下的是遭劫的教堂，被亵渎的年代上千的圣物和坍塌的祭坛，被羞辱的多愁善感、奄奄一息的信念，被冲破的道德栅栏、燃烧的地平线、预言勇气和力量的烽火。他从不回头，对所得的一切，既不沾沾自喜，也不想据为己有。未知的一切才是他驰骋的广阔天地；释放他的能量，"惊扰昏昏欲睡的众人"，这是他唯一的乐趣。不属于某种信仰，也不效忠于任何一个国家，这个反道德主义者时刻准备着为新的凶险航程在断桅上扯起黑旗，他觉得有一股魔力将他与前方神圣的未知、未定联系在一起。孤身赴险的他自豪地唱起他的海盗之歌——他的火焰之歌、命运之歌：

是的，我知道我来自何方，

永不满足，像火焰一样，

我燃烧着自己，我发光，

我攫住的一切都变得明亮，

我抛弃的一切已化作灰烬，

而我自己，一定就是那火焰。

诚实的激情

你只有一个戒条：纯洁。

《新受难曲或正直的激情》——这是尼采早年计划撰写的一本书的题目。最终他并没有写出这部书，但他做得更多——他"活"出了这本书。因为，那几乎达到自我折磨地步的热烈地追求正直、诚实的激情，这是孕育了尼采成长、转变的胚胎。

诚实、正直、纯洁——这似乎有些令人惊讶，在"反道德主义者"尼采这里，我们居然发现，那激励他的最原初的推动力不是别的，恰恰是市民们引以为豪的美德——诚实、正直，直到踏进冰冷的坟墓，地地道道的"穷人美德"，绝对中庸的传统的感情。然而对于感情来说，决定一切的是它的强度，它的内容则什么也说明不了；有过那么一些天性中具有魔鬼般力量的人物，他们令那些早已变得平和的、温吞吞的概念再次紧张、活跃起来，凡被魔力攫住的，总是会重新回到混沌状态,重新灌注了不羁的力量。因此,一个尼采所具有的诚实品格与被那些循规蹈矩之人弱化成"正确"的正直毫无相同之处——他对真理的热爱简直就是一个追逐真理和明晰的魔鬼,是一只狂野的、钟情于追捕猎物的猛兽,有着无比灵敏的嗅觉本能和极其强暴的劫掠欲望。尼采式的正直与小商贩那家禽般驯服、节制的谨小慎微的本能毫无共同之处,也完全不同于某些思想家那种米夏埃尔·科尔哈斯式的正直——公牛一般暴躁,蒙着眼罩,只顾冲着他们自己认定的那种真理一头撞去。而尼采追求真理的激情不管爆发得如何强烈,却始终太过敏感、太有修养了,根本不可能陷入头脑狭隘、目光短浅之中;这激情从不会作茧自缚,原地打转,而是如跃动的火焰,从一个问题燃向另一个问题,舔舐它们,洞彻它们,但永远不会餍足。在尼采身上,激情永远不会消失,同样永不中止的是诚实——二者完美地结为一体。也许从不曾有人像他这样,既是一个伟大的心理学天才,同时又具有如此坚强不渝的高尚品格。

因此,尼采注定要成为一个头脑无比清醒的思想者:谁把心理学作为一种激情来理解和从事,他的全副身心就会以那种对尽善尽美的欲求去感受。诚实、真实——我权且称其为市民的美德——一向被务实地体验为精神生活必需的催化剂,在他那里却是音乐一般的享受。在这里,明晰具有了魔力。这个艰难地摸索着前行的半盲人,这个对着黑暗中的夜枭一般生活的人,在心理学的领域中却有着鹰隼一般锐利的目光,能在刹那间以无比的准确无误从他无垠的思想天际中射向地上哪怕最微小的一丝颤动和转瞬即逝的细节；在这个举世无双的认识者、心理大师面前，任何隐瞒、遮掩都无济于事。他的射线一般的目光能穿透衣衫、肌肤、骨肉、毛发，射进每一个问题的内核。而且，正像他精确测量仪一般的神经能够对大气压的每一点变化做出反应，他那同样敏锐的头脑也以同样准确的反应记录下道德世界中的每一点细微变化。尼采的心理学，根本不产生于他钻石般坚硬纯净的头脑，而永远出自他整个身心对价值的极度敏感，他绝对尝得出、嗅得出——"我的天才在我的鼻孔里"——人类的、精神的事物中一切不完全纯洁、清新的东西："我具有一种极易受刺激的、爱干净的本能，它使我能够从心理上察觉到闻得出每个人的内心深处、五脏六腑。"他准确地嗅出，哪里掺杂着伪善，教堂的袅袅香烟，艺术的谎言，关于祖国的空话，以及任何良知的麻醉剂。他的嗅觉器官对一切腐烂败坏、病病恹恹、精神贫瘠都格外敏感，因此明晰、纯洁、干净之于他的头脑，正如纯净清新的空气之于他的身体——我在前面也描述过——，都是不可或缺的生存条件。这确实是他自己期望的那种心理学，是"对身体的阐释"，是把神经的特性延伸到大脑，和他能预见未来的善感相比，别的心理学家无论如何都显得迟钝笨拙，即使是差不多同样善感的司汤达也不能与他相提并论，因为他缺少激情的重音、强烈的爆发，他只是悠闲地记下他的思索，尼采却是用他全部身心的力量扑向一点一滴的认识，就像猛禽从高空俯冲向一只小动物。唯有陀思妥耶夫斯基有着差不多同样明察秋毫的神经（也是出于过度的紧张和病魔煎熬之下的善感）；但陀思妥耶夫斯基在真实性上又不及尼采，他有时不够公正，有在认识之中夸张的倾向；而尼采，即使是在狂热的激情之中也不会去丢弃他一丝一毫的正直。所以大概没有人像他这样天生就该是个心理大师，没有一个头脑像他的一样天生是一支心灵气象学的精密气压计，价值研究中从不曾使用过如此精密如此细微的仪器。

然而，心理学要达到尽善尽美，仅有精心选择出来的最精巧、最锋利的解剖刀是不够的。心理学家的手也必须像钢一样，既柔韧又坚强，在手术过程中，它不可以颤抖，不可以畏缩，因为心理学仅靠天赋是不得穷尽的，它首先是个性格坚强与否的问题，是否敢于"思考一切所见"的勇气的问题。最理想的情况是像尼采那样具有认识的能力，它与充满那种原始的男性力量的认识意志结合在一起。真正的心理学家，必须在具有认识的能力时，也有认识的意愿，他不可以出于感情用事的考虑和暗自的胆怯畏惧将目光移向别处，敷衍了事，也不可以由于瞻前顾后、多愁善感而麻痹大意。在"以保持清醒为己任"的思想者那里，容不得任何妥协和解、大发善心、胆怯、同情以及平庸市民的特点（或者说美德）。精神的斗士和征服者不能在他探索的险途中，好心地放过任何一个已经触及的真理。在认识的问题上，"盲目不是谬误，而是胆怯"，善心则是犯罪，因为谁要是对羞辱和伤害有所顾忌，害怕听到被揭露者的惊呼，看到赤裸裸的丑陋，他就永远不能揭开最后的秘密。任何没有穷原竟委到极致的真理、真实都不具有任何伦理价值。由此我们可以理解，为什么尼采对于一切出于头脑懒散和怯懦而辱没果决的神圣使命的行为是那么严厉，为什么他对康德把上帝的概念偷偷地从后门放进他的体系是那么愤慨，为什么他痛恨哲学研究中一切睁一只眼闭一只眼的行径，痛恨"暧昧的魔鬼"——它胆小如鼠，要把终极的认识遮掩抹杀。没有哪一个恢宏的真理是甜言蜜语哄骗出来的，也没有哪一个奥秘是假惺惺的推心置腹引诱出来的：只有施以强力，不留情面，自然才会现出它最宝贵的财富，唯有通过粗暴，"无尽诉求之可怕与高贵"才得以在"崇高的"道德中凸显。隐匿着有待发现的一切都要求强硬的手段、决不妥协的精神。没有诚实就没有认识，没有果敢就没有诚实和"认真精神"。"当我不再诚实，我就成了瞎子；在我意欲知道的时候，我也一定要诚实——也就是冷酷、严厉、刻薄、残忍、不讲情面"。

作为心理学家的尼采所具有的这种极端、强硬、严厉，并非像他鹰隼般锐利的目光一样，是命运的馈赠：这是他以生活为代价换取来的，他牺牲了他的安宁、睡眠和舒适。尼采原本有着温柔、友善、随和、开朗的天性，他的意志却以斯巴达式的残暴毫不通融、刻不容缓地抗拒他的感情，他半生的时间都在经受着火的洗礼。只有经过一番深入的了解你才能对这一饱含着痛楚的历程有所感受、领会。因为不仅是他生性中的"弱点"，温柔、好心，他还一并剪除了将他与人们联系在一起的一切人性的东西；他扼杀了自己与其他人之间的一切友情、联系、交往，而他最后的生活的一隅也渐渐地炙热、燃烧起来，谁想凑上前去摸一摸，就会灼伤自己的手。就像为了保持

与心魔搏斗

伤口的清洁而用硝酸银棒去烧灼它,尼采也残酷地灼蚀着自己的感觉,令它保持纯洁的诚实;他无情地苛求自己——用烧红的烙铁,那是追求终极的真实的意志:即使他的孤独也来自他对自己的逼迫。但是作为一个极端狂热的人,他会背弃他热爱的一切,甚至是理查德·瓦格纳——两人的友谊曾被他视作最神圣的结合;他害得自己穷困潦倒,离群索居,遭人记恨,不幸,一切只是为了保持真实,为了圆满地执行诚实的使命。像着了魔一样,激情——在他是诚实的激情——渐渐成了偏执狂,它的烈焰吞噬了他生命中的全部所有。不要提出诸如尼采到底在搞些什么名堂,或者他试图建立什么体系,追求什么世界观这类学究气的问题吧。尼采一无所求,在他身上,凌驾一切之上的追求真理的激情自得其乐,他对"为了某某目的"不感兴趣——尼采思考,但并非为了改善或者教化这个世界,也不是为了给世界或自己以慰藉,但醉心于其中的思考,以自身为目的,因自身而快乐,像一切具有魔力的激情,纯然是属于他个人的、自私自利的、原始而强烈的狂喜。在他尽情挥霍他充沛的精力时,从来牵扯不上什么"学说"——他早已超越了"教条主义那可贵的幼稚笨拙"——,至于宗教就更谈不上了。("在我身上绝没有丝毫宗教缔造者的影子,宗教是群氓的勾当。")尼采从事哲学,就好像它是一门艺术,而他作为真正的艺术家,寻求的不是冷冰冰的、不可更改的结论,而是一种风格——"道德的伟大风格"。而作为艺术家,他全身心地体味着、享受着灵感袭来时那醍醐灌顶的战栗。也许,称尼采为"Philosoph"(哲学家),即"智慧之友",真有些词不达意,因为激情洋溢的他总是不够明智;通常的哲学家追求的是感情的朦胧暧昧,休憩松弛,安宁平和,一种心满意足,别无所求的"褐色"智慧——是一种一旦达到,从此故步自封的信念,再没有比这更与尼采格格不入的了。他"需要并消耗"信念,得到的旋即丢掉,因此称他为"Philaleth"①也许更恰当,一个Aletheia(真理)的钟情者;他就像那贞洁而残忍的阿尔忒弥斯②,害得那些追求者在她身后穷追不舍,但即使撕碎了她的层层面纱,也依然捕捉不到她的身影。尼采心目中的真理,不是凝固、结晶的真理形式,而是真实。保持真实的火热的意志,是最高意义上的生命的丰盈:尼采从不想要幸福快乐,而只要真诚。他不去寻求安宁的休憩(哲学家十有八九是这样),而俯首听命于魔鬼,去寻求一切兴奋活跃的最高境界。然而,为了那不可企及之物而进行的搏击固然充满英雄气概,却导向了一个不可避免的终极结果——毁灭。

因为,像尼采这样过于激动、紧张、毫不容情地危险地要求真实、诚实,是绝不可能避免陷入与世界之间造成谋杀乃至自杀式的激烈冲突的。说到底,一切生命的存在离不开和解、顺从(歌德及早地认识到了这一点,他明智地在自己身上模仿重构着自然的本性)。为了保持自身的平衡,像一般人那样妥协、让步、同流合污是必要的。谁若是偏要倒行逆施,要自己像神一样,不肯在这个世上随波

---

① philaleth,希腊文,意为真理之友。
② 阿尔忒弥斯,希腊神话中的月亮和狩猎女神,阿波罗的孪生姐妹,掌管狩猎。她以贞洁著称,但很残忍,曾射死猎人俄里翁,把阿克特翁变成鹿,并让狗把他撕成碎块。

　与心魔搏斗

逐流,像世人一样浮浅、妥协、顺从,谁若是想奋力挣脱那张千年织就的习俗、传统、人际联系的大网,谁就身不由己地成为社会、自然的死敌。一个势单力孤的人越是无情地要求"绝对的纯洁",就越是成为时代的众矢之的。不管他是像荷尔德林那样,坚持要把更接近于散文的生命活出诗意,还是像尼采那样要把尘世间纠缠不休的千头万绪"思考清楚"——如此不明智然而颇有英雄气概的要求都会激怒习俗、常理,将独辟蹊径的人驱入绝难沟通的与世隔绝之中。被尼采称为"悲剧精神"的,即:使任何一种感情都毅然走向极端,超出精神的界限,进入命运,终于制造了悲剧。每个想逼迫生活显出唯一的法则,想在一片欲求造就的纷繁中独独使他自己那一个获得满足的人,他将变得孤独,并且就这样一直走向毁灭。——如果他毫无自知地行动,他就是个疯子;如果他明知危险却偏要向它挑战,他就是个英雄。不管对诚实的追求有多么执着,尼采都保持着清醒。他清楚自己身处什么样的险境,从最初的一刻,从他开始执笔写作,他就知道,他的思索围绕着一个险恶不祥的中心运行,他过的是一种危险的生活——但他不愧是一个精神的悲剧英雄——他热爱生命,正是因为他自己的生命面临着被毁灭的威胁。"把你们的房子建在维苏威火山的边上",他向哲学家们疾呼,想促使他们更清醒地意识到他们的命运,因为"一个人在自己的生活中所能独自对付的危险的大小",就是唯一能衡量他的价值的尺度。为了得到全部而把全部拥有投入到那场赌博中去,唯有这样的人才能赢得无限——因为他以自己的生命为赌注,他凡夫俗子的外壳便被赋予了无限的价值。"Fiat veritas，pereatvim"——让我们的生命作为代价被交付出去吧，只要真理得以实现。激情重于存在，生命的意义更重于生命本身。这种思想在他的巨大力量之下伸展，甚至不再局限于他个人的命运："我们都宁愿目睹人类的毁灭也不愿目睹认识的毁灭。"他的命运中越是充满危险，在越来越高远的精神的天宇中他越是感到靠近闪电，他对那最后的斗争的渴望就越是充满着挑衅的快乐。"我清楚我的命运。"他在毁灭即将来临之际曾说过，"总有一天，我的名字将使人想起一些非凡的东西：史无前例的转折，最深刻的良知的冲突，以及一个义无反顾的抉择——反对迄今为人笃信并被神化了的一切。"——但尼采挚爱这一切知识的深渊，他以他的全部身心迎着那致命的抉择而去。"人能够承受多少真理？"这个问题贯穿着这个无畏的思想者的一生——但为了彻底地探究认识能力所能达到的程度，他必须迈出安全区域，到达一个高度，在那里人无法再忍受；在那里，最后的认识将置人于死地；在那里，人是那么贴近光芒以至头昏目眩。而正是这最后的向上迈进的步伐是他命运悲剧之中最动人心魄、使人难以忘怀的一幕：当他自知自觉并且心甘情愿地从他生命的巅峰投身毁灭的深渊时，他的精神世界从没有如此明亮，他的心灵从不曾如此激越，他的话语有了更多的欢呼和音乐。

回归自我

没有能力蜕皮的蛇必将毁灭，思想者也是如此，

假如他们受到阻碍以至不能互通见解，

他们将不再是思想者。

　　循规蹈矩的人们，不管他们对那些个性独特的人感觉多么迟钝，可对与他们作对的一切却有着不受蒙蔽的直觉；早在尼采表现出他是个反道德主义者和烧毁他们道德栅栏的纵火者之前，他们就树他为敌了；他们的嗅觉对他的了解更甚于他自己。作为始终游离于各个领域边缘的人，一个集哲学家、语文学家、革命者、艺术家、文学家、音乐家于一身的人，他令他们觉得不自在——从最初一刻起，他在那些专业人士眼里就是个可恶的越界者。他早期的语文学著作几乎还没有发表，另一个语文学者维拉莫维茨（他做了足有半个世纪之久的语文学者，而他的对手则成为人类不朽的丰碑），就开始在同行面前公然谴责这个越界者了。瓦格纳的追随者们也怀疑（而且怀疑得多有道理！）这个热情洋溢地赞美瓦格纳的人，哲学家们怀疑的则是一个认识者。尚未脱胎为一个真正的语文学家，也没开始阔步前进的时候，尼采就已经有了一群专业有成的反对者。只有那位天才，洞察人之转变的智者理查德·瓦格纳喜爱这个成长中的他日后的敌人。可其他那些人呢——从他甩开大步前进的纵横恣肆之中，他们立即嗅出，他是靠不住的，他不会忠实于一种信念——这狂放不羁的人信奉一种无拘无束的自由，他反抗一切，连自己也不例外。甚至在他的威望吓倒那些专家学者之后，他们仍然指望重新把这个被放逐的人圈起来，圈进某个体系、某种学说、某种宗教、某种启示。他们巴不得看到他像他们自己一样僵挺，拴在某些信念上，圈在某种世界观里——这些正是他最怕的，他们想强迫这个不设防的人变得安分随和，想把这个热爱漂泊的人（他征服了无穷的精神世界）幽禁在一所房子里——这他从不曾有过，也不想有。

但尼采可不是某种学说拴得住的，他也不容许自己被钉牢在一种信念上。我这本书从头至尾绝不曾有过搞小学教师那套玩意儿的企图，要从这一出感人至深的精神悲剧之中附会出某种冷冰冰的"认识论"——因为这位激进的价值相对主义者从不曾长久地维系由他嘴里说出的任何一句话、他良知的信念，或者某种心灵的激情，乃至将其奉为责任义务："哲学家需要并且要消耗信念。"——他这样高傲地回答那些津津乐道于自己的性格和信仰的懒惰之辈。他的每一个观点都仅被他看作是一个过程，甚至他的自我，他的肌肤，他的身体，他的思想成果，都被他看作多数，看作是"很多个灵魂构成的集合"。下面这句无比大胆的话是他的原话："对一个思想家来说，如果仅局限于一种人格，那将是一种缺陷。如果你找到了自己，你就得尝试着时不时地失掉自己，随后再找回自己。"他的风格就是不停顿地转变，在丧失自我之后再认识自我，始终成长着而从

与心魔搏斗

不会僵滞静止下来。因此,"成为你将要成为的那个人!"是贯穿在他所有作品中,对生命下的唯一指令。不错,歌德也说过类似的戏谑之辞:当人们在魏玛找他时,他总是在耶拿;而尼采喜用的"蛇蜕"这个意象一百年以前就出现在歌德写的一封书信里。然而歌德审慎的发展历程和尼采火山爆发一般的转变之间,形成了多大的反差啊!歌德拓展他的生活,总是围绕一个固定的中心,就像一株树围着一个看不见的轴干年复一年一圈一圈增加着年轮,它撑破了最外层的树皮,长得越来越坚韧、魁伟、繁茂。他的发展来自耐心和坚韧不拔、蓄积的力量以及不管怎么成长都始终保持的自我保护的抵抗力。尼采的成长却是借助暴力和意志猛烈的撞击力。歌德扩展自己时不牺牲任何一部分自我,他提高自己而从来无须否定自己。尼采这善变的人却正相反,他总是彻底摧毁自己,而后才能完整地重建自己。每获得一个新的自我、每一个新的发现都是他近乎残忍地侵蚀自己、丧失信念、分解自己的结果——为了站得更高,他总得抛弃一部分自我(而歌德什么也不丢弃,他身上只发生化学变化和蒸馏作用)。在他变化多端的世界图景之中,没有什么早先的东西留存下来与后来者和平相处,因此连他本人的各个发展时期也不是彼此兄弟手足一般相像并且和平共处的,而是彼此敌对。他永远走在去大马士革的路上;他的思想、感情并非只转变一次,而是无数次,因为每一个思想元素不仅深入他的头脑而且也侵入他的五脏六腑,伦理、精神的认识在他体内发生了化学变化,变成全新的血液循环和思维感觉方式。像一个孤注一掷的赌徒,尼采(正像荷尔德林曾对自己提出的要求)让他的整个心灵去经受现实那摧枯拉朽的力量,从一开始,经验、印象就如火山爆发一般降临并冲击着他。当作为莱比锡一名年轻学子的他阅读叔本华的《作为意志和表象的世界》时,有十天之久他难以入眠,整个人被一股旋风裹挟翻转着,支撑着他的信念轰然坍塌了;当迷乱困惑的思想逐渐从晕眩之中清醒过来,他打量世界的眼光彻底改变了,他发现了全新的人生观念。与理查德·瓦格纳的相遇也同样像一场洋溢着激情的恋爱,无限拉伸了他的情感张力。从特里布申回到巴塞尔后,他的生命获得了新的意义:旦夕之间,他身上的那个语文学者死去了,目光从过去、从历史转向未来。正因为这种炽烈的精神之爱浸透了整个心灵,日后同瓦格纳的决裂就如同撕开一道几乎致命的创伤,再也不会愈合、结疤。就像地震爆发,思想的每一次震撼都使他整个的信仰大厦顷刻间夷为平地,他总得从头塑造自己。他心灵的任何一点都不会自然缓慢、悄无声息地成长,他内在本性的拓展、延伸从不会神不知鬼不觉地进行,一切——连他自己的思想都包括在内——都如"霹雳"一般击碎他的世界,这个世界必先毁灭一个新的宇宙才会诞生。尼采思想的这种瓦斯爆炸般的力量独一无二,他曾写道:"感情的扩张产生如此可怕的后果,以至我真想从中摆脱;我时常想:我会因此而猝然死去的。"确实,每当他的思想获得新生,总有些什么随之死去了,他的体内总有什么被撕裂了,仿佛有一把钢刀游刃其间,斩断与过去的一切联系。大概从不曾有过一个人在成长历程中如此饱经磨难,为超越自己而付出血的代价。因此,他所有的书其实都不

　　　　　与心魔搏斗

外乎是这些手术的临床记录,记载的是他活体解剖自我的方法,就像是一种自由精神的助产理论。"我的书讲述的都是我的克服。"——它们是他的转变史,是他的摇篮和妊娠期,是他的死亡和再生,是他向自我发动的无情的战争,是他对自己的宣判和惩罚,总之,是精神生活的二十载春秋中一个个尼采的传记。

尼采这些持续的转变之中无可比拟的独特之处是,他的生活道路在某种意义上呈现出一种倒行逆转的运动。让我们以歌德为例,他的天性是一个有机整体,与世界的进程神秘地保持着和谐。我们发现,他成长中的各个形式象征性地对应着他的年龄。青年歌德激情似火,中年歌德深思熟虑,老年歌德睿智明达,他思想的韵律与他生命中血液的热度有着不可分割的联系。他的骚动是在最初(像所有的年轻人),他的秩序最后出现(老人总是这样),他变得保守,是在他一度激进之后,感情丰富过后科学严谨,对自己的生命先是挥霍后是呵护。尼采却走了一条正相反的路,如果说前者追求的是本性中越来越丰富的关联,他则日益急切地分解着自己,像所有受魔力驱使的人一样,随着岁月的流逝,他变得越来越急躁易怒,越来越不宽容,越来越狂热、革命,越来越躁动不安。单是他表面的生活状况就已显示出他的反其道而行之的发展历程。尼采是以一副长者的姿态起步的。当他的大学同学还在搞恶作剧、狂饮啤酒或者在大街上鱼贯而过时,24 岁的尼采已经是个职位优越的教授了——著名的巴塞尔大学里名副其实的语文学教授。他当时真正的朋友都是些五六十岁、年事已高的大学者,像雅各布·布克哈特、里奇尔,还有他的知己、时代最伟大的头号艺术家理查德·瓦格纳。他拼命按捺着他那诗人的力量和内心音乐的涌动,像个迂腐的宫廷顾问一般躬身伏在那些希腊文手稿之上编制索引,乐此不疲地修订尘封的学说汇纂。刚刚起步的尼采,完全将目光投向"历史",投向一度存在然而业已死去的东西。他生活中的快乐显得老气横秋,兴高采烈也好,狂妄自负也好,都带着教授的尊严,他注意的焦点只限于书本和学问。27岁,他的《悲剧的诞生》开凿了一条通往现时的秘径,不过作者在他的思想面前还戴着古典语文学严肃的面具,只隐隐地有未来的微光在闪烁,那是他对于现时的热爱和艺术激情的火花首次迸发。30岁左右,对寻常人来说已是而立之年,歌德在这个岁数已身居枢密顾问,康德和席勒已成为大学教授,尼采这时却抛却了腾达之途,如释重负地离开了古典语文学的讲台。他第一次总结自我,脱身进入属于他自己的世界,这是他的第一次深刻转折,而这一终结恰恰意味着一个艺术家的诞生。他砸开现时的大门,随之现出了真实的面目——一个不合时宜的悲剧人物,他的目光投向未来,热切渴望着新人类的降生。这中间充斥着电闪雷鸣般的一次次转变和内在本质的彻底颠覆,疾风骤雨一般由古典语文学转向音乐,由严肃持重转向心醉神迷,由立足具体事实转向超然物外的舞蹈。36岁,尼采成了被放逐的人,反道德主义者、怀疑主义者、诗人、音乐家,比青年时期"更具有青春活力",脱离了一切历史和自己的研究,甚至也脱离了眼前,纯然成了彼岸未来人类的同伴。一般艺术家随着年岁的增长,逐渐安身立命,日益稳健持重,目标日益明确,

　　　　与心魔搏斗

尼采的生活却随着时光的流逝日益甩开一切束缚和羁绊。这一重焕青春的速度无与伦比。40岁，尼采的语言、思想、性格之中比他17岁时有着更多新鲜的血液、清新的色彩、大胆、激情和音乐，比起往日那个24岁、少年老成的教授，这个西尔思·马利亚的孤魂手中的笔迈着更为轻捷、欢快、舞意翩跹的步伐。因此在尼采这里，生命感不是逐渐平息淡薄，而是日益加强，他的转变愈来愈迅疾、自由、飞扬，愈来愈丰富、强劲、暴烈，也愈来愈愤世嫉俗，他为他疾行的精神再找不到一个"落脚点"。在他身上，几乎不等一处长牢长好，"皮肤就起皱、胀裂了"。终于，他的生活再也跟不上他自我蜕变的速度了——那速度渐渐加快，如同放电影一般，画面不停地颤抖着、闪烁着，伴随着嗡嗡的鸣响。他早年的朋友几乎个个都已固守在他们各自的学科领域、观点、体系中，就是这些自以为最了解他的人，每见他一面，便吃惊地发现，他愈发变得陌生了。他们惊骇地看到，他精神的面孔日益焕发着青春，那崭新的线条毫无旧日的气息；而他自己，这个始终处在转变中的人，简直觉得毛骨悚然——当他听到他从前的头衔，当别人把他与"巴塞尔大学的弗里德里希·尼采教授"那个语文学家"搞混"——要回忆起那个他二十年前一度做过的"睿智长者"是多么困难啊！也许从没有人像尼采这样在生活的道路上毫不留情地随时抛弃自己身上一切旧的残余、感伤。也正因为如此，他的晚年是那样可怕的孤寂。因为他割断了同往昔的一切牵连，而为了与新生的一切相连，在最后那些年里，他的转变实在太过激烈。他呼啸着掠过所有的人和事物，而越是接近自己——或者看起来是这样——，他就越是迫不及待地渴望摆脱自己。他的内心越来越割裂，他从"不"向"是"的跨越，他内心那条"电路"的切换也越来越生硬突兀：他不断地燃烧、消耗着自己，他的生命之路就是一簇火焰。

但是，在他的转变不断加速的同时，其强度和造成的痛楚也以同样的程度增长着。尼采最初的"克服"仅仅是蜕去少年意气的忠威信仰和学校里学来的权威观念，像干枯脱落的蛇蜕，它们被他轻而易举地抛在身后。越是在更深刻的意义上成为一位古典语文学家，他就越是需要向他更深层的核心处开刀，由越多的自身原生质形成的信念越是皮下的、穿透神经的、渗透血液的，就越是需要自残的暴力、果敢，要不怕流血，这成了一种"自我处决"，又如同夏洛克从活人身上割肉。终于，对自身的揭示深入到感情世界的最底层，成为冒险的手术；最首要的是斩断瓦格纳情结——这是他对自己身体进行的性命攸关的一次开刀，紧靠着心脏，近乎自杀，它又是那么突兀暴虐，如同一起纵欲之后的凶杀，因为他那追求真理的强烈冲动正是在两情脉脉、缠绵缱绻之际强暴并随即扼杀了那与之肌肤相亲的身体。但是，越残暴越好，尼采为了他的"克服"失的血越多，痛楚越深，越是无情地自残，他就越是满怀喜悦地为他对自己意志的考验而自豪。渐渐地，尼采的自残冲动变成了他精神的一种嗜好："我的摧毁欲与我的摧毁力旗鼓相当。"从单纯的变形中生出了一种乐趣——与自己分庭抗礼的乐趣。他书中的话语各自为营，彼此粗暴地扇着耳光，他激烈地背叛自己的信念，对每一个他自己说出的"不"断然说"是",又对每一个"是"说"不"。他充分伸展着自身,以尽力拉开他本性中的两极,将这两极间的电压当作真正的精神生活来体察,一再逃离自己,又一再触及自己——"逃出自己的灵魂,又在更广阔的穹宇中赶上前来"——到后来,这成了一种兴奋过度,最终酿成了灾难。因为,就在他竭力拉伸他的本性时,精神在张力之下崩溃了,燃烧的内核、巨大的魔力爆发了,那无比强大的力只需一次火山爆发般的撞击,便摧毁了壮观的形象——创造的精神把它从自己的血液中唤来,又将其逐入无限之中。

南方的发现

我们需要南方——不惜一切代价

——光明、健康、开朗、快乐、温柔的声音。

"我们是精神太空中的船夫。"尼采曾这样豪迈地说道,以赞美思想那无与伦比的自由,它总能在那广袤无垠、不容践踏的领域中找到新的路径。确实,他的精神历程,他的转折和提高,他的永无止境的追求,正是在那无限高远的精神太空里展开;像一只不断抛下负载和压舱物的气球,尼采也始终摆脱着自身的重量和一切羁绊,变得越来越自由。随着每一根缆绳被斩断、每一个依靠被甩脱,他向上的行程越发壮美,于是他的视野越来越开阔,他的目光越来越超越时空,越来越独特。在这只生命之舟陷入撕碎它的飓风之前,它经历了无数次转变,几乎无法加以计算和区分。尼采的一生中,只有一次改变命运的抉择时刻凸现出来,清晰可见:那是最后一根缆绳解开时扣人心弦的一瞬,飞船从坚实牢固驶进无拘无束,由重浊升入无际的太空。尼采生命中的这一刻,就是他离开他的安居之处,离开了他的家乡、教授职位的那一天,从此再不返回德国——除了不屑一顾地匆匆路过——除此,他便永远在别处自由的天空中翱翔。在这一天以前发生的一切,对于本质的、世界历史意义上的尼采来说,都不甚重要。最初的那些转变仅仅意味着自身的准备,如果不是那获取自由的决定性的一挣,他就仍然是个束缚在原来专业上的学究式人物、一个埃尔文·罗德或一个狄尔泰,是那些因术业有专攻而令我们尊敬,却不会对我们的精神世界产生重大影响的人物中的一个。直到他那具有魔鬼般力量的一面峥嵘显露,思想的激情脱缰驰骋,他感到了原初的自由——尼采才显出他预言家的面目,并把他的命运变成了一个神话。而我在这里尝试着不以一部历史,而是以一部戏剧,完全当作艺术作品和精神悲剧来再现他的生活;对我来说,他的生活道路始于孕育在他身上的那个艺术家苏醒,并且思虑感悟属于他的自由的那一时刻。古典语文学家尼采只是他的蛰眠期,那是个语文学问题。那个长翅膀的人,那个"精神太空中的船夫"才是我塑造人物的开端。

在尼采如阿尔戈英雄①一般奔向自我的行程中,第一次抉择叫作"南方",而这始终是他"转变之中的转变"。歌德的生活中,意大利之行也是个重大的转折,他也逃往意大利,逃向他真正的自我,挣脱束缚,进入自由,生命不再是苟活,而是去体验、去感受。当他越过阿尔卑斯山的时候,随着意大利的太阳在他身上投下第一束灿烂的光芒,突如其来的巨变也降临在他身上。还在特兰托时,他就写道:"我觉得,我好像刚从格陵兰岛返航归来。"他也是个"苦冬者",曾在德国"恶意的天空下"受罪,决然离不开光明的天性,也使他立刻感到,他那深埋的感情正在不可遏制地勃发,一种开放,一种解脱,一种踏上意大利国土时诞生的自由的冲动,这只属于他自己。但是,这一南方创造的奇迹出现得太晚了,歌德已经 40 岁了,已经有一层坚实的外壳裹住他那毕竟井井有条的审慎性格。他的脑子、他的心灵有一部分留在了魏玛,和宫廷、家业、成望、职责在一起。他已经结成了太稳定的晶体而不可能再被什么力量彻底分解或改变,让自己受控制,这与他的整个生活方式格格不入。歌德要永远做自己命运的主人,别的事物向他索取的绝对在他的控制之下(而尼采、荷尔德林、克莱斯特——这些挥霍无度的人,总是把自己全部身心奉献给每一个印象,被它重新融化成沸腾奔涌的液体而快乐无比)。歌德在意大利找到了他要找的,仅此而已,他找到的是更深刻的联系(尼采找的却是更高的自由)、宏伟的历史(尼采寻求的是壮

---

① 希腊神话中由伊阿宋率领,历尽艰辛去觅取金羊毛的五十位英雄。

丽的未来,他要摆脱一切历史)。说到底,他探索的是深埋地下的东西:古希腊的艺术、古罗马的精神、草木岩石的秘密(尼采却如痴如醉、生气勃勃地抬起双眼,仰望头顶的一切:如洗的碧空,清晰无比的天际,射进他每一个毛孔的光的魔术)。因此歌德的体验主要是思维的、审美的,尼采的体验却是整个生命。如果说歌德从意大利带回了一种艺术风格,那么尼采在那里则发现了一种生活风格。歌德在那里被滋润因而更加丰富,尼采在那里却是被移植从而获得了新生。歌德虽然也感到有必要更新自己("真的,如果我不能重生而返,那还不如干脆不回去。"),但像任何一种已然半凝固的形式,他只有接受"印象"的能力。对于尼采那种彻底的转变来说,40 岁的他已经太定形、太专断了,更重要的是不情愿,他那自我肯定的强烈冲动(这在晚年简直僵化成了一层甲壳)只在静止之外留下极有限的变化余地,这明智、节制的人,只吸取他自认为对他本性有益的养分(而每一个狄俄尼索斯性格的人则无止境地吸收一切,直到危险的境地)。歌德只想借助事物丰富自己,而不让自己被它们搞得神魂颠倒。因此他最后提到南方是在审慎的考虑之后,不无保留地表达了一种感激之情,而且最终竟成了拒斥。他对意大利之行下的结论是这样的:"无论如何我决不能再一个人独守,也不能再离开祖国生活,这也是我此次旅行值得一提的收获之一。"

只需把这些仿佛模子里铸出来的话整个儿翻转一下,便得到尼采南方经历的概括。他的结论与歌德截然相反,即:他从此只能一个人独守,并只能离开祖国生活。歌德离开意大利,又回到他的出发点,就如同从一次给他以推动、教益的旅行中归来,随身行李、心灵和头脑中装满了有价值的东西;尼采则永远失去了祖国,却抵达了自我。这个"遭放逐的人",逍遥快乐,无家无业,永远摆脱了一切来自"祖国""爱国主义"的钳制,自此时起,他只以一个"优秀的欧洲人的眼光"鸟瞰世界——那是一个超越国界的"游牧式的新人"。尼采已经预感到他的来临,并欲化为彼身生活在彼岸的未来王国里。对尼采来说,精神的家园不在他出生的地方——那只是过去,是"历史"——,而是在他自己创造、生育的地方:"Ubi pater sum, ibi patria."——"我的家园就是我身为父亲创造生命之处",而不是他被创造的地方。这便是南方之行赐予尼采不可估量、不可磨灭的财富;这便是,从此整个世界对他而言既是异域又是家园,他获得了鹰隼一般明亮锐利的目光,能够在空中俯瞰四面八方和开阔的天际(歌德却说他感到自己有被"封闭的天际包围"的危险,虽然同时也被围护了起来)。随着迁居海外,尼采永远超越了过去,终于摆脱了德国,也摆脱了语文学、基督教和道德;而最体现他极力摆脱一切束缚前进的天性的,莫过于他从不走回头路,从不用渴念、伤感的目光回顾业已超越的一切。这驶向未来国土的航海者,"驾着最快的小船抵达了世界大同",他是那样由衷地喜悦,哪里还有兴趣返回他那语言单一、片面单调的故乡;因此,每一个使他重新德意志化的企图,都注定是一种(时下十分普遍的)暴行。这个彻底获得自由的人再也没有退路。自从他经历了意大利那晴朗的天空,他的灵魂面对任何一种"阴郁"都不寒而栗,不管那是来自乌云,抑或来自大学讲堂、教堂或兵营;他的肺叶,他感知天气的神经都再也不能忍受任何北方的、德国的、混浊的事物,他不能再生活在门窗紧闭的昏暗、精神的云遮雾罩之中。对他而言,真实从此意味着明晰——深远地瞭望,清晰地勾勒轮廓;他激情洋溢地礼赞那辉煌、锐利的光芒,从此他永远摒弃了"德国特有的魔鬼——暧昧",这个或许是天才或许是恶魔的东西。自从他生活在南方、"外国",他那如美食家一般的敏感便使他感到,德国的一切对他愉悦开朗起来的心绪都成了厚重郁积而使他"消化不良"的食物,是永远与一堆问题纠缠不清,是灵魂终其一生的拖拖拉拉、辗转反侧;德国的一切永远不能再使他感到充分的自由和轻盈。甚至他一度最喜爱的作品现在也引起他精神上的一种"胃部压迫",他觉察到了《名歌手》①中的沉重、雕琢、华而不实、强作欢愉,在叔本华那里发现了骨子里的惰怠,在康德那儿则品出了一股政客式伪善的异味,在歌德那儿是职务、威望的累赘、闭塞的眼界。但这不仅是这深邃的头脑对当时德国"现代"得过分(其实已降至最低点)的思想状况的厌恶,不仅是对"帝国"和一切背弃德意志原有精神而去追求"大炮理想"的行径的愤怒,也不仅是对德国丝绒家具和柏林凯旋柱那般审美趣味的憎恶。他的新"南方学说"要求所有的(而不仅是事关民族的)问题以及整个生活态度都纯粹而如倾泻的阳光般明朗。"光,即使沉重的事物之上也要有光",由无比清晰达到无比欢乐———一种"gaya‒scien-

---

① 理查德·瓦格纳的三幕歌剧《纽伦堡的名歌手》,习惯上简称为《名歌手》。

　　　　　　与心魔搏斗

za"，一种更开朗的科学，没有"学习的民众"那种怏怏不乐、愁眉苦脸，不是德意志式的忍耐、枯燥、充满学究气的刻板，散发出书房、教室的陈腐气息。他对北方，对德国，对故乡最终的拒斥不是来自他的精神、他的理智，而是来自他的神经、心灵、感觉和内腑，是肺部终因感到自由的欢乐而发出的呐喊，是一个终于找到了"灵魂气候"而卸下重负之人的欢呼：自由。随之而来的是发自心灵深处不无恶意的雀跃欢呼："我逃出来了！"

在他决然非德意志化的同时，南方也使他彻底脱离了基督教。他像一只享受阳光的蜥蜴，因阳光照彻灵魂的每一个角落而快乐无比，回首自问道：究竟是什么使他这么多年以来悒悒不欢？是什么两千年来使整个世界这般畏惧、抑郁？自觉罪孽深重而永远小心翼翼、缩首畏尾，而最开朗、最自然、最充满活力的一切和最宝贵之物——生命却被无限贬抑。他在基督教、在对彼岸的信仰中看出了现代世界阴暗抑郁的根源。这种"散发着秽气的 Rabinismus 和迷信的 Judain"败坏麻痹了世界的感性和明朗，是 50 年代人危险至极的麻醉剂，使过去有力的一切陷入道德的瘫软。现在——他突然意识到生命即使命——他终于要开始进军未来的"十字军东征"了，去捣毁十字架，去重新征服人类最神圣的领地——我们的此岸。这种"对此在的超常感觉"教会了他激情洋溢地注视此岸的、真实感性的、切身的一切；自从有了这一发现，他才意识到，圣坛上的香烟和虚伪的道德蒙蔽了他的双眼，使他有那么长久地看不见"灌注着新鲜血液的健康生命"。在南方，在那所"灵魂和肉体康复的大学校"

里,他学会了把握生活,它率真自然,清白欢悦,如游戏般开朗,没有对严冬的恐惧,没有对上帝的敬畏。他坚信可以真挚无愧地对自己说一声"是"。但就连这种乐观主义也来自上界——当然不是从一个隐匿着的上帝那儿来,而是来自一个昭著、崇高的秘密,来自太阳和光。"在彼得堡我会是一位虚无主义者。但在这儿,我——就像植物一样——信仰太阳。"他全部的哲学都是直接从获得解放的血液中酝酿、奔涌而出。"留在南方吧,即使只是为了信仰的缘故。"他向一位朋友疾呼。光明一旦成了神丹灵药,那它也就成为尼采笃信的至宝。他以光明的名义发动了一场最残酷的战争:讨伐地球上妄图摧毁生命的光明、开朗、清晰、无拘无束的自由以及充盈、丰沛的力的一切。"……从现在起,我与现实的关系就是一场生死攸关的战斗。"

除了这勇气,在他作为语文学者躲在帘栊紧闭的房间里呆板僵化的生活之中,同时出现了狂妄,它惊扰、搅动着原已凝滞迟缓的血液循环,思想那水晶般剔透纯净的形式犹如冰河解冻,顿时欢快地流淌,渗透了光,渗入每一个神经末梢;在突然灵动起来的语言、风格中,太阳闪烁着宝石般的光芒。一切——他这样说起自己在南方的创作——都是用"融化坚冰的暖风的语言"写就,其中回荡着一种声调——它似乎要砸碎一切解放自己,像一层冰壳裂成粉碎,春天则温婉柔媚,带着尽情游戏的兴致悄然来临。光明洞彻最深的黑暗,每个火花般闪烁的字眼里都无比纯净,每处停顿都蕴含着音乐——而君临一切的是一片澄明空灵的天宇。早先的语言固然优美有力,却如岩石般冷漠;如今的语言,轻盈地高高跃起,充满欢乐,自由地舒展着肢体,像意大利人那样伴着丰富变幻的表情手之舞之,足之蹈之,而不是德国人那样嘴里说着话,躯体却僵挺漠然——今昔对比,真是天壤之别。新生的思想像散步的小径上翩跹飞舞的蝴蝶迎面向新生的尼采飞扑来,于是他不再将它们寄予那种庄严洪亮、犹如穿着黑色燕尾服的德语——新鲜空气一般的思想要求一种新鲜空气一般的语言,轻捷、柔韧,有着体操运动员一般灵活敏捷的身手;这语言奔跑,跳跃,屈伸舒张,从忧伤的华尔兹到疯狂的塔兰泰拉,各式舞步,它无所不能——包容一切,讲述一切,而无需挑夫的肩膀和沉重的步伐。原来风格中所有家畜般的忍辱负重、所有的从容威严都化为乌有,他时而扶摇直上,升入那朗天丽日,时而又充满激情,仿若一口古钟发出的阵阵轰鸣。他体内酝酿着澎湃的力,珍珠般闪亮的格言警句像香槟一般醇香醉人,而有时又突然掀起韵律的狂澜。他周身像是笼罩上了一层壮美雄奇的光,又像一条河流在阳光的照射下,澄江似练,清可见底。也许不曾有过一个德语作家的语言是如此迅速地脱胎换骨,焕发青春,肯定也没有一个作家的语言发生过类似的变化——变得充满太阳的热烈、甘醇的醉意、南方的气息、神一般的高蹈、异教徒一般的自由。只是在凡·高身上我们重睹了阳光降临在北方人身上造就的奇迹:只有他荷兰时期那黯淡、沉重、抑郁的色彩一变而为普罗旺斯时期的炽热、刺目、强烈,只有这个濒临疯狂的头脑中普照一切的光,才能与照彻尼采身心的南方的光相提并论。这两个善变的狂徒,激情如摄食鲜血的吸血鬼,只有他们才如此沉迷于光,无比迅速地摄取光。只有魔鬼附体的他们才能经历如此辉煌的开启,这奇迹直渗透到他们的色彩、音响、词句的毫末之处。

但如果尼采也会餍足于一次狂饮,那也称不上具有魔鬼血统,即使在南方,在意大利,他仍在孜孜寻觅一种"比较级"——"超凡的光"取代了光,"超凡的清晰"取代清晰。正如荷尔德林渐渐地把他的希腊搬迁到"亚洲",即东方、野蛮之地,尼采最后的激情中也燃起一种向往热带、向往"非洲"的崭新的兴奋。他要太阳熊熊燃烧的火焰,而不仅仅是太阳光;他要锋利如刀割的明晰,而不仅仅是勾画轮廓的明晰;他要随极度快感而至痉挛,而不仅仅是轻松愉快。把感官上微小的波动增强为心醉神迷的狂喜,把舞蹈变成飞翔,把热切的生命感提高到白热化的境地——这欲求在他的血管里澎湃奔腾,于是语言再也满足不了他恣意纵横的思想。连语言也显得那么局促、凝滞和沉重,因为他的心正翩翩跳起狄俄尼索斯之舞,为此他需要一种新的手段,比语言更无拘无束的手段——于是他返回了他的那种天赋,即音乐。南方的音乐——这是他最后的向往,在这种音乐中,明晰具有优美的旋律,精神插上了羽翼。他在一切的时代和一切的疆域之内苦苦地寻觅这透明的南方的音乐,却没有找到——直到他自己把它创造了出来。

　　　　　　　　与心魔搏斗

逃往音乐之乡

喜悦,灿烂辉煌的喜悦,你来吧!

音乐,是尼采与生俱来的天赋,只不过一直潜伏着,并且根据精神上的理由,老是被更强大的意志有意识地排挤到一边。少年时代的他就以大胆的即兴演奏令伙伴们兴奋不已;在他青年时代的日记里,有关自己作曲的记载也比比皆是。但是大学时代的他越是坚定地献身于古典语文学及以后的哲学,他就越是层层设障堵截他天性里潜伏着的渴望猛烈爆发的巨大力量。音乐,对这位年轻的古典语文学家来说,成了严肃庄重之余愉悦的休憩,是类似看戏、阅读、骑马或斗剑的爱好,是一种闲适的精神体操。由于他用心地截流,有意识地堵塞,在最初那些年的作品里,这一天性竟滴水不漏。他固然写了《来自音乐精神的悲剧的诞生》①,但音乐只是对象、客体、考察的主题——没有一丝乐感改头换面,渗入他的语言、风格、思维方式,在其中激越荡漾。就连尼采青年时期的抒情诗作中也毫无乐感,甚至——更令人惊异的是——按照比洛颇为内行的评价,他的作曲习作犹如若隐若现的幽灵,是纯粹的反音乐。在很长一段时间

---

① 即尼采的第一部著作《悲剧的诞生》(1872),该书实际上阐明了瓦格纳与希腊悲剧之间的内在联系,在二者之间筑起了一座桥梁。

里,音乐对他来说,都只是一种业余爱好,年轻的学者兴致勃勃地搞搞音乐——他无须为此承担任何责任,因为那"与使命完全是两回事"。直到包裹在他生活之外的那层冷静客观的古典语文学者的外壳松动,音乐才突然降临并占据了尼采的内心世界,就像整个宇宙被火山爆发般的力量震撼、撕扯着。于是,刹那间洪流冲破了堤岸,冲出了河道。是的,音乐总是在某种激情剧烈撕扯着一个人的内心,使他兴奋、脆弱、每一根神经都绷紧的时候降临——托尔斯泰正确地认识到这一点,歌德则痛苦地感受到这一点。因为,即使是永远对音乐采取一种小心翼翼的防范态度的歌德(就像对待具有魔力的一切,他能辨认出变幻成任何一种化身的引诱者),也总是在放松(或者用他的话说,在"展开")的时刻降服于音乐;因为在袒露出弱点的时候,他的全部身心都激动起来。他总是被一种感情俘虏(最后一次是在乌尔莉克那儿),无法控制自己的时候,音乐便在这时冲破哪怕是最坚固的堤坝,膜拜的热泪夺眶而出,作为贡物和音乐而写成诗篇,壮美无比的音乐成为无意识的感激。音乐——有谁不曾沉浸其中?——总是当人身心开放、在幸福的渴望之中变得柔情脉脉,长驱直入人的心灵:这正是尼采遇到的情况——当他满怀至深的渴望来到南方,敞开他的心胸的时刻。仿佛一种异乎寻常的象征,在他一向从容不迫、平铺直叙的生活经由突如其来的净化转向悲剧意味的生活时,音乐降临力量;他以为他描述了"悲剧从音乐精神之中的诞生",其实恰恰相反,他经历的是音乐从悲剧精神中诞生。压倒一切的全新感受不再满足于极有分寸的话语表达,它要求

与心魔搏斗

更有力的手段,更大的魔力:"哦,我的灵魂,你一定要学会唱歌。"

正是因为他天性深处那蕴藏着神奇力量的源泉被语文学、被丰富的学识、被冷静淡漠淹埋了那么长久,这时便尤其猛烈地喷发出来,以它强劲的激流,压迫他最纤细的神经末梢,他风格中最微妙的笔触,迄今为止一直只知描述的语言,像渗透、浸润了新的活力,顿时散发出音乐的气息:宣叙调试的庄严的行板——他以前作品中的沉重风格——如今有了"波动起伏",有了音乐的多重运动。各种精湛完美的技巧闪烁其间——断音般精辟的格言警句,弱音般的抒情歌,拨奏一般的讽刺笑傲,以及对散文、格言、诗歌的大胆融合,就连标点符号这些言语之间的无声之处——破折号、着重号,也产生了音乐的效果;德语中还不曾让人如此强烈地生出散文化为音乐的感觉。

像揣摩一部杰作总谱的音乐家,渗透语言从未被触及的丰富内涵,是一位语言艺术大师的无穷乐趣:在强烈的不和谐音乐后面,隐含着多少和谐,又有多少形式的明晰蕴藏在那如痴如醉的丰盈之中啊!因为,不仅乐感颤动在语言的神经末梢,就是作品本身这时也给人以交响乐一般的感觉,它们不再源于大脑冷静周详的计划,而是直接来自音乐的灵感。他本人谈及《查拉图斯特拉如是说》的时候说,他是把它当作第九交响乐的第一乐章来写的,而《看哪,这人》的序言中那独特非凡的语言——那丰碑一般伟岸的词句难道不是为一座未来的宏伟教堂创作的管风琴序曲吗?诗如《夜歌》《刚朵拉船歌》,难道不是从天边的孤寂之中飘来的歌声?除了他最后的欢呼——酒神颂,陶醉狂喜又何曾如此勇武和高蹈,成为古希腊的颂歌? 上有南方澄澈的晴空,下有音乐奔涌的湍流,语言在这里委实化作了永无止息的浪涛,尼采的精神就在这波澜壮阔的海洋上旋转,直到被毁灭的旋涡吞噬。

就在音乐迅疾、猛烈地袭来之际,这个清醒无比的人,立刻觉察到与之俱来的危险,他感到,这急流会裹挟着他,将他带出自身之外。歌德对危险退避三舍——"歌德对音乐的审慎态度",尼采的笔记中曾这样写道——,尼采却总是抓住危险的犄角;重新估定一切价值,这就是他抵抗的方式。于是他把毒鸩变成良药(就像对他的疾病)。他要令音乐以完全不同于从事语文学那些年的面目出现。那时他亟须的是精神的高度紧张、感情的兴奋激动(瓦格纳!)和平衡他另一半冷静的学究生活。而现在,他的思想本身已经是一种放纵和感情的挥霍,那么音乐就必须改作灵魂的镇静剂。它不可以再使他迷醉(因为此时一切思维已发出喧嚣声),而是要给予他荷尔德林所说的那种"神圣的静穆","音乐,作为怡神的手段,而不是刺激的手段"。他要一种成为避难所的音乐,当他遍体鳞伤、精疲力竭地从他精神的逐猎中踉跄而归,可以躲避其中,是疗伤的沐浴,是水晶般的水波,能使他遍体清凉、澄澈——musica divina——来自上界的音乐,来自爽朗的天空,而不是来自压抑郁结着激情的灵魂,一种使他忘我的音乐,而不是把他再次赶回他的内心;一种"赞许鼓励"的音乐,南方的音乐,和谐如纯净的清水,无比单纯;一种"可以用口哨吹出来"的音乐;不要来自混沌的音乐(那已经烧灼着他自己的内心），而要来自上帝创世第七天的音乐，这一天充满了安宁，只有大地众生礼赞上帝的歌声；一种安息的音乐："我终于泊进了港湾：音乐，音乐！"

　　轻捷，这是尼采最后之爱，是他衡量万物的尺度。带来轻捷与健康的，便是好的：精美的食物、精神、空气、阳光、风景、音乐。凡是使人飞举轻扬，有助于忘却生命中呆滞和黑暗、真实和丑陋的东西，才赐予恩惠，因此才有这迟到的艺术之爱，"使生命成为可能"，是"生命的兴奋剂"。音乐，明朗、镇痛、轻盈的音乐，从这时起成了这激动不已的人心爱的甘醇。"没有音乐的生活纯粹是一桩苦行、一个谬误。"在最后的危机之中，他是如此渴望着啜饮音乐那清亮的甘露，即使是张着爆裂、滚烫的唇焦躁地热望着水的高烧病人也不过如此。"可曾有人这样渴求着音乐吗？"音乐是他获救的最后希望：他也正是因此痛恨瓦格纳，因为后者用麻醉剂、兴奋剂搅浑了冰清玉洁的音乐，他也因此而感到痛苦——为音乐的命运，如为一处裸露的伤口。这孤独的人摈弃了众神，唯有这一位他决不容许被人夺去——这是使他灵魂振奋、永葆青春的琼浆玉液。"音乐，唯有音乐——完美拥有音乐，以使我们不会面对真实而走向毁灭。"像溺水者，他牢牢地抓住音乐——生命中唯一不屈服于沉重的力量，让它把他升入它至圣至乐的境界。而音乐为这诚挚的恳请深深打动了，它仁慈地俯身环住他跌落中的身体，所有的人都离弃了他，朋友们早就离开了，思想也越走越远，越发漫无边际地游移。只有音乐陪伴着他，直到他最后的、七重的孤独。他触动什么，它同他一道去触动;他在什么地方说话,它清亮的声音也响起来;它一再有力地托举起沉重地向下坠去的他,当他终于坠入深渊,它依然守护着他已然寂灭的灵魂;当奥韦尔贝克①走进他的房间,看到神志丧失的他仍在钢琴旁用颤抖的双手摸索着弹奏和弦;当他们护送精神错乱的他回家去,他一路上都用动人心魄的旋律唱着他的《刚朵拉船歌》。音乐一直陪伴他到精神陷入一团漆黑,它那神奇的魔力与他生死相伴。

第七重孤独

一个伟大的人遭受摧残、压迫、打击,直至孤独。

"哦孤独,我的家园——孤独"——从寂静的冰川世界里传来这沉郁的歌声。查拉图斯特拉吟出他的挽歌,在他永远返回家园前夕唱的歌。孤独,这不一向是漫游者唯一的家、冰冷的灶、石头的屋吗? 在他无止息的精神旅途中,他到过无数的城市。他一再企图在别处避开孤独,——却总是回到它,伤痕累累,疲倦而失意——重归他的"家园——孤独"。

然而,由于总是如影随形地同易变的他一起漫游,孤独本身竟

---

① 弗朗茨·奥韦尔贝克(1837 — 1905),德国教会史学家、诠释学神学家,瑞士巴塞尔大学教授,他也是尼采在该所大学中的同事和终身至交的好友。

也变化了——当他再次端详它的面容,不由得大惊失色。原来,长期为伴,使得孤独越来越酷似他了——像他一样越来越严厉、冷酷、暴戾,它学会了伤害,长成了危险因素。当他依然柔声唤它为孤独——他熟稔、亲密的孤独时,它却早已更名改姓了:这第七重的至深的孤独,现在叫作孤寂;不再是遗世独立,而是被众人遗弃。因而在尼采最后的日子里,他的周围变得可怕的空虚和死寂;连遁世的隐士圣徒也不曾像他这样形单影只,因为,他们这些狂热的信徒,至少还追随着他们的上帝,这上帝至少将他的影子投进他们的茅屋。可他,这个"谋杀上帝的人"呢? 他既不再拥有上帝,也不再拥有同仁;他越是赢得自我,就越是失去世界;他走得越远,包围着他的"荒漠"也越广阔。通常是最最冷门的书会缓慢和静静地增强其吸引人的强力,以觉察不到的影响力量在自身周围聚集起一个与日俱增的读者圈;尼采的作品却生出一种排斥力,日益激烈地把友好的一切从他身边推开,把他自己从时代中剥离出来。每本新书都使他付出一个朋友、一个关系的代价。渐渐地,就连他的所作所为所能引起最后一点微薄的兴趣也冻僵了。他先是失去了古典语文学的同行们,随后失去了瓦格纳及其同道,最后连青年时代的伙伴也失去了。德国再也找不出一个出版商愿意出他的书,二十年的成果凌乱地堆积在地下室里,重达 64 公担①。为了使他的书还能出版,他只得动用自己那点可怜的积蓄和别人馈赠的钱。但是,不仅没有人买他的

---

① 每公担在德国为 50 公斤,在奥地利为 100 公斤。

书,即使是送,也没人读他的书了。《查拉图斯特拉如是说》的第四卷,他靠自费仅得以多印了四十册,随后却发现,在七千万人口的德国他只能给七个人各自寄上一册。此时的尼采,正处在创作的巅峰期,对他的时代而言,却显得那么陌生。没人流露出哪怕是一星半点对他的信任和感激;相反,为了保住仅存的一位青年时期的朋友奥韦尔贝克,他不得不为自己的书请求谅解。"老朋友"——我们仿佛听见他怯生生的语调,看见他满脸惶然地举起双手,这是一个曾遭受打击的人为防备新的一击而做的动作——,"把它从头至尾读完吧,别被搞糊涂了,也别疏远我,尽你所能对我好些吧。如果你不能容忍这本书,那也许只是不能容忍一些细枝末节罢了。"这就是1887年最卓越的头脑向世人奉上时代最伟大的书时的景况。他不知道还有什么豪言壮语可以用来讴歌友谊。除了说没有什么能摧毁友谊——"查拉图斯特拉也不能"。查拉图斯特拉也不能!——对世人来说,尼采的著作成了何等的负荷考验,变得何等尴尬!在他的天才与时代的鄙陋之间横亘着多么不可逾越的一道鸿沟!他呼吸的空气越来越稀薄,也越来越寂静、空洞。

这样一种空寂将尼采的第七重孤独变成了地狱:他在它的铜墙铁壁之上,撞得头破血流。"在我发自肺腑的呼唤之后——如我的查拉图斯特拉——,我却听不到一个回答的声音,没有,什么也没有,永远只有无声的、幻化出千万重的孤独——它是那么异乎寻常地可怖,能令最坚强的人崩溃,"他这样叹息着说道,"而我,并不是最坚强的人。我在受了致命伤后,才鼓起勇气的。"但他要的,不是支持、赞同或名声——恰恰相反,对他的斗士气质来说,再没有什么比激怒、蔑视乃至嘲讽更受欢迎的了。"一个人如果处在弓张欲断的状态,那么任何一种情绪都会使他感到惬意的,但首先他必须很强大。"——不管是冷冰冰还是火辣辣,哪怕是温吞吞,只要有个回答能向他证明他的存在、他的思想的存在!但是,连他的朋友也小心翼翼地躲开,他们在信里回避任何一个评断,就好像那会使他们难堪似的。这是一道伤口,它不断地向深处侵蚀,使他的骄傲和自信化脓、发炎,使他心焦如焚。"这道伤口叫作得不到回答",就是这创伤使他的孤独生出了毒性并且变得狂躁不安。

这种焦躁不安又突然沸腾翻滚起来,从这颗受伤的心中奔涌、迸发,如果把耳朵贴近他最后几年所写的文章、书信,你会听到,他的血液在过于稀薄的空气的压迫下,开始激荡着一种病态兴奋的搏动:这位攀登险峰和太空的船夫的心胸激烈、热切地跳动与激荡着,在他致 Kleisten 的最后几封信中,字里行间也充满着这种紧张气氛,像一部爆裂的机器发出不祥的隆隆声、沙沙声。尼采那原本温文尔雅的举止,渐渐带上了一丝焦躁不安:"长久的沉默激怒了我的骄傲。"——现在,他要不惜一切代价地得到回答。他写信、拍电报,催逼人家印他的书,要快、再快,就好像片刻的延迟会带来什么严重的后果似的。他不再按计划行事了,他的主要作品《强力意志》(或译《权力意志》)还没有最后完成,他便迫不及待地从中抽出一部分章节,像火把一样,向着时代掷过去。"预示不祥的音调"寂灭了,从他最后的作品中发出一声呻吟,它饱含抑郁的痛苦,满怀讥诮的盛怒。焦躁像一根鞭子,将这些作品从他的内心抽打、驱赶出来。他的骄傲被"激怒"了,一向我行我素的他向时代发出了挑衅,期待着它勃然大怒。为了收效更显著,他在《看哪,这人》中"用一种足以名垂史册的玩世不恭"讲述了他的生活。在对回答的热切渴求之中,他写出了最后那些不朽的小册子,从没有一本书是在如此的贪婪和战栗的期待之中写出来的。他忧心忡忡,唯恐再也等不到成功的那一天;他对回答的渴望使他心急如焚。你可以觉察到,每甩动一次鞭子,他都会停顿片刻,倾听可否有挨了鞭子的呻吟声传来。但是什么动静也没有,那一片"蔚蓝色"的孤独里不再有任何回声。死寂,像一只铁环紧箍着他的喉咙,即使是人们迄今所听到过的最毛骨悚然的怒吼也无法将其击碎。他预感到,连神灵也不能将他从这孤独的囹圄之中解救出去了。

于是在最后的时日中,不祥的盛怒攫住了这苦苦挣扎的人,像独眼被戳瞎的波吕斐摩斯①咆哮着向周围抛掷石块,却看不见是否击中了目标;又因为没有一个人与他同甘共苦,他只有自己勉力抑制着抽搐的心跳。他谋害了一切神灵,于是他自立为神——"要配有如此作为,我们自己不成为神怎么能行呢?"他捣毁了所有的祭坛,那么他就得建起自己的一个:《看哪,这人》,为无人喝彩的自己喝彩,向无人赞誉的自己赞誉。他垒起语言的巨石,锤击声声,响彻整个世纪。他引吭高歌,歌声中洋溢着陶醉和狂喜,这是他的别世

---

① 波吕斐摩斯,希腊神话中的独眼巨人,海神波塞冬和海仙女托俄萨之子,被奥德修斯用葡萄酒灌醉,并刺瞎了他的眼。

与心魔搏斗

之歌,是他的业绩和胜利的颂歌。他阴郁地起唱,歌声中隐含着风雨欲来的呼啸,随后一阵笑声爆发了,尖锐、刻毒、迷狂的笑声,那是身陷绝境之人反常的兴奋,令闻者肝肠寸断:它叫作"看哪,这人"之歌。渐渐地,歌声中加进了骤然的跃动,笑声越来越尖啸着插进沉默的冰川;在酒神一般的狂迷沉醉之中他举手投足,突然间,他凌空起舞,就在他那即将坠入的深渊之上。

深渊之上的舞蹈

如果你长久地凝望一个深渊,

它便也凝望着你了。

1888 年秋季的五个月是尼采最后的创作时期。在人类创造力的历史当中,这段日子显得如此卓尔不群。一个天才在如此短暂的时间里,如此疯狂不歇地思索,这是前所未有的。世上从没有一个人像他这样,注定了头脑中要充盈着思想,变幻着意象,奔涌着音乐。如此丰沛、激情、疯狂的创作,在自古至今的人类思想史上,找不到任何可与之匹敌的对手。也许就在同一年,咫尺之遥的同一片天空下,倒有一位画家正经历着那同样被激发到了疯狂境地的创造力。在阿尔的花园里,凡·高以同样的速度和对阳光的迷恋,以同样喷薄欲出的创造力不停地作画。一幅闪耀着璀璨光芒的画刚刚完成,他那准确无误的笔端已经扑上新的画布,绝没有迟疑、计划或思考。创造几乎像做记录一般轻而易举,像具有了魔力一样明晰而敏锐,幻象一个接着一个。一个小时前刚刚离开凡·高的朋友,会在回来时惊讶地看到又一幅完成的新作,并且他已经饱蘸画笔,目光灼灼地开始画第三幅了。扼住他咽喉的魔鬼,容不得片刻喘息、间歇,只顾加鞭狂奔,而不管他胯下那躯体已经气喘吁吁,全身滚烫。同样,尼采也是一部接一部无休止地写着,其敏锐迅捷空前绝后。十天,十四天,三星期——这就是他最后作品所持续的时间——构思、酝酿、阐发、成形、润色,所有这些都浓缩在一起,没有孕育期,没有探寻摸索,也没有斟酌推敲,一切都是一气呵成,完美无瑕,熔炼和淬火同步进行。从不曾有过一个头脑如此持续地高度紧张,并且闪电般地将思想转换成语言,联想、幻想从不曾如此神速地连属成章,落在笔端,而思想则是那样无比清晰。但是这样的丰盈之中,你却感觉不到丝毫吃力的迹象,创作不复是一桩辛劳,他只需听任那更高的主宰为所欲为。在思想的波峰浪谷之间,他只需抬起他深邃的目光、"深谋远虑"的目光,便越过广袤的时间,将过去和未来一览无余(犹如荷尔德林最后那渴望通灵的目光)。不过他眼中的时间却清晰得触手可及,他只需伸出手去——渴望地、迅疾地——,就可以将它握在手心,而它便立刻灵动起来了,洋溢着形象、律动着音乐。在那段拿破仑一般勇往直前的日子里,这股思想、意象的激流从没中断过一秒钟。那原始之力的浩荡洪流冲击着他,他被淹没了。"查拉图斯特拉突袭了我"——他一再讲起这种遭遇袭击,那是在一个强力面前的缴械,就仿佛他头脑中那道用来拦住洪水的理智暗堤坍塌了,于是洪流一泻千里,而他则听之任之!"大概从不曾有过什么产生于同种力的丰盈",尼采这样热烈地谈及他最后的作品。但他只字不敢提到那充盈着他又使他爆裂的,正是他自己的力量。相反地,他陶醉而虔诚,因为他只"传达来自彼岸的命令",他是一个欣然被更高的主宰之力占据了全部心灵的人。

但是,有谁能描绘得出这灵感的奇迹,这持续了五个月、没有片刻间歇的创作的暴风骤雨呢? 因为他自己已然在欣喜若狂的感激之中,在强光的笼罩之下,描述了他的体验和感受。我们只有将他这闪电击出的一段文字抄录下来:

在 19 世纪末的今天,可有谁清楚地知道,在更强盛的时代里,诗人们是如何称呼灵感的吗? 我将在别处对此做出描绘——事实上,你头脑中只要还残留着一点迷信思想,你就几乎不可能摆脱这样的念头,你只是一个无比强大的力量的化身,它借助你开口说话。"顿悟"这个概念如果意味着,你的眼睛、耳朵突然间无比准确入微地捕捉到了什么,它使你深深地震撼、倾倒,那么,这就是这种状态最确切的形容了。你倾听而不必寻找,你索取而无须询问是谁在给予。像一道闪电,蓦然间,一个思想亮起来了,不可避免地,毫不犹疑地——我从来都别无选择。这是沉迷的狂喜,它有时会在泪泉之中消解,当它袭来时,你会身不由己地时而大步流星,时而缓步轻移;这纯然是忘乎所以，但又无比清醒，能意识到无数细致入微的颤动，甚至直到足尖；这是快乐的深谷，其中一切阴郁痛楚都不是它的对立面，而是这光的充盈之中一抹不可或缺的色彩；这是一种对韵律的本能直感，它覆盖了形式的广阔天地；迫不及待地延展韵律，这几乎成了对灵感之力的节制，以平衡它施加的压力、张力……在更高的意义上，这一切都并非有意为之，而是置身于一股自由、必然、力和神性的激流之中。最奇特的是意象、比喻的无意天成：你再也无需概念，一切意象、比喻就已争先恐后地做出最贴切而又最凝练的表达。真的，就好像各种事物自动走上前来，要求充当比喻。这让我们想起查拉图斯特拉的话（一切都含情脉脉地走来听你讲话，向你献媚讨好；因为它们想要驾驭你。你随便驾驭着一个比喻便可以驰向任何一个真理。一切存在的词汇和词汇匣都向你敞开；一切存在都要在你这儿化作语言，一切生成都要向你学习说话）。这就是我对灵感的体验。我毫不怀疑，要上溯到数千年前，才有可能找到一个敢于告诉我这也是他的体验的人。

我深知这自我陶醉的欢快音调今天会被医生诊断为欣快症，是来日无多的人最后的快感，是典型的自大狂病人的症状。但是我还是要问，历史的长河中可曾有过一种心醉神迷的创作状态伴随着如此水晶般剔透的纯净清晰？因为尼采的最后作品举世无双的神奇之处就在于，无比的明晰与无比的陶醉结合在一起，像两个梦游者结伴而行,既拥有酒神乃至猛兽一般的爆发力,又像蛇一样聪明,否则,那些热情奔放的人,被狄俄尼索斯迷醉了灵魂的人,只会从黑暗中呢喃着沉郁压抑的话语,犹如含混的梦呓。这些俯视深渊的人,他们那带着莫名的神秘深奥的语调,似乎正是来自那个世界。那里使用的语言,我们只能隐隐约约而又不无惧意地去感觉、去臆测,我们的头脑并不能充分理解——尼采却在他的醉意中始终保持着钻石一般的清澈坚硬。他的话即使在狂热之中也那么锋利尖锐。大概从没有人俯身在发疯的边缘,却又丝毫没有头晕目眩,而是像尼采那样深邃、清醒。他的语言(不像荷尔德林和其他神秘主义者)没有染上幽暗的色彩,而恰恰在最后时刻无与伦比地真切、清晰,你甚至可以把它形容为"被神秘之光洞彻"。当然,这里闪耀着的是危险的光芒,它犹如午夜的阳光,明亮而诡谲,它升上冰山,通红地燃烧着,它是灵魂的北极光,其壮丽奇谲令人悚然动容。它不给人温暖,而是令人不寒而栗;它不使人头晕目眩,却可以置人于死地。荷尔德林被感情那沉郁而汹涌澎湃的韵律裹挟乃至吞没,尼采却被自己发出的光芒烧毁——那夺目的白光像柄柄利剑,令人无法忍受。尼采崩溃、死于光的射线,被他自己的精神烈焰烧成了灰烬。

他的灵魂在这强光之下燃烧、颤抖已有很久了,长着一双慧眼的他经常震惊于这光的丰盈和他自己心灵的明朗。"我感情的强度使我惊骇,令我开怀。"但再没有什么能约束这丰沛的洪流,这鹰隼一般白天而降的思想发出的清响夜以继日地包围着他,直到血液在他的太阳穴里轰然作响。夜晚,药物能起些作用,盖起一层薄弱的睡眠屋顶,遮挡幻象那如注的暴雨。但神经像一根燃烧的电线——他整个成了电,成了闪电一般闪烁的光。

在灵感疯狂的旋涡之中,在思想倾泻而下的激流之中,尼采失去了足下坚实平坦的大地;理智被无数魔鬼撕扯着,他不再知道自己是谁,他的极限在哪里,这一切难道奇怪吗? 他的手(自从它不再听从他自己的指挥,而只记录上界那个更高的力量的口述),早已惮于在信上签写他自己的名字弗里德里希·尼采,因为他隐约感到自己正经历着非同寻常的东西,他早已不再是瑙姆堡一个新教牧师的儿子,而是一个还没有名字的生物,有着压倒一切的力量,是一个新的为人类殉难的烈士。于是,自从他感觉到自己已与那超凡的力量结为一体,成了力和传递力的媒介,而不再是人,便只用象征意义的符号"怪兽""钉在十字架上的人""反基督徒""狄俄尼索斯"签在他传达的福音之上。"我不是人,我是炸药。""我是一个具有历史意义的事件,以我为界,人类的历史分成两半。"于是他带着渎神的狂傲在可怕的沉默之中怒吼。就像在燃烧的莫斯科,拿破仑面对着俄罗斯没有尽头的严冬,周围是他溃不成军的部队,可他依然威严地颁发着一道道命令(那气概离可笑不过举步之遥)。尼采也在他大脑的克里姆林宫里创作他的小册子,他命令德国的皇帝到罗马去,由他判处枪决;他敦促欧洲各国对德国采取军事行动,他要给德国穿上约束衫。怒火从没有这样狂暴地迸发,渎神的傲慢从不曾使一颗灵魂如此超凡脱俗。他的话如同抡起的铁锤,重重砸在世界的大厦之上。他要重修历法,用一个反基督徒的出现取代基督诞生。

　　　　　　　　　　与心魔搏斗

他置自己的画像于所有时代的中流砥柱之上——即使是疯狂，尼采也比其他精神错乱之人来得辉煌；在这一点上支配着他的也是同样壮丽的丰盈。

灵感的激流从不曾像对这个短暂的秋季中的尼采这样贯注在一个创作中的人身上。"从没有过这样的创作、感受和痛苦：只有神，只有狄俄尼索斯才会这样受苦。"——这些话发自开始丧失理智的尼采，它们千真万确。因为那个四层楼上的斗室，西尔思·马利亚的栖身之处，留宿的不仅是神志处在明灭摇曳之中的弗里德里希·尼采，同时还有这个世纪在走到尽头时所能听到的最大胆的思想、最豪迈的话语。创造的精灵溜到了这太阳暴晒着的低矮的屋顶下，慷慨地馈赠那个穷愁潦倒、默默无闻、迷惘绝望的人，远远超过了一个人的承受能力。在这局促的空间里，被无限遏制着，这穷途末路上惊恐的生灵踉跄摸索着，头顶上霹雳闪烁，它照彻黑暗，昭示未来。一个神——他像疯了的荷尔德林一样，感到头顶上有一个神，一个烈火之神；没有一双眼睛敢于直视他的面孔，他的气息会烧毁一切……战栗之中，他一再抬起头，想辨清他的容颜，可他神思涣散了……他，感觉、吟咏、承受着一切的他……难道他……他自己不正是神吗？……他，他是谁？……他是被钉上十字架的人，还是死了的上帝，抑或是活着的神……他青年时代的神，狄俄尼索斯……或许他集二者于一身，是被钉在十字架上的狄俄尼索斯……思路越发混乱了，太多的光使那激流的喧嚣声太响了……那还是光吗？那不是音乐吗？阿尔伯尔托路四层楼上的小屋鸣响起来，所有的天体通体透明,震荡着,每一层天都焕发着异样的光彩……哦,这是怎样的音乐!泪水夺眶而出,浸润了面颊,温暖、热烈……哦,这是何等神圣的深情,这是何等宝贵的幸福……那么现在……多么光明……下面,街道上,所有的人都在向他微笑……他们抬头向他致敬,那边的女商贩,正从她的篮子里挑出最美的苹果……一切都在他——谋杀上帝的凶手面前躬身,一切都向他欢呼,欢呼……为什么?……对了,他想起来了,反基督徒降临人间了,他们高唱着"和撒那,和撒那"……一切轰响着,世界在欢呼声中、音乐声中轰响……随后一切又突然归于寂静……有什么东西倒下了……是他自己,在房子前面倒下了……有人把他抬了起来……现在他又在房间里了……他睡了很久吗,四周这么昏暗……立在那儿的钢琴,音乐!音乐!……突然有人进来了……这不是奥韦尔贝克吗……可他在巴塞尔,那么他自己,他……在哪儿?……他糊涂了……他们为什么那么古怪地、忧心忡忡地看着他?……然后是一辆车,车……铁轨多么奇怪地铿锵作响,就像是要唱歌一般……是啊,它们在唱他的《刚朵拉船歌》,他要和它们一起唱……在无边的黑暗中唱……

　　那以后是在另一个地方的房间里,永远是黑暗,黑暗。无论内外,再也没有太阳,再也没有光。在他下面的什么地方还有人在说话。一个女子——那不是妹妹吗?可她走了呀,她不是远在异乡吗?——她在读书给他听……书?他不是也写过书吗?有人温和地回答了他。但他再也听不懂了。如果谁的心灵曾有那样的飓风席卷而过,那么他对任何人类的声音都会充耳不闻。谁被魔鬼那样

269　　　　　　　　　　　　　　　　　　　与心魔搏斗

深深地凝望过,他就永远被灼瞎了双眼。

自由的引路人

"伟大"的含义:指明方向。

"在下一次欧洲大战之后人们就会理解我了。"在尼采最后的
文字中有这样一句预言跃入我们的眼帘。因为确实,直到芸芸众
生经历了世纪转折点那个风云变幻、险象环生的时代之后,这位
伟大的警告者功彪史册的真正意义才被人们认识到:整个欧洲令
人窒息的道德气氛在这个天才的头脑中获得了淋漓尽致的宣
泄——那是人类思想中掀起的狂澜,它先于现实中的狂风暴雨。
当别人还蜷缩在空洞、虚妄的炉火边取暖,尼采"思虑深远"的目
光已看到危机及其根源了,那就是"民族心灵之上的疥癣、血液中
毒,使得各民族彼此避之唯恐不及";正当其他一切力量都在蒸蒸
日上之时,用"蠢牛式的民族主义",除了向来如此的唯我独尊,就
没有一点长进。当他发现那企图将"欧洲小国寡民、四分五裂的
状态沿袭到永远",维护建立在唯利是图基础之上的道德的垂死
挣扎,他痛心疾首地发出大难即将临头的警告:"这种荒谬的状况
不能再持续下去了,"他激动地用手指在墙上写着,"我们已经如
履薄冰了,已经感觉到解冻的风那温暖的危险的呼吸。"没人能像

尼采那样觉察到欧洲社会大厦将倾的噼啪作响并绝望地向全欧洲大声疾呼,呼吁时代远离那沾沾自喜的乐观主义,逃向诚实、清醒和精神的自由。没有人比他更强烈地感觉到,一个腐朽的时代已行将就木了,而一个强盛的新时代正锋芒初露:我们现在才知道了这一点。

这一存亡绝续的时时刻刻,他是用自己的生命去思考、去体验的,他的伟大、他的英勇就体现在这里。那蹂躏他的精神,并最终使其崩溃的巨大压力,将他与更高的力量连接在一起,那压力不是别的,就是世界罹患的毒瘤破裂前发作的高烧。精神的风暴之鸟总是在风云突变、狂澜乍起的前夕就展翅飞翔,而盲众蒙昧的信仰中,总有彗星在战争和危机爆发前拖着血染的轨迹划过夜空,这迷信之中总有一点是真的。尼采就是这样一个更高力量的先兆,是山雨欲来时天际的闪电,是山谷里暴雨倾盆前山间呼啸的狂风,没有人如此准确地预感到我们的文明正面临着洪灾的肆虐。但这是精神的永恒悲剧:它那高瞻远瞩的疆界并没有扩展到时代那凝固混浊的空气之中,虽然精神的苍穹之中,预感征兆已然闪现,预言扑打着翅膀,可时代却永远是这样冥顽不灵。即便是整个世界里最清醒的天才,仍不足以让时代理解,就像那个目睹了波斯的灭亡,徒步奔向马拉松的战士,长道漫漫,心敲如鼓;当他终于抵达雅典,却只来得及用一声激动的呐喊报告他的消息(随后一腔热血便自他滚烫的胸中喷涌而出),尼采也只能发出文明已岌岌可危的警告,却无回天之力;他也只来得及向世界发出一声痛彻肺腑、令人永志难忘的呐喊,精神便随之崩溃了。

我觉得，尼采最忠实的读者雅各布·布克哈特在他给尼采的信中，最出色地向我们、向所有人昭示了尼采的真实业绩：他的书"增添了在世界的独立性"。这明达广博的人明确地强调是"在世界的独立性"，而不是"世界的独立性"，因为独立性总是存在于个体之中，它是单数的，不能被加倍，也不会从书本和教养中生长出来："没有英雄时代，只有英雄的人。"永远只有单个的人，把独立性带进世界并树立起来——只是为了自己；因为每一颗自由的心灵都是一位亚历山大——他以狂飙之势攻城略地，但他没有传人：一个自由的王国总是在摄政者、管理者、诠释者、传达者手中没落，奴才掌握了发言权。因此尼采的独立自主并不向世界灌输某种学说（那是学究们的观点），而是注入一团大气，无比澄澈、灿烂、激情洋溢的大气，它来自一个在摧枯拉朽的暴风雨中解放自己的鬼才。步入他的书的世界，你会嗅到臭氧的气息，那是洗尽一切陈腐、暧昧和窒闷的纯而又纯的空气。你可以在这英雄的广阔天地里纵目远眺，直望进九天之上，呼吸到透明清晰到极点的利剑般的空气，一种为坚强的心脏和自由的灵魂准备的空气。自由，永远是尼采最高的意义——他生命的意义，他毁灭的意义，就像大自然用热带的风暴进行自我破坏，以发泄它积蓄过多的能量，精神也需要一个魔鬼式的人物，不时奋起反抗传统思想的势力和单调乏味的道德，那是一个捣毁世界也捣毁自我的人。比起那些雕塑家、画家来，这英勇的叛逆者也是毫不逊色的创造者。如果说前者昭示了生活的丰富多彩，后者则指出生命的无限深邃。是啊,只有通过这些悲剧性人物,我们才真切地测出感觉的深度;唯有借助不羁的人,我们才能最大限度地认识人类。

郭颖杰　译

与心魔搏斗